子曰：因天之道，分地之利，谨身节用，以养父母。

——《孝经·庶人章第六》

献给父亲和母亲

ΤΑ' ΤΟΥ ΔΙΑΛΟ'ΓΟΥ
ΜΙ'ΝΩΣ
πρόσωπα,

ΣΩΚΡΑ'ΤΗΣ, ΜΙ'ΝΩΣ.

Ο ΝΟ'ΜΟΣ ἡμῶν τί
ἐςτιν; ΜΙ. Ὁποῖον καὶ ἐ-
ρωτᾶς τὸν νόμον; ΣΩ. Τί
δέ ἐςιν ὅ,τι διαφέρᾳ νόμος
νόμου κτ᾽ ζαυτὸ τοῦτο, κτ᾽ ὃ
νόμος εἶ; σκέπει γὰ δὴ ὃ πυγχάνω ἐρωτῶν
σε. ἐρωτῶ γὰ, ὥσπ εἰ αἰηρόμίω τί ὅ χευ-
σὸς, εἴ με ὡσαύτως αἴρου ὁποῖον καὶ λέγω
χρυσὸν, οἶμαί σε ὂκ ἀν ὀρθῶς ἔρε ᾳ. ὁδν γαρ
που διαφέρᾳ χρυσὸς χρυσοῦ, ὄτε λίθος
λίθου, κατά γε τὸ λίθος εἶ, καὶ κτ᾽ τὸ χρυσός.
ὅτω ἢ ὁ νόμος που νόμου οὐδν διαφέρᾳ,
ἀλ᾽ ἁπάντες εἰσὶ ζαυτὸν νόμος γὰ ἔκαςος αὐ-
τῶν ἐςὶν ὁμοίως. ἀλ᾽ ὁ μὲν μᾶλλον, ὁ δὲ ἧττον.
ὅτω δὴ αὐτὸ ἐρωτῶ τὸ πᾶν τί ἐςι νόμος, εἰ οὖν
σοι παρά χρίω εἰπεῖν. ΜΙ. Τί δ᾽ ἂν ὁ νόμος
εἴη, ὦ Σώκρατες, ἀλ᾽ ἢ τὰ νομιζόμυα; Σ.
Ἡ δὲ λόγος σοι δοκεῖ εἶ τὰ λεγόμυα; ἢ ὄ-
ψις, τὰ ὁρώμυα; ἢ ἀκοὴ, τὰ ἀκουόμυα; ἢ
ἄλο μὲν λόγος, ἄλο δὲ, τὰ λεγόμυα; καὶ ἄλο
μὲν ὄψις, ἄλα δὲ, τὰ ὁρώμυα; καὶ ἄλο μὲν ἀ-
κοὴ, ἄλα δὲ, τὰ ἀκουόμυα; καὶ ἄλο δὴ νό-
μος, ἄλα δὲ, τὰ νομιζόμυα; ἔτως, ἢ πῶς σοι
δοκεῖ; ΜΙ. Ἄλ᾽ ὅμοιον νυῶ ἐφάνη. Σ. Οὐκ
ἄρα νόμος ἐςὶ τὰ νομιζόμυα. ΜΙ. Οὔ μοι
δοκεῖ. ΣΩ. Τί δῆτ᾽ ἂν εἴη νόμος, ὅπι σκεψώ-
μυα αὐτὸ ὧδε. Εἴ τις ἡμᾶς τὰ νυῶ δὴ λεγό-
μυα αὐήρετο, ἐπειδὴ ὄψει φατὲ τὰ ὁρώμυα

DIALOGI
MINOIS
personæ,

SOCRATES, MINOS.

CQVID legé esse cé-
semus? MI. Ecquale lé-
gem rogas? SOC. Estne
aliquid in quo lex à lege
differat, eo ipso quòd lex
est? Vide enim quidnā
à te quæram. hoc enim quæro, æquè acsi
à te quæsiisse, quidnā esset aurū: si me per-
æque rogasses, quale aurū significaré, non
arbitror te rectè hoc rogaturū. neque enim
quicquam aurum ab auro, neque lapis à
lapide differt, quatenus illud, aurum est, &
hic, lapis. ita neque lex à lege quicquā dif-
fert hactenus, sed omnes leges idem sunt.
singulæ enim leges ea ratione sunt similes,
neque illa minus, hæc magis est lex. Hoc
igitur ipsum à te quæro vniuersim, Quid
videlicet sit LEX. si id igitur tibi est in pro-
cinctu, velim mihi exponas. MI. bEcquid
verò aliud lex esset, Socrates, quàm EA
QVAE PRO MORE & instituto legis
fiut? SO. An oratio tibi videtur id esse quod
oratione circūfertur? vel visus, quæ viden-
tur? vel auditus, quæ audiutur? an aliud qui-
dem est oratio, aliud quod oratione circū-
fertur? & aliud visus, aliud, ea quæ videtur?
& aliud auditus, aliud ea quæ audiuntur? ac
proinde aliud lex, aliud ea quæ legis fiunt
instituto? siccine an aliter videtur? MIN.
Atqui nunc idem videtur. SO. Non igitur
lex est id quod pro more & instituto fit le-
gis. MI. Non mihi quidem videtur. SOC.
Quid igitur sit lex, age, in hunc ferè modū
dispiciamus. siquis de illis ipsis de quibus
nunc egimus, insuper rogaret, Quādo quic-

DDd. i.

"历史·文化·思想"文库

悲剧与礼法
——古希腊城邦文明之思

肖有志 著

上海大学出版社
·上海·

图书在版编目(CIP)数据

悲剧与礼法：古希腊城邦文明之思 / 肖有志著. —
上海：上海大学出版社，2022.12
 ISBN 978-7-5671-4593-1

Ⅰ.①悲… Ⅱ.①肖… Ⅲ.①文化史－研究－古希腊
Ⅳ.①K125

中国版本图书馆 CIP 数据核字(2022)第228958号

责任编辑　徐雁华
美术编辑　柯国富
技术编辑　金　鑫　钱宇坤

悲剧与礼法
——古希腊城邦文明之思

肖有志　著

上海大学出版社出版发行
（上海市上大路99号　邮政编码200444）
（https://www.shupress.cn　发行热线 021-66135112）
出版人　戴骏豪

*

南京展望文化发展有限公司排版
商务印书馆上海印刷有限公司印刷　各地新华书店经销
开本710mm×1000mm　1/16　印张15　字数237千字
2023年1月第1版　2023年1月第1次印刷
ISBN 978-7-5671-4593-1/K·267　定价　68.00元

版权所有　侵权必究
如发现本书有印装质量问题请与印刷厂质量科联系
联系电话: 021-56324200

弁言

近年来世界文明史研究日益成为重要的时代课题。可如何找准其中的研究思路却是难题。拙著以为文明中最为根本的是礼法问题。

标题中"礼法"对应于希腊文 ὁ νόμος。柏拉图《米诺斯》中 ὁ νόμος 则采用通行译法译为"法""法律",其变体如 τὰ νόμιμα 则译为"法则""法令"。不过,请有心的读者留心《米诺斯》中苏格拉底与其同伴共同探究的实则是礼、礼法、礼乐甚至礼义。可参考《礼记》中因孔子而联结在一起的三篇对话:《哀公问》《仲尼燕居》和《孔子闲居》,分别是鲁哀公问礼于孔子,孔子与弟子子张、子贡和言游三人言礼,弟子子夏问诗于孔子。

多年来笔者课堂上讲读索福克勒斯悲剧均以柏拉图作为参照,讲解柏拉图对话亦始终与悲剧做比较,因此,整体思路一以贯之。

据柏拉图晚年伟大作品《礼法》中的说法,悲剧诗人是苏格拉底式立法者的最大对手,即意指悲剧诗人也是立法者。因为悲剧最能取悦邦民且最能迷住城邦民的灵魂,依此影响、塑造邦民的性情、德性并改变其生活方式及伦理秩序;进而,诗人以政治意见构筑城邦的政治制度。此即礼法的原义:生活方式、伦理秩序及政治制度,在某种意义上三者同一。柏拉图对此的理解与索福克勒斯基本一致。如此,人世至少有哲人式立法者与诗人式立法者。然则,柏拉图笔下的苏格拉底不断检审索福克勒斯等悲剧诗人甚至荷马的意图。从而,哲人与诗人对礼法的基础有不同的看法——诸神或自然,即政治神学抑或存在的发现(亦即人的灵魂的自然学)。

因而,拙著尝试初步了解古希腊文学、古典思想中的一个重大问题:礼法是什么,礼法如何使得人成其为人、城邦成其为城邦;与此紧密关联的是立法者的品性与德性问题。可参考《左传》昭公二年（前540年）春，"晋侯使韩宣子来聘，且告为政，而来见，礼也。观书于大史氏，见《易》《象》与《鲁春秋》，曰：'周礼尽在鲁矣。吾乃今知周公之德，与周之所以王也'。"

概言之，拙著着重处理古希腊城邦文明中的礼法与立法者问题。

肖有志
2017年1月
2022年岁末补

说明：正文中的楷体字为着重强调的字句。

目录

引论 / 1
    一、政治神学抑或存在的发现 / 3
    二、礼法的思想史问题：神义论与人义论的辩难 / 8
    三、财富与技艺的礼法—正义难题——从荷马《奥德赛》到阿里斯托芬《财神》/ 19

索福克勒斯悲剧 / 33
    一、立法者的知识与德性——古希腊戏剧与民主政制 / 35
    二、礼法的灵魂学问题——《埃阿斯》场景和开场 / 43
    三、礼法的政治神学问题——重释《俄狄浦斯在科罗诺斯》 / 52
    四、哲人索福克勒斯的政治—礼法思想研究 / 76

柏拉图《米诺斯》 / 89
    一、引题 / 91
    二、礼法即政治神学（313a1—314c3）/ 95

三、礼法即存在的发现（314c4—318a7）　/108

四、立法者的悲剧形象及其重塑（318b1—321d10）　/147

爱欲与德性——欧洲古典文学修习琐记（代后记）　/213

补记　/227

新版补记　/229

引论

一、政治神学抑或存在的发现

　　古希腊悲剧作为一种独特的文学现象,怎么阅读并理解它,始终是个问题。20世纪各种文学批评思潮迭起,精神分析、新批评、结构主义、女性主义,甚至马克思主义都先后进入西方古典文学研究领域,用以研究古希腊悲剧,可谓众说纷纭①。尼采和海德格尔开创了悲剧研究的新局面,但是两人之后的现代文学批评思潮几乎完全背离其用心,比如伽达默尔、德里达②。然而,我们是该跟从现代诸思潮,还是返回古典语境仔细阅读一个个悲剧作品呢?进而,古希腊悲剧究竟提供了什么样的问题?悲剧诗人怎么理解人世和神义,即古希腊悲剧的基本主题是什么?这些仍然是疑难问题,值得深入思考。

　　尼采和海德格尔为我们理解古希腊悲剧提供了全新的视野,并且正如在柏拉图和亚里士多德那儿,悲剧同哲学的命运奇异地[δεινός]纠缠在一起。因为看到了哲学在现代的处境,尼采和海德格尔重新解释古希腊悲剧以应对哲学的危机,甚或挽救哲学。

　　尼采关心最后哲学家的命运,在早年遗稿中以《俄狄浦斯在科罗诺斯》中的俄狄浦斯为喻,"哲学家像备受折磨的和极度劳累的俄狄浦斯一样,只有在复仇女神的林苑里方能找到安宁"③。尼采甚至把《俄狄浦斯在科罗诺斯》中的俄狄浦斯当成最后的哲学家。尼采编排了一段最后哲学家的戏剧独白,以俄狄浦斯为主人公:

---

① Thomas Woodard (ed.). *Sophocles: A Collection of Critical Essays*. N.J., 1966.
② Th.C.W.Oudemans, A.P.M.H.Lardinois. *Tragic Ambiguity: Anthropology, Philosophy and Sophocles' Antigone*. Leiden, 1987.
③ 尼采著、君特·沃尔法特编:《尼采遗稿选》,虞龙发译,上海:上海译文出版社,2005,页3。

我称自己为最后的哲学家,因为我是最后的人。除了我自己以外没有人和我说话,而我的声音听起来就像一个将死的人的声音。哪怕让我和你再多待上一小时也行,亲爱的声音,你这全部人类幸福生活的记忆的最后踪迹!和你在一起,我通过自我欺骗逃脱了孤独,置身在人群和爱之中。我的心灵无论如何也不相信爱已死亡。它无法忍受孤独的高峰上孤独的战栗,所以我不得不开口说话,仿佛我是两个人。

我还能听到你吗,我的声音?你正在低低地诅咒吗?你的诅咒当使这个世界的同情之心重新怒放!然而世界像过去一样运行着,只用它那甚至更加闪烁和寒冷的无情的星星看着我。它一如既往无声无息无知无识地运行着,只有一件东西——人——死了。

然而,亲爱的声音,我仍然听得到你!某些其他东西而不是我——这个宇宙中的最后的人——死去了。最后的叹息,你的叹息,和我一同死去。响起的"呜呼"之声在为我,俄狄浦斯,这最后的可怜的人悲叹①。

另外,尼采重新解释古希腊悲剧还隐藏着基督教问题,以狄奥尼索斯取代基督教②。细究同为早期文稿、写于《悲剧诞生于音乐精神》之后的《真理和谎言之非道德论》,或许尼采的悲剧——基督教问题背后仍然是哲学的现代命运问题③。

海德格尔的意图是什么呢?

海德格尔的《路标》文集中有三篇关于"形而上学是什么"的文章,其中在《〈形而上学是什么?〉后记》的结尾,海德格尔说了这样的一段话:

---

① 尼采:《哲学与真理:尼采1872—1876年笔记选》,田立年译,上海:上海社会科学院出版社,1993,页50。
② 尼采:《悲剧诞生于音乐精神》,赵登荣译《悲剧的诞生》,参见尼采1886年写的序《自我批评的尝试》,桂林:漓江出版社,2000,页10—12,页71;另参尼采《看哪这人》,"悲剧的诞生",张念东、凌素心译,北京:中央编译出版社,2000,页51;又参尼采:《敌基督者》,刘小枫选编《尼采与基督教》,吴增定、李猛译,香港:道风书社,2001,页8。
③ 比较《真理和谎言之非道德论》和这段话,"这个神话(指斯芬克司神话)似乎要轻轻地告诉我们,智慧,尤其是狄奥尼索斯智慧是违反自然的暴行,谁用知识把自然推入毁灭的深渊,谁就得在自己身上体验自然的瓦解。'智慧之矛掉转矛头射向智者,智慧是对自然的犯罪',这是神话向我们高喊的可怕语句。但是,希腊诗人却像一束阳光那样,抚摸这个神话的庄严可怕的门农之柱,使它突然用索福克勒斯的旋律发出鸣响"。见《哲学与真理:尼采1872—1876年笔记选》,前揭,页100—124;《悲剧诞生于音乐精神》,前揭,页59—60;另参朗佩特《施特劳斯与尼采》,田立年、贺志刚等译,上海:上海三联书店、华东师范大学出版社,2005,页104—105。

早期希腊最后一位诗人的最后一首诗,即索福克勒斯的《俄狄浦斯在科罗诺斯》,其结尾的诗句不可思议地回转到这个民族的隐蔽的历史上,并且保存着这个民族的进入那未曾被了解的存在之真理中的路径:

放弃吧,绝不再有
怨恨唤起;
因为万事常驻
保存一个完成的裁决(1777—1779)。

海德格尔的这段话像是来自前头尼采所写的俄狄浦斯独白,但又有不同,多出了存在问题。海德格尔以为从索福克勒斯的最后诗句中能够找到重新解释存在史,找到存在之真理的路径。显然,经由索福克勒斯,海德格尔意图重建新形而上学以及德意志民族神话,或许两者根本上是一回事①。

我们回到古希腊悲剧文本,尝试初步地察看其展示的基本问题到底是什么。

《俄狄浦斯王》退场,歌队问俄狄浦斯,干了可怕的罪,是哪位天神怂恿他刺瞎自己的双眼。俄狄浦斯回答说,阿波罗实现了这灾难;俄狄浦斯用自己的双手刺瞎双眼。俄狄浦斯自认为,最该受诅咒,最为天神憎恨,希望被放逐出忒拜。俄狄浦斯诅咒救活他的两位牧人和科林多国王,没有他们,他不至于如此受罪。伊俄卡斯忒告诉了他阿波罗的神谕,他注定弑父。俄狄浦斯却认为没有牧人,他本已早死,不会带来灾难和痛苦。神谕只说,俄狄浦斯命定弑父,没说他娶母,和父亲共同播种。伊俄卡斯忒的出场,是个关键性的转折点。此时,俄狄浦斯想探查的不仅是谁杀了拉伊俄斯,甚而,俄狄浦斯是谁②。伊俄卡斯忒似乎不相信神谕,她认为那是祭司说的,不是阿波罗说的;她相信神安排的一切都会实现。可是,当俄狄浦斯问:"难道我不该害怕玷污我母亲的床榻吗?"她回答:

---

① 海德格尔:《路标》,孙周兴译,北京:商务印书馆,2001,页364—365。海德格尔解释《安提戈涅》第一合唱歌出现在《形而上学导论》第四章第三节"在与思"这个子题下,并将这段解释与赫拉克利特和巴门尼德对"在"的理解联系起来,《安提戈涅》第一合唱歌不仅对理解前苏格拉底哲人至为关键,而且对于批判从柏拉图到康德的西方形而上学传统至为关键,刘小枫:《安提戈涅第一合唱歌的启蒙意蕴——纪念康德逝世二百周年》,《国外文学》2004年第2期,页28、32;海德格尔:《形而上学导论》,熊伟、王庆节译,北京:商务印书馆,1996,页147—165。

② Charles Segal. *Oedipus Tyrannus: Tragic Heroism and the Limits of Knowledge*. Oxford, 2001, p.88.

偶然[τῆς τύχης]控制着人,未来的事又看不清楚,我们为什么惧怕呢?最好随随便便地生活。别害怕你会玷污你母亲的婚姻;许多人曾梦中娶过母亲;但是那些不以为意的人却安乐地生活(976—983)①。

伊俄卡斯忒似乎认为,就算是俄狄浦斯娶母也是偶然的,不用惧怕,是否因为娶母,不是神的安排。科林多的报信人[牧人]说婴儿——俄狄浦斯——是拉伊俄斯的牧人给他的。这时,伊俄卡斯忒比俄狄浦斯早明白真相,她阻止俄狄浦斯继续追问,"啊,不幸的人,愿你不知道你的身世"(1067)。

俄狄浦斯继续追问答案:

但是我认为我是仁慈的幸运[Τύχης]的宠儿,不至于受辱。幸运是我的母亲,十二个月份是我的兄弟,他们能划出我什么时候渺小,什么时候伟大。这就是我的身世,我决不会被证明是另一个人;因此我一定要追问我的血统(1080—1085)。

拉伊俄斯的牧人被召回来,证实并应验了一切。伊俄卡斯忒似乎就是偶然,可是她到底承受不了,她"以为意","无法随随便便地生活",无法"安乐地生活"。一切都是神的安排;伊俄卡斯忒承受不起神的安排。如果神就是偶然,伊俄卡斯忒承受得了吗?

俄狄浦斯说,"如果还有什么更严重的,也应该归俄狄浦斯忍受啊"。歌队唱道哀歌,"我不能说你的意见对;你最好死去,胜过瞎着眼活着"(1365—1367)。俄狄浦斯担心自己到了冥府还看得见,"不知当用什么眼睛去看我父亲和我不幸的母亲,既然我曾对他们做出死有余辜的罪行"(1371—1374)。他请求克瑞翁放逐他。尽管,一开场克瑞翁带回神谕,明白忒拜瘟疫的原因,同时带回惩罚凶手的谕令,放逐或杀人舐血,此刻,克瑞翁却说,"你向我请求的事要天神才能答应",克瑞翁似乎忘了自己带回来的神谕,克瑞翁忘了神吗?俄狄浦斯说,"神们最恨我

---

① 《俄狄浦斯王》采用罗念生的译文,若有稍加改动处,不作说明,见《罗念生全集(第二卷)》,上海:上海人民出版社,2004。

（1518—1519）"。俄狄浦斯似乎最记得神。

显而易见,神在俄狄浦斯的知识和命运中是至关重要的,除去其中的神义,一切都无从理解。很难否认海德格尔会不顾悲剧中的神学问题①,然而,假使其新形而上学果真染上了这般的神义,那么这样的形而上学会是什么样的形而上学? 抑或新神学? 那又是什么样的神学?

---

① "也许可以设想,荷尔德林的'索福克勒斯注疏'的中心动机就是'义'",海德格尔追随荷尔德林的这个解释动机,刘小枫:《安提戈涅第一合唱歌的启蒙意蕴》——纪念康德逝世二百周年》,前揭,页41注22。

二、礼法的思想史问题：神义论与人义论的辩难

然而，柏拉图以为悲剧诗人是城邦政治意见或礼法的立法者（见柏拉图《米诺斯》《礼法》）。如此，理解悲剧想必可以将其置于礼法的思想史线索中，以更恰切地探讨其中的深义。

而若想探究一番古希腊悲剧的礼法思想史问题，自然得从荷马史诗说起。从荷马、赫西俄德经品达至索福克勒斯、柏拉图，古希腊思想景观流变纷呈。

（一）雅典娜和阿波罗

涅斯托尔，希腊联军著名的演说家，智慧方面和奥德修斯并称于世①。《奥德赛》卷三以涅斯托尔给波塞冬的献祭开始，结束于他给雅典娜的献祭，并且两次献祭，雅典娜都在场，似乎这个最聪明的国王也最敬神②。同样的，奥德修斯回到伊塔卡时，一时认不得自己的故土，雅典娜化作牧羊少年告诉他，这是伊塔卡。多疑狡狯的奥德修斯仍在撒谎，雅典娜变化为妇女的样子后说："你我两人都善施计谋，你在凡人中最善谋略，最善辞令，我在所有天神中也以睿智善谋[μῆτι = μῆτις 的与格]著称。可你却未认出我本就是帕拉斯·雅典娜，宙斯的女儿，在各种艰险中一直站在你身边保护你，让全体费埃克斯人对你身怀敬意（《奥德赛》13.296—302）。"雅典娜的这番话，透露了一些信息，雅典娜也有智慧，不过奥德修斯的智慧似乎不足以随时认出神来（参《奥德赛》10.574—575）。神的智慧似乎更高。人间最聪明

---

① 荷马：《伊利亚特》（1.247—284、2.54—55、7.327以下、10.204以下、11.655—805），中译文采用罗念生、王焕生译，北京：人民文学出版社，1994，以下仅随文给出行数；希腊文文本采用 Arthurus Ludwich, Homeri Ilias, Teubner 1907、1995。《奥德赛》（3.17—20、11.512、24.50—7），中译文采用王焕生译，北京：人民文学出版社，1997，仅随文给出行数；《奥德赛》希腊文文本采用，Homer. The Odyssey. With an English Translation by A.T. Murray, in two volumes, London, William Heinemann, Ltd., 1919.
② 参 Seth Benardete. The Bow and the Lyre: A Platonic Reading of the Odyssey. Rowman & Littlefield Publishers, Inc, 1997, pp.17—24.

的奥德修斯在各种艰险中都有智慧神——雅典娜做伴,人的智慧似乎源于神,或者说是神的智慧的一部分;或许人的智慧不完美,得有神的智慧来补充。可是,奥德修斯认出了神,仍然不相信已经回到伊塔卡,也就是说,他还没全信雅典娜的话。因为她太善于幻化,即使聪明绝伦的人也难以认出她。奥德修斯似乎在称颂雅典娜,暗中也为自己的智慧辩护。接下来,他说道,自从攻下特洛亚城后,

> 我便再没有见到你,未见你登上我的船,帮助我脱离苦难。我怀着憔悴破碎的心灵不断漂泊[ἀλλ' αἰεὶ φρεσὶν ᾗσιν ἔχων δεδαϊγμένον ἦτορ ἠλώμην],直到神明们终于把我解脱不幸,在费埃克斯人的肥沃丰饶的国土,你对我言语激励,指引我进入城市(13.312—323)。

奥德修斯意思是说,直至来到费埃克斯人的土地之前,他一路都怀着自己的 φρεσὶν①[间接宾语]和 ἦτορ②[直接宾语]冒险 ἠλώμην[漂泊,中动含义]。奥德修斯意指,他的漂泊只和作为人存在的奥德修斯相关。只是到了费埃克斯人的土地,神明才解脱他的不幸,雅典娜幻化为汲水少女,指引他进入阿尔基诺奥斯的宫殿。这话否定了前面雅典娜说的"在各种艰险中一直站在你身边保护你",加上奥德修斯此刻不相信雅典娜的话,似乎暗地里双重否弃了神、神的智慧。

回到第九卷,

> 他们这样说纷纷离去,我心中暗喜,我的假名和周全的计策蒙骗了他们[ὡς ἄρ' ἔφαν ἀπιόντες, ἐμὸν δ' ἐγέλασσε φίλον κῆρ, ὡς ὄνομ' ἐξαπάτησεν ἐμὸν καὶ μῆτις ἀμύμον.9.414—415]。

μῆτις ἀμύμον[完美的智慧或周全、无可挑剔的计策]是独立的主语,奥德修斯没说,我的完美的智慧,只说 ὄνομα ἐμόν[我的假名]和智慧本身欺骗了库克洛普斯们。可是,我们知道,"我的假名"指的是 οὖτις[无人,9.366、408],库克洛普斯

---

① φρεσὶν 释义,用于荷马史诗,释为:[作为产生知觉,思想,智慧的部位的]心,心胸,神志[常和 θυμός "心灵","灵魂"连用];智慧,理智,意志。见罗念生、水建馥编:《古希腊语汉语词典》,北京:商务印书馆,2004(本书中凡希腊文字词的释义大多采用此词典)。
② ἦτορ 释义,用于史诗和诗,释为心,心脏,智慧的器官。见《古希腊语汉语词典》,前揭。

们听成了 μή τίς[没有人,9.410],奥德修斯把 μή τίς 读成 μῆτις,形成谐音。从 οὖτίς 到 μή τίς 或许出于偶然,把 μή τίς 读成 μῆτις 看来也属偶然,或许包含奥德修斯本人的有意改造。如此出于偶然的智慧,独立称义,无所属,来自神或人,我们不得而知。但是麻烦的是,智慧源于偶然吗? 不过,考虑到奥德修斯有意地篡改,而且心中自以为意。μῆτις[智慧]指的是奥德修斯的智慧,并且如果 οὖτίς 是奥德修斯的名字,那么 μῆτις 就是属于奥德修斯的智慧,即奥德修斯等于智慧。

回到此前,在洞中,波吕斐摩斯又吃掉了两个同伴。奥德修斯和剩下的同伴,噙着眼泪,向宙斯伸出双手,目睹这残忍的场面,却无力救助(9.294—295)。奥德修斯似乎明白,如果库克洛普斯们真的不怕宙斯,比宙斯强大(9.275—276),求助于宙斯,显然是无益的。

> 这时我英勇无畏的心里[κατὰ μεγαλήτορα θυμὸν]暗自思虑,意欲上前袭击,从腿旁拔出利刃,刺向他的胸膛,隔膜护肝脏的地方,用手摸准;但一转念又立即停顿[ἕτερος δέ με θυμὸς ἔρυκεν,9.299—302]。

前面,吁求宙斯无果后,这里没提到神,θυμός[血气,意气]自己产生,并控制了奥德修斯①。奥德修斯想到一旦刺死波吕斐摩斯后,他们也无法逃生,因为无法挪动洞口的巨石。这让人想到阿喀琉斯,他受辱发怒,心中有两种想法,杀死阿伽门农或压住怒火,这时雅典娜按住他的头发,让他抑住自己(《伊利亚特》1.188—220)。后来,奥德修斯想出最稳妥的计策,他和同伴们抱住羊肚,黎明时分成功逃脱了。奥德修斯的这次计谋也没提到神的帮助。从这两处看,奥德修斯的智慧完全属人,同神分离开来。

不过,我们不要忘了这是奥德修斯自己讲述的,从荷马的整体叙述看,与波吕斐摩斯相遇是在奥德修斯的命运线上,同时似乎也在波吕斐摩斯的必然遭遇里(9.506—512)②。所以,奥德修斯富有自然品性的智慧,又与神的谋划联系到一块;进而,最终奥德修斯似乎放弃了知识,转向信仰(前揭,页152)。这样,我们

---

① 参柏拉图《理想国》440c7—d3,中译文采用郭斌和、张竹明译《理想国》,北京:商务印书馆,1986。
② Seth Benardete. *The Bow and the Lyre: A Platonic Reading of the Odyssey*,前揭,pp.74—75.

似乎就明白了，奥德修斯在费埃克斯人的船上熟睡，在自己的国土上醒来，竟不认得。雅典娜突然出现（13.221、300），她告诉奥德修斯自己是宙斯的女儿，帕拉斯·雅典娜。卷六结尾，奥德修斯第一次向雅典娜祈求，

> 他这样说，帕拉斯·雅典娜垂允祈求。女神未在他面前显现，因为她敬畏父亲的兄长对神样的奥德修斯难消的强烈愤怒，直到英雄归返家园（6.328—331）。

于是，卷十三接到六卷来。卷十三开头，宙斯似乎平息了波塞冬的愤怒。这里波塞冬的愤怒和前头的愤怒似乎不是一回事。前头是波吕斐摩斯针对奥德修斯。这里，表面看来似乎是针对费埃克斯人，好像也针对奥德修斯。针对费埃克斯人似乎是个借口。波塞冬明白宙斯已经点头答应奥德修斯归返故土，所以针对奥德修斯好像也是借口。波塞冬担心自己在凡人中不受到尊敬，从而神们也不尊敬他。宙斯说波塞冬在神们面前不会被轻慢，至于凡人，波塞冬可以按自己的想法去做。波塞冬回答说，"黑云神，我本想如你所说立即行动，但我一向尊重你的心愿，未敢贸然（13.146—147）"。宙斯果真改变了波塞冬的想法，不让击碎费埃克斯人运送奥德修斯的船只，而是把它变成石头，波塞冬照着去做了。至于，两者都同意的用山峦围困费埃克斯人的城市是否实现，我们不清楚，因为波塞冬迅速离去了。波塞冬没有实现自己的任何一个想法，波塞冬似乎只有服从的份儿，没有自己的意志或意愿。此后，波塞冬再没有出现过，除了荷马的一次比喻（23.234），奥德修斯向佩涅洛佩转述忒瑞西阿斯的预言（23.277），还有就是最后一卷，冥府里阿伽门农的魂灵问求婚人安菲墨冬的魂灵，提到波塞冬（24.109）。从而，卷十三发生了神义论的巨大转变。从而，这里显然是全书的转折点。雅典娜这个时候出现，并说出自己的神名，给奥德修斯设计谋略，为奥德修斯乔装。我们注意到，随后，雅典娜时隐时现，奥德修斯接下来也如此行动，其言辞跟行动一样——虚实难辨。奥德修斯看起来越来越像是雅典娜；随之，《奥德赛》的主题最终指向神义论。

让我们猜测一下，柏拉图的《礼法》为什么以雅典客人代替苏格拉底成为对话的主角。奥德修斯像是来到陌生的土地，乔装并不停撒谎，最后还要试试年老

的父亲。为了王国的未来，奥德修斯的知识和心智过渡到神律（参1.48,62,65—7）。因而，柏拉图似乎把荷马的《奥德赛》一分为二，《理想国》和《礼法》，苏格拉底和柏拉图①。接着，让我们想到苏格拉底的命运，苏格拉底与德尔斐神谕②，苏格拉底与阿波罗的隐秘关联③。苏格拉底也被认为是最有智慧的人，似乎也最虔敬。不过，其中的差别，我们没有忘记，雅典娜变成了阿波罗。

在荷马和赫西俄德的作品中，雅典娜和宙斯紧密相连（参《奥德赛》24.539—548），两者似乎是一体④。

> 诸神之王宙斯首先娶墨提斯为妻，她是神灵和凡人中最聪明的[Ζεὺς δὲ θεῶν βασιλεὺς πρώτην ἄλοχον θέτο Μῆτιν, πλεῖστα θεῶν εἰδυῖαν ἰδὲ θνητῶν ἀνθρώπων,《神谱》886—887]。

Ζεύς[宙斯]和Μῆτις[墨提斯]⑤的结合等于βασιλεύς[王]和πλεῖστα εἰδυῖαν[最高智慧]的结合。在墨提斯就要生产雅典娜时，根据乌兰诺斯和该亚提出的忠告，宙斯花言巧语地[δόλῳ φρένας]骗过墨提斯，将她吞进自己的肚子里。这是为了不让别的神灵代替宙斯取得永生神灵中的王位。本来，墨提斯第一个生出的是智慧、力量同宙斯相等的[ἶσον ἔχουσαν πατρὶ μένος καὶ ἐπίφρονα βουλήν]雅典娜，随后，墨提斯就会生出新的诸神和凡人之王（888—898）。宙斯肚子里的墨提斯为宙斯思虑以辨别好坏[ὥς οἱ συμφράσσαιτο θεὰ ἀγαθόν τε κακόν τε, 899—900]⑥。后来，宙斯从自己的脑袋里生出不可战胜的雅典娜（924—926）。雅典娜是宙斯的子女中唯一没有母亲的，雅典娜是没有情欲的无性生殖的产物。雅典娜同宙斯是个二分体，本性上则合二为一。

---

① 参阿尔法拉比：《柏拉图的哲学》，程志敏译，上海：华东师范大学出版社，2006，页51—52、195—197。
② 参柏拉图《苏格拉底的申辩》21a4—b8、23a5—c1，中译文采用王太庆译《柏拉图对话集》，北京：商务印书馆，2005。
③ 参柏拉图《斐多》58a6—c5、84d8—85b9、118a7—8，中译文采用王太庆译本，前揭；柏拉图《会饮》220d3—5，中译文采用刘小枫译本，北京：华夏出版社，2003。
④ 赫西俄德《神谱》，校勘本采用M.L.West. Theogony. Edited with prolegomena and commentary，随文注行数，Oxford, 1966；中译文采用张竹明、蒋平译《工作与时日 神谱》，北京：商务印书馆，1997；参柏拉图《会饮》204a1—2。
⑤ 奥德修斯的智慧是这个词的小写形式。
⑥ 参M.L.West. Theogony. Edited with Prolegomena and Commentary，前揭，p.405。

而阿波罗最初似乎和智慧无涉。他和诗歌有关,和国王无关(《神谱》94—96),不涉政治;他照管年轻人(《神谱》344—347),又是政治的;他喜欢射箭,是宙斯子女中最可爱的(《神谱》918—920)。据说,阿波罗又与医治、预言有关。

最费解的,或许是后来阿波罗同赫利奥斯——自然神(或称宇宙神)的结合。

阿波罗的复杂特性使我们有了这样的疑问,如果后世的哲学和悲剧更多地与阿波罗有关,是否其中蕴含思想史的重大麻烦,并且使智慧问题变得含混难解,充满魅惑。谁拥有真正的知识变成了思想纷争的核心。进一步说,知识(或智慧)带来怎样的人生命运指向,构成神义论—人义论的思想史动力,而生存论的要旨蕴含其中——苏格拉底和俄狄浦斯都在其中。

从神义论—人义论萌生了这样的难题:知识与犯罪。苏格拉底的申辩出于热爱智慧是否就是犯罪的生存辩难①。俄狄浦斯的斯芬克斯谜之解同样与他的杀父娶母两桩罪联系起来。俄狄浦斯对忒瑞西阿斯说,

> 喂,告诉我,你几时证明过你是个先知?那只诵诗的狗在这里的时候,你为什么不说话,不拯救人民?它的谜语并不是任何过路人破得了的,正需要先知的法术,可是你并没有借鸟的帮助,神的启示显出这种才干。直到我无知无识的俄狄浦斯[ὁ μηδὲν εἰδὼς Οἰδίπους]来了,不懂鸟语,只凭智慧[γνώμη]就破了那谜语,征服了它(《俄狄浦斯王》390—398)②。

俄狄浦斯指明,破斯芬克斯之谜事关城邦命运,不是随便什么人能完成的。接下来,作对比的双方剩下先知忒瑞西阿斯与无知无识的俄狄浦斯,也就是阿波罗与属人的智慧的冲突。俄狄浦斯的这番话似乎暗藏双重意义:人的智慧高于阿波罗,阿波罗和城邦的政治危难无关。推延开去,政治是属人的地上事物,神于政治中没有位置。俄狄浦斯的想法来自哪儿?我们猜可能来自下面的事实推断:俄狄浦斯还在科林多的时候,一次宴会中有个人说俄狄浦斯不是波吕玻斯的儿子。他十分烦恼,瞒着父母去求神谕。阿波罗没告知他所求的,就把他打发走了。

---

① 参柏拉图《苏格拉底的申辩》21d7—22a1;色诺芬《回忆苏格拉底》(1.1、1.3—4),中译文采用吴永泉译《回忆苏格拉底》,北京:商务印书馆,2001。
② Sophocles 希腊文文本校勘主要采用 A.C. Pearson, *Sophoclis Fabulae*. Oxford, 1924,随文仅注行码。

可是他却说了另一些预言,十分可怕,十分悲惨,他说我命中注定要玷污我母亲的床榻,生出一些使人不忍看的儿女,而且会成为杀死我的生身父亲的凶手(787—793)。

我们不知道俄狄浦斯向阿波罗问的是什么,但阿波罗拒绝回答。假设俄狄浦斯问,波吕玻斯是不是他父亲。如果阿波罗没说不是,那么俄狄浦斯就还不知道,自己的生身父亲是谁。可是他因为害怕阿波罗的预言,凭天象[ἄστροις]逃离了科林多。俄狄浦斯逃离科林多,并不能逃离阿波罗的预言。倘若波吕玻斯果真不是他父亲,那么他随时都有可能杀死父亲。阿波罗的预言常常不在人能理解的范围内①。可是,俄狄浦斯似乎暂时没想到这一种可能。他途中杀死父亲拉伊俄斯;来到忒拜,破了斯芬克斯之谜,娶了母亲伊俄卡斯忒。从粗略的情节线索看,这些结果似乎都在预言中,只是俄狄浦斯不知道而已②。他娶了妻,当了王,似乎避开了预言。所以,有这儿的预言和俄狄浦斯对立,确切地说是阿波罗和属人的智慧的对立。参照前头雅典娜和奥德修斯的关系,很清楚地展现了神—人关系的不同特性。奥德修斯的智慧似乎叠合于神定的命运线上或平行延展。俄狄浦斯的智慧,意图上是逆着预言(即命运)而行,不料殊途同归。这样,神义论似乎从内部破裂了。人的智慧是晦明的,并不导向正确的方向。如果城邦的命运在神—人关系中,而神—人分裂了,对属人的智慧(包含对政治)的理解就变得困难重重。人的智慧在政治中的作用,神在政治中的地位,这些问题让我们无所适从。

(二) 俄狄浦斯的故事

俄狄浦斯的故事,古已有之,荷马、赫西俄德和品达等都讲述过。不过,俄狄浦斯的故事经悲剧诗人的创作,才真正进入思想史的视野,成为思想问题——尤其是索福克勒斯的忒拜三部曲。

---

① 参希罗多德《原史》(1.32—44、55、90—1、158—60),中译文采用王以铸译《历史》,北京:商务印书馆,1997。
② Seth Benardete. *The Argument of the Action: Essays on Greek Poetry and Philosophy*. University of Chicago, 2000, pp.126—135.

我们关注索福克勒斯的忒拜剧。"他放弃埃斯库罗斯首创的三部曲形式［三出悲剧写同一个题材］，而写出三出独立的悲剧，使每出剧的情节多样化，矛盾冲突更为集中，结构也更为复杂、严密、完整"①。索福克勒斯不像埃斯库罗斯写俄狄浦斯三部曲（《拉伊俄斯》《俄狄浦斯》《七雄攻忒拜》，萨堤洛斯剧《斯芬克斯》）②。《俄狄浦斯王》并不是三部曲之一，不过它自身是完整的。我们按表面的时间顺序排列索福克勒斯的忒拜剧，即俄狄浦斯故事的时间发展进程：《俄狄浦斯王》—《俄狄浦斯在科罗诺斯》—《安提戈涅》。不按上演时间排列，是顾及俄狄浦斯故事的时间性整体；同时有它内在的理路可循——俄狄浦斯家族的命运③。

奇怪的是，命运在俄狄浦斯故事中竟来源于爱欲④。拉伊俄斯爱上珀罗普斯的儿子克吕西波斯，把他拐走。克吕西波斯一离家便自杀了，珀罗普斯由此诅咒拉伊俄斯家遭天谴，拉伊俄斯会死在自己的儿子（俄狄浦斯）手中，俄狄浦斯的两个儿子波吕涅刻斯和厄忒俄克勒斯会为争夺王权死于彼此手中⑤。

《俄狄浦斯王》一开场，忒拜陷于瘟疫。克瑞翁从德尔斐带回来阿波罗神谕说，杀死忒拜前国王拉伊俄斯的凶手在城内，得清除这污染，城邦才得救。俄狄浦斯先问："神示怎么样？"（89）；接着问："怎样清除？那是什么污染？"（99）；又问："可是他们在哪里？这旧罪的难寻的线索哪里去寻找［εὑρεθήσεται］？"（108—109）接下去，俄狄浦斯就像探员，问个不停。前面，我们谈到俄狄浦斯和忒瑞西阿斯的冲突。忒瑞西阿斯好不容易被请来查找凶手，又再三犹豫，有话不说，俄狄浦斯气得要赶先知走。两人随即就智慧问题起冲突，先知说，

在你看来，我很愚蠢；可是在你父母看来，我却很聪明［ἡμεῖς τοιοίδ' ἔφυμεν, ὡς μέν σοί δοκεῖ, μῶροι γονεῦσι δ' οἵ σ' ἔφυσαν, ἔμφρονες, 435—436］。

俄狄浦斯就又反而逮着他问道："什么父母？等等！谁是我父亲［ποίοισι;

---

① 罗念生：《罗念生全集（第二卷）》，前揭，页401。
② Jebb笺注．*The Oedipus Tyrannus*．前揭, xvi。
③ 参柏拉图《理想国》617b8—d1。
④ 参柏拉图《会饮》193a7—b2，另参柏拉图《礼法》836b8—c3。
⑤ 参《俄狄浦斯王》421—427、711—714、1370—1382，及罗念生译注，页392注58；《俄狄浦斯在科罗诺斯》367—370，及罗念生译注，页547注29；《安提戈涅》2—3，及罗念生译注，页331注2；又参《安提戈涅》11—14。

μεῖνον. τίς δέ μ' ἐκφύει βροτῶν; 437]？" 这里一连用了几个以 φύω [生出，生长] 为词根的词，俄狄浦斯向先知提出的是自己的自然属性（ποίοισι = of what nature? of what sort? qualis?）。俄狄浦斯的问题先知似答非答，"今天就会暴露你的身份，也叫你身败名裂 [ἥδ' ἡμέρα φύσει καὶ διαφθερεῖ, 438]"。φύσει [出身，身份] 和 διαφθερεῖ [身败名裂] 两个词将其中的自然含义和道德含义结合到一起。俄狄浦斯说："你老是说些谜语，意思含含糊糊（439）。" 忒瑞西阿斯反问："你不是最善于破谜吗 [οὔκουν σὺ ταῦτ' ἄριστος εὑρίσκειν ἔφυς; 440]？" 先知问道俄狄浦斯不是天生 [ἔφυς] 善于 εὑρίσκειν [发现，寻找] 答案吗。先知的反问语气似乎否定了俄狄浦斯的天生能力；同时 εὑρίσκειν 这个词，正是前面找 [εὑρεθήσεται] 凶手的那个词，先知偷偷地给它添加了道德含义。俄狄浦斯马上想到前头自己的自夸——破解斯芬克斯之谜。先知的意思可能是你不是善于猜谜吗，有些谜你可是猜不透的！俄狄浦斯刚刚骂了人家一番，这回他说"尽管拿这件事骂我吧，你总会从这里头发现我的伟大 [τοιαῦτ' ὀνείδιζ' οἷς ἔμ' εὑρήσεις μέγαν, 441]"。俄狄浦斯还给先知这个词 εὑρήσεις [εὑρίσκειν 的将来时第二人称单数，主动含义]。俄狄浦斯想起了斯芬克斯之谜，忘了眼下先知给的谜——出身。俄狄浦斯从而把先知所说 εὑρίσκειν 的道德意味扔了，回到以前的俄狄浦斯自己。他说先知将会发现他的大能耐 [ἔμ' μέγαν]。先知说，"正是那运气害了你 [αὕτη γε μέντοι σ' ἡ τύχη διώλεσεν, 442]"。先知用运气 [或偶然, ἡ τύχη] 又把俄狄浦斯的自傲包裹了起来。索福克勒斯把 διώλεσεν [伤害] 这个词用绝了。它有两个义项、三种含义：1. ① 使毁灭，毁坏；② 糟蹋，败坏 [女人]。2. 忘记。这个词汇概述了俄狄浦斯至今的境况；并且重新拾回先知的道德意旨；还以"忘记"之义道出了俄狄浦斯对当前的遗忘，同时否定了 εὑρίσκειν 属人的自然蕴涵。俄狄浦斯回到刚才他和先知冲突的焦点——智慧之争，"只要能拯救城邦，那也没什么关系（443）"。在此，悲剧的难题向我们展露了出来，对于政治属人的智慧是含混的；甚至先知可能认为智慧之于政治必然导致恶。同时，先知之所以犹豫似乎力图包藏恶，以防败露。

可是，接下来当先知想走了，由于俄狄浦斯又说了嫌恶的话，先知忍不住隐讳地抖搂了一直不说而俄狄浦斯极其渴望知道的秘密——恶将慢慢蔓延开去。最后，我们似乎明白了先知的义愤。他最后说了这样一句话，就再也没出现，"我这话你进去想想；要是发现我说假话，再说我没有预言的本领 [μαντικῇ

也不迟（460—462）"。其中 μαντικός[预言的本领，预言术]一词据说暗含 τέχνη[技术、技艺]的意思，所以，先知的智慧看起来也是属人的。当俄狄浦斯诬枉他与克瑞翁共谋，试图篡夺王权时，他说："我是罗克西阿斯的仆人，不是你的；用不着在克瑞翁的保护下挂名（410—411）。"① 忒瑞西阿斯意指他有非同一般的属神身位。并且，我们注意到，Λοξίας[罗克西阿斯，阿波罗的别称之一]含有 λόγος[言辞，思考，理智]的意义，忒瑞西阿斯可能说他有属神的 λόγος。

接下来歌队的第一合唱歌：

宙斯和阿波罗才是聪明，能够知道世间万事[ἀλλ᾽ ὁ μὲν οὖν Ζεὺς ὅ τ᾽ Ἀπόλλων ξυνετοὶ καὶ τὰ βροτῶν εἰδότες]；凡人的才智虽然各有高低，可是要说人间的先知比我精明，却没有确凿的证据[ἀνδρῶν δ᾽ ὅτι μάντις πλέον ἢ 'γὼ φέρεται, κρίσις οὐκ ἔστιν ἀληθής· σοφίᾳ δ᾽ ἂν σοφίαν παραμείψειεν ἀνήρ, 498—503，参 709]。

这里，我们忍不住又要惊叹于索福克勒斯笔法的绝妙。古诗文中很少见到把宙斯和阿波罗放到一块，并说他们都聪明[ξυνετοί]。ξυνετοί源于动词συνίημι，συνίημι具有以下含义：1. 引到一起。2.（比喻义）① 听见；② 注意到；知道；③ 了解，理解，明白。更妙的是εἰδότες[οἶδα的分词]，我们知道这个词的词意为：看见和知道。这个词和下面歌队唱道先知不那么精明[σοφία]相关。忒瑞西阿斯是个瞎子，看不见，所以不如神们聪明；那他比我们精明吗？这也值得怀疑，因为σοφία含有褒贬两层对立的含义。这样从ξυνετοί到εἰδότες直至σοφίαν，依次递降。在歌队看来，先知的智慧到此变成不折不扣的疑问。

忒瑞西阿斯并没有直接说出凶手是俄狄浦斯。谁杀死拉伊俄斯和俄狄浦斯是谁，都是在俄狄浦斯不断寻找线索中显露出来的。伊俄卡斯忒的上场尤为关键，使得俄狄浦斯的疑问几乎完全转向了：我是谁？波吕玻斯的牧人来报丧时，伊俄卡斯忒先明白了真相。她无法阻止俄狄浦斯释疑的热情。伊俄卡斯忒

---

① 参柏拉图《斐多》85b4—7，苏格拉底也自况为阿波罗[Ἀπόλλων]的仆人[τοῦ κύκνων]，同天鹅作比[ὁμόδουλος]，没用到Λοξίας，以及与λόγος相关的词，倒是说到Ἅιδης[冥府]的福乐，所以临终毫无悲愁；另参柏拉图《理想国》387d1—388d7，尤其603e3—604b1。又参Seth Benardete对《理想国》卷十厄尔神话的分析，见 *Socrates' Second Sailing: on Plato's Republic*. University of Chicago, 1989, pp.227—229.

无望地冲进宫里。伊俄卡斯忒退场后，俄狄浦斯自认幸运为母亲，他说，

> 但是我认为仁慈的幸运的宠儿，不至于受辱。幸运是我的母亲；十二个月份是我的兄弟，他们能划出我什么时候渺小，什么时候伟大。这就是我的身世，我决不会被证明成另外一个人；因此我一定要追问我的血统［ἐγὼ δ᾽ ἐμαυτὸν παῖδα τῆς Τύχης νέμων τῆς εὖ διδούσης οὐκ ἀτιμασθήσομαι. τῆς γὰρ πέφυκα μητρός· οἱ δὲ συγγενεῖς μῆνές με μικρὸν καὶ μέγαν διώρισαν. τοιόσδε δ᾽ ἐκφὺς οὐκ ἂν ἐξέλθοιμ᾽ ἔτι ποτ᾽ ἄλλος, ὥστε μὴ ᾽κμαθεῖν τοὐμὸν γένος, 1080–1085］。

ἐκφὺς［生出］一词像是俄狄浦斯对自己前面疑问的回答（参437），而 τῆς Τύχης［幸运、偶然］则似乎是他自动确认了忒瑞西阿斯的说法，运气［ἡ τύχη, 442;参977—978,τῆς τύχης］害了他。不过，τύχη 变成了 Τύχη。俄狄浦斯的问题：谁 ἐκφὺς［生出］他，本来含有自然生育之义，转而指向幸运神 Τύχη，这很让人惊讶。最后出现了 γένος［氏族，后代，子孙，种属］一词似乎某种程度上缓解其中的疑难，因为 γένος 包含习俗（包括礼法、人伦）与生物类属双重意蕴。接下来一场戏，他召回拉伊俄斯的牧人——这个似乎最早知道真相的家伙，他逼着牧人说出事情的经过、缘由。俄狄浦斯是凶手，他杀父且娶母，这违逆了 γένος 的双重含义。退场戏，俄狄浦斯刺瞎自己的双眼后重新上场，他试图毁坏 γένος 的自然含义，同时被一种羞愧、愧疚替代，羞于在冥府见到父母。他甚至说：

> 如果有办法可以闭塞耳中的听觉，我一定把这可怜的身体封起来，使我不闻不见：当心神不为忧愁所扰乱时多么舒畅啊（1386—1390）！

俄狄浦斯似乎盼望完全放弃知识，并说无知是快乐的，其意指知识是痛苦不堪、目不忍睹的。作为自然的身体其快乐的来源于何处？同时，γένος 的另一层含义——习俗或礼法转移至何处？或许转向 Τύχη。俄狄浦斯探究自我的爱欲其终点（telos）竟然是神。显然，俄狄浦斯的爱欲抽离身体，转向神。如此，索福克勒斯的悲剧及其礼法内涵想必是政治神学问题，且以诸神作为其拱顶，以建筑城邦的生活方式、伦理秩序和政治制度，此即城邦的礼法（nomos）。

三、财富与技艺的礼法—正义难题[*]
——从荷马《奥德赛》到阿里斯托芬《财神》

（一）财富、王政与神义论

  古希腊人令人印象深刻的财富观念最早出现在荷马的《奥德赛》中，引人深思。伊塔卡国王奥德修斯20年前率军跟随阿伽门农前往特洛亚打仗，迟迟未归，甚且杳无音信，不知生死。奥德修斯家中来了一伙高傲的求婚人，他们追逐其妻佩涅洛佩多年，并且天天在其家中宰杀牛羊、宴饮玩乐，狂肆且无节制地耗费其家产。奥德修斯的儿子特勒马科斯对此愤慨不已但又无能为力。幻化成凡人的雅典娜女神前来帮助特勒马科斯。她故意询问特勒马科斯，这帮狂妄之徒为何在他家放肆吃喝。特勒马科斯回答说：

> 客人，既然你有意询问，请听我说明。
> 我的这个家往日曾经繁荣而显赫，
> 当我的那位父亲在家主持家政时。
> 可现在神明们另有想法，改变了主意，
> 他们让他在凡人中间杳无音信。
> ……我忧愁哀伤还不只因为他，
> 神明们又给我降下其他的种种不幸。
> 统治各个海岛的一个个贵族首领们，
> ……
> 都来向我母亲求婚，耗费我的家产，

---

[*] 本文发表在《国外文学》2020年第1期上。

母亲不拒绝他们令人厌恶的追求，
又无法结束混乱，他们任意吃喝，
消耗我的家财，很快我也会遭不幸。

（1.231—251）①

特勒马科斯所提及的家、家产、家财甚至财富是同一个词："oikos"。"oikos"这个词的希腊文原义是房屋，引申为家产、家财，甚至指称家庭、家族乃至家族的庙堂。正如19世纪法国古史大家库朗热所说："自最古时代，在古希腊及意大利的社会中，便有三种制度确立无疑了，它们就是家庭的宗教、家庭及所有权。这三种制度密不可分，在起源上有着紧密的关联。"② 所有权主要指土地、土地的出产物（包括放牧牛群、羊群等）以及家宅这类最重要的财富。

进而，"oikos"还包含家务、家政之义，亦即"oikos"包含"oikonomos"（家庭的管理、城邦的治理）或"oikonomikos"（家政、齐家或理家术）的双重含义。对于特勒马科斯来说，家政与王政无甚差别，两者均系于作为君王的父亲奥德修斯。此时，作为父亲、主人与君王的奥德修斯的缺席使得特勒马科斯忧患不已，其家产、家庭陷入危难的境况。如此，这指明家政与王政一体，齐家与治国两种技艺的关联甚或统一③。荷马史诗中显然只有王公贵族才真正拥有财富（包括奴隶）。因此，财富问题必然与贵族政治甚至王政相关，王政面临危机，财富当然遭受损失。而君王的统治技艺当然包括家产的管理与安排（《奥德赛》13.217—9、14.96—104、21.16—21），其中包括教育奴仆照管、看守家产（2.337—380），还有劳作（14.5—28、14.61—71、24.386—390）与作战（22.284—291、24.496.501），

---

① 荷马：《奥德赛》，王焕生译，北京：人民文学出版社，1997，页9—10；以下引用《奥德赛》均随文采用诗行，以后引用，在正文中随文标注行码。参考 Homer. *The Odyssey with an English Translation*, by A. T. Murray, in two volumes. London: William Heinemann Ltd., 1919。
② 库朗热：《古代城邦：古希腊罗马祭祀、权利和政制研究》，谭立铸译，上海：华东师范大学出版社，2006，页52。
③ 苏格拉底劝诫说："不要轻视善于管理家务的人，尼各马希代斯，因为管理个人的事情和管理公众的事情只是在大小方面有差别，在其他方面彼此是很相类似的；最重要的是两者都不是不用人就管得好的，而且也并不是个人的事用一种人经管，公众的事用另一种人经管；管理公众企业的人所用的和管理私人企业所用的并不是另一种人而是同样性情的人，凡是知道怎么用人的人，无论是私人企业或是公共企业都能管理好，而那些不知道怎样用人的人在两方面都要失败。"参见色诺芬：《回忆苏格拉底》，吴永泉译，北京：商务印书馆，2001，页96。苏格拉底甚至把齐家（家政）与治邦并举，两者均是最美最伟大的技艺，并且只有智慧的、有自知之明的正义之人才能掌握此技艺。

以及对奴仆之品行的教管、奖赏与惩戒(22.419—427、22.430—477)。最重要的是,奥德修斯的君王统治技艺还应该包括教育其子特勒马科斯如何报复求婚人以及看管家业(《奥德赛》16.225298、19.21—22)。奥德修斯作为君王,其统治技艺基于智慧与虔敬。宙斯答应雅典娜帮助奥德修斯回返伊塔卡,宙斯就依凭"他(奥德修斯)在凡人中最聪明,给掌管广阔天宇的不死的神明们奉献祭品也是最丰盛勤勉"(《奥德赛》1.66—67)。雅典娜一路保护奥德修斯,也因为"你我两人(指雅典娜与奥德修斯)都善施计谋,你在凡人中最善谋略最善辞令,我在所有的天神中间也以睿智善谋著称。"(《奥德赛》13.296—299)。而作为其统治技艺的智慧中最重要的就是识人断事(《奥德赛》9.170—176、10.97—102、10.151—155、16.299—307、17.360—364)。

然而,奥德修斯的家产被无耻地消耗,其家政与王政面临瓦解,因为君王奥德修斯远离家庭、王宫,生死不明。而奥德修斯的生死、王权又与神明(宙斯与雅典娜)的意愿和安排相关。因此,《奥德赛》中的财富观念并非以人义论而是以神义论作为其基础,有其严正庄重的政治与宗教意味(《奥德赛》13.230—231)。再者,《奥德赛》中奥德修斯把家产、财富看成是诸神的赐予。奥德修斯与老父亲在果园相认,他说:"当时你给我十三棵梨树,十棵苹果树,四十棵无花果树,你还答应给我五十棵葡萄树,棵棵提供不同的硕果。那里的葡萄枝蔓在不同的时节结果实,当宙斯掌管的时光从上天感应它们时。"宙斯安排奥德修斯的果园里各类水果的收获。这类家产既源于人们的劳作,又主要源于诸神(主要指宙斯)的赐予,而非自然财产①。如此可以说宙斯就是荷马史诗中的"财神"。我们理解《奥德赛》中的财富观念除了解析奥德修斯的智慧问题(即家政与王政结合的君王统治技艺)外,还得深入探究宙斯的神性—正义特性②。

---

① 据说后世的罗马法律家感兴趣的是"取得财产的自然方式","猎人捕获或杀死的野兽,由于河流在不知不觉中的淤积而在我们田野上增加的土地,和生根于我们土地上的树木,这些都是罗马法律家称之为我们可以自然地取得的东西。较老的法学专家一定曾注意到,这类取得是普遍地为他们所处的小社会的惯例所认可的,后一时期的法律家既然发现这些取得被归类于古'万民法'中,并把它们看作是最简单的一种取得,就在'自然'律令中给它们分配了一个地位"。参见梅因:《古代法》第八章"论财产的早期史",沈景一译,北京:商务印书馆,2011,页159。
② 关于哲人治理的城邦的正义问题,苏格拉底说:"当真正的哲人,或是一个,或是更多,在城邦中成了统治者,他们将会鄙视目前流行的种种荣誉观念,认为这些是卑贱东西,没有任何价值,而正义则是最重要、最关键的东西,只要他们为它服务,使它壮大,他们将会为自己彻底安排好属于他们自己的城邦。"参见柏拉图:《理想国》,王扬译注,北京:华夏出版社,2012,页285。

（二）民主政治与赚钱术

宗教信仰的变革与政治革命导致古希腊人的财富观念发生重大转变。他们从崇拜城邦诸神转向自然诸神，而雅典城邦政制则从贵族政治转向民主政治①。其中，重大的政治改革是梭伦的立法。他确立了具有民主性质的政体，并颁布了新法律：

> 他依照以前人民的分等，按财产估价把人民分作四个等级，五百斗者、骑士、双牛者和日佣，各种官职，如九执政官、司库官、公卖官、警吏和国库监，他分配给五百斗者、骑士、双牛者三级，按各级的财产估价比率，指定以相应的官职；至于列在日佣等级的人，他只允许他们充当民众会和法庭的成员。②

梭伦依据财产划分人的等级以及官职。"梭伦以为，要废除世袭宗教建立的旧等级，只能用财富来建立新的等级"，"从前的政权与出生相关，而现在在一段时期内，它爱上了财富"③。梭伦的改革某种程度上仍然包含了古代贵族政治的因素——贵族因拥有德性、荣誉和财产而统治城邦。但改革之后出现一类新人——富人贵族，他们主要凭靠财富位居高位，统治城邦。因此，梭伦改革也为民主政治铺垫了重要的基石——依凭财产构建政治秩序④。这可能导致谁拥有更多的财产谁统治，而不管其德性如何。再者，后来雅典人推行民主开放政策与海上霸权，通商贸易和市场交易日益繁荣⑤，财富则集中于各类政客和工商人士

---

① 参见库朗热：《古代城邦：古希腊罗马祭祀、权利和政制研究》，卷三"城邦"的第二章"新的宗教信仰"和第六章"城邦的诸神"，以及卷四"革命"，特别是卷五"城邦制度的消失"的第一章"新的信仰；哲学改变政治准则"。
② 亚里士多德：《雅典政制》，日知、力野译，北京：商务印书馆，2010，页11。
③ 库朗热：《古代城邦：古希腊罗马祭祀、权利和政制研究》，页301、302。
④ 亚里士多德《尼各马可伦理学》(1131a25—30)：人们都同意，分配的公正要基于某种配得，尽管他们所要（摆在第一位）的并不是同一种东西。民主制依据的是自由身份，寡头制依据的是财富，有时也依据高贵的出身，贵族制则依据的是德性。所以，公正在于成比例。参见亚里士多德：《尼各马可伦理学》，廖申白译注，北京：商务印书馆，2006。
⑤ 在雅典民主的领袖伯利克勒斯著名的葬礼演说中，他说："我们的城邦如此伟大，它把全世界的产品都带到我们的港口，因此，对雅典人而言，享受其他地方的产品，就如同享受本地的奢侈品一样。"参见修昔底德：《伯罗奔尼撒战争史》(2.6.38)，徐松岩、黄贤全译，桂林：广西师范大学出版社，2004，页99；另参见色诺芬：《雅典政制》(2.7)，冯金朋译，长春：吉林出版集团，2013。

手中,金钱变成财产的主要标志。

商业贸易和金钱交易极大地改变传统的财富观念,甚至革新人的政治观念与德性观念。直接产生于雅典民主政制的古希腊悲剧作品常常出现对金钱或者说赚钱术的批判。索福克勒斯的《安提戈涅》中国王克瑞翁怀疑有人被收买而违犯其禁令——禁止埋葬:

> 我看得很清楚,这些人是被他们出钱收买来干这勾当的。人间再没有像金钱这样坏的东西到处流通,这东西可以使城邦毁灭,使人们被赶出家乡。这东西教坏善良的人,使他们走上邪路,做些可耻的事,甚至叫人为非作歹,干出种种罪行。(293—301)①

随即,克瑞翁怀疑守卫和先知都因贪图利益而犯罪,咒骂先知们皆是爱财者。而在索福克勒斯的《俄狄浦斯王》中,俄狄浦斯怀疑克瑞翁买通先知,两人合谋陷害他,以篡夺王权。他说:

> 啊,财富,王权,人事的竞争中超越一切技能的技能,你们多么受人嫉妒:为了羡慕这城邦自己送给我的权力,我信赖的老朋友克瑞翁,偷偷爬过来,要把我推倒,他收买了这个诡计多端的术士,为非作歹的化子,他只认得金钱,在法术上却是个瞎子。(380—389)②

我们看到,在这两出悲剧中,两位国王均认为金钱或财富与王权这一人事中的最高技能或技艺亦常常关联在一起。并且,金钱可能极度地败坏人的德性,最为严重的是,它败坏城邦的先知。先知由此将可能丧失其在城邦中的神圣位置,从而使得城邦的政治统治技艺与神圣事物分离。或许,其中还隐含了这样的看法——有关金钱或财富的技艺甚至高于先知的技艺,成为最高的统治性技艺。它要么与王权结合,要么变成王权本身。不过,这种技艺显然是恶行的体现。难怪在《俄狄浦斯王》的

---

① 索福克勒斯:《安提戈涅》,罗念生译,《罗念生全集(第二卷)》,上海:上海人民出版社,2004,页304。
② 索福克勒斯:《俄狄浦斯王》,罗念生译,《罗念生全集(第二卷)》,上海:上海人民出版社,2004,页356。

第二合唱歌中歌队会警示说：有人傲慢，不畏正义之神，不敬诸神，贪图不正当的利益——可能指不合法的王权或金钱。这导致对阿波罗和宙斯的崇拜从此衰微。如此，财富和王权均与神性事物分离，这导致宙斯的神性与正义特性分离甚至衰微。

由此，我们发现从贵族政治转向民主政治的一大特征，就是家产、家政与王政、神义逐渐分离。这与《奥德赛》中的财富观念大异其趣。宙斯不再是"财神"了。齐家与治国这两种人世生活中的基本统治技艺也被更改了德性内涵。此时，传统意义上作为财富的土地、田产及房产逐渐让位于金钱。金钱虽然是习俗之物，却似乎替代了传统诸神，与诸神一样金钱具有普遍性特征①。不过，两者也有重大差别，一是更多地与恶相关，并且是不虔敬的源泉，一是与善以及人世生活的正义相关。富人业已替代传统贵族成为社会的中坚力量，成为城邦生活的风尚和榜样，是崭新生活感觉、生活方式的代表。商业与贸易成为隐形的统治性技艺，某种意义上还是正义的化身。

同样身处古希腊民主时代，柏拉图在其最著名的作品《理想国》中就以苏格拉底在比雷埃夫斯港一外侨富豪家中与年老的富豪、盾牌作坊主克法洛斯谈话作为开场。《理想国》的主题是哲人的正义问题，开篇却展现了一位富豪自称正义的生活方式。爱学习的苏格拉底向这位老年富豪询问如何度过艰难的生命时光。富豪说自己因为年纪大了像年老的诗人索福克勒斯一样摆脱了情欲的束缚，过着节制、随和的生活方式。苏格拉底被这个说法促动，他随即问：

> 克法洛斯，我想，当你这么说，大部分人都不会接受，相反，他们会认为，你能轻易地承担老年，这并非是靠生活方式，而是靠你拥有大量的钱财。因为，他们声称，富人总有莫大的安慰。(329e)②

克法洛斯否认了多数人的这种看法。苏格拉底接着问："再这么跟我说说：你认

---

① 伯纳德特分析《安提戈涅》的这一段时说："它(指金钱)既是习俗性的，然而又是普遍的。它因此让人想起了葬礼，看起来，葬礼也既是习俗的又是普遍的；诚然，它们似乎有着更为紧密的联系，因为它们都是关于地下的事物的；冥王的另一个名字就是普路托斯(财神)。"参见伯纳德特：《神圣的罪业：索福克勒斯的〈安提戈涅〉义疏》，张新樟译，北京：华夏出版社2005，页47—78。
② 柏拉图：《理想国》，页5—6。相关分析，参见 Seth Benardete. *Socrates' Second Sailing: On Plato's Republic.* Chicago and London: The University of Chicago Press, 1989, pp.12-16.

为,积累了大量财富,从中获得的最大好处是什么?(330d)"克法洛斯认为年老时刻亦是死亡将至的时候,关于冥府的许多故事折磨在世间作恶的人,恐怖和焦虑袭来。而对于像他这样的年老富豪来说,将像诗人品达所说的正直地、虔诚地度过一生。他说:

> 凭这一点,本人的确认为,拥有财富便具有最大的价值,并非对每一个人而言,而是对一个正直的人而言。为了不至于违背自己的意愿地去欺骗、哄骗他人,不至于因欠了某位天神一些牺牲或欠了某人一笔钱而后充满恐惧地去了那里(指冥府),对此,拥有财富发挥了一大作用。(331a—b)①

克法洛斯暗中意指拥有财富能消除或免除自己身上的恶而安然地去往冥府。我们知道,财富、财神跟冥神是同一个词、同一个神。某种意义上,克法洛斯还是执着于多数人的看法,拥有更多财富的人是正义之人,过着更好的生活。这种财富观念和生活观念与传统贵族的生活观念大相径庭。传统贵族在战场上或城邦治理上传承祖辈的美德、磨砺并展现自身德性的卓越与优异,"总争当优秀,要赶过别人"(《伊利亚特》6.208)②。德性就是传统贵族的真正财富,并且指向诸神,因为诸神表征正义秩序,贵族们依此过上有德性的生活③。

(三)穷神、技艺与神人本性

从已有的古希腊文献来看,普路托斯(Plutus)一开始并非财神。在赫西俄德的《神谱》中,他是女神德墨特尔与英雄伊阿西翁的儿子,是像神一样的子女。

---

① 柏拉图:《理想国》,页7。
② 转引自刘小枫编修:《凯若斯:古希腊文读本(上册)》,上海:华东师范大学出版社,2013,页27。
③ 西塞罗:《论共和国》(Ⅰ.27)。斯基皮奥说:"要是一个人能不把田地、房屋、牲畜和无数的金银视为财富,因为在他看来,这些东西给人的乐趣是微不足道的,它们的益处是微乎其微的,对它们的所有权是不可靠的,而且它们常常归那些最恶劣的人所有,那么这样的人该被认为是多么幸福啊!要知道,只有这样的人才真正可以不是根据罗马公民权,而是根据贤哲的权利,有权要求那些东西他所有,他这样做不是根据公民契约,而是按照共同的自然法,那自然法禁止任何财物属于任何不知道如何利用它、使用它的人……"参见西塞罗:《论共和国》,王焕生译,上海:上海人民出版社,2006,页57—59。另参见西塞罗:《论至善和至恶》(Ⅲ.75),石敏敏译,北京:中国社会科学出版社,2005,页127—128。

"他处处慷慨,漫游在大地和无边海上。他若遇见谁,碰巧降临在谁的手上,这人就能发达,一辈子富足有余"(972—974)①。普路托斯与人间财富相关,因为古人认为财富首先来自土地。在荷马献给德墨特尔的颂诗中,"在大地上的人类中,她们(德墨特尔和珀耳塞福涅)选来庇护的人有福了!她们会派上一位客人去这人的家里:给有死的人类带来极大财富的普路托斯"(486—489)②。而在俄耳甫斯教祷歌中,"普鲁同,你看守整个大地之钥,给凡人种族带来一年的丰盛果实"(18.4—5)③。普路托斯成为德墨特尔的女儿冥后珀耳塞福涅的丈夫,从而与"普鲁同"(冥王哈德斯的别称)混同。德墨特尔母女主管土地的丰收,普路托斯则统治地下神祇,也被称为"地下的宙斯"。宙斯、波塞冬、哈德斯三兄弟三分天下,分别掌管太空和云气里的广阔天宇,大海和冥府(地下世界)(《伊利亚特》15.187—192)。

因为与普鲁同的混同,普路托斯具有了神圣的身位,被尊为神,被称为"地下宙斯"。然而,宙斯是神和人之父,是最高的统治者(《伊利亚特》8.5—27)。从古希腊悲剧和柏拉图对话中,我们看到宙斯的地位业已受到挑战,逐步式微。古希腊民主时代众多作家中喜剧诗人阿里斯托芬直接表述对财神普路托斯的复杂看法。其《财神》最深刻地表述民主时代古希腊人的财富观念,其中宙斯作为最高神祇甚至被财神普路托斯取而代之。

《财神》一剧最初的情节推动力来源于雅典的一个贫穷老农克瑞密罗斯,他为儿子该选择什么样的生活道路发愁:

> 于是我去问神,并不是为我自己,我这不幸的人我想已经快射完生命的箭,但是我那儿子乃是我的独子,所以我问是不是要改变他的行径,使成为一个无所作为的、邪恶的、腐败透的人,因为那样我以为是于生活上很有利的。(32—38)④

---

① 转引自吴雅凌:《神谱笺释》,北京:华夏出版社,2010,页57。参见 M. L. West. *Theogony, Edited with Prolegomena and Commentary.* Oxford: Oxford University Press, 1966.
② 转引自吴雅凌:《神谱笺释》,页378。
③ 转引自吴雅凌:《神谱笺释》,页378。
④ 阿里斯托芬:《财神》,周作人译,北京:中国对外翻译出版公司1999,以后引用,在正文中随文标注行码,参考 *Birds Peace Wealth: Aristophanes' Critique of the Gods,* trans. Wayne Ambler and Thomas L. Pangle. Philadelphia: Paul Dry Books, Inc., 2013.

雅典民主政治的衰败导致百姓产生伦理与道德的种种困惑。他们的最大困惑就是该教育孩子成为什么样的人。19世纪德国文史大家布克哈特对此论述道："欧里庇得斯走得更远：一个富人说出的任何话都会被认为是明智的，但是一个贫穷的人，即使他说得很好，也会受到嘲笑；人们宁愿把他们的孩子嫁给一个富有的坏人，也不愿意把她们嫁给一个贫穷的好人。"① 实际上，这出戏中克瑞密罗斯的儿子并未出场，随后他没再提及如何教育儿子。克瑞密罗斯真正的困惑是，他作为一个敬神且正义的人，可是境遇不好，老是贫穷。而抢劫庙宇的人、政客们、告密人和那些坏人富有，也就是说不敬神、不义之人富有。克瑞密罗斯的困惑主要指向自己——为何正义之人贫穷，不义之人富裕。因而，他带上奴隶卡里翁到阿波罗神庙祈求神谕，以解除这个困惑。

阿波罗的神谕让克瑞密罗斯走出神庙后跟上他遇上的第一个人，并劝说这个人一块到家里去。没想到，主奴两人碰上了瞎眼且浑身脏兮兮的财神普路托斯。克瑞密罗斯问财神为何遭受如此不幸。财神说，宙斯嫉妒凡人，处分了他。因为财神还小的时候，声言将要去找那些正直的、聪明的和那守秩序的人。但他被宙斯弄瞎了，让他辨别不出好人坏人。克瑞密罗斯觉得奇怪了，只有好人和正直之人才尊敬宙斯，可宙斯却嫉妒好人，让他们受穷。

克瑞密罗斯问财神，如果他还能看得见，他会避开坏人吗？财神答应去找正直的人。克瑞密罗斯自认为是品性端正的人，所以准备强行带走财神。财神却说好人一旦变成富人就会毫无节制地干坏事。原来，宙斯的本意是保护好人以防其被腐坏。然而，克瑞密罗斯此时业已对宙斯萌生强烈的愤懑。克瑞密罗斯不仅许诺帮财神治眼病，并且大段且费力地劝诫甚而恐吓无比胆小的财神。克瑞密罗斯告知财神许许多多他不知道的事情（169）。其中最重要的是，财神比宙斯更有力量。宙斯是因为有钱才能统治诸神，人们因为祈祷发财才给宙斯献祭。若没人给宙斯献祭，宙斯就会丧失其威权，就能打倒宙斯。再者，人间的一切美好、愉快的事物皆因财神而来，因为世间的一切都服从于财富。人间的一切技艺包括政治技艺也都因财神而做出来。总之，唯有财神是人间一切坏事和好事包括战争的原因。而比之荣誉、勇敢、进取心、军权等等，人们对财富的欲求永远不

---

① 布克哈特：《希腊人和希腊文明》，王太庆译，上海：上海人民出版社，2008，页138。

会满足。财神被克瑞密罗斯一番鼓动之后,逐步确信自己的权能远远超越宙斯。克瑞密罗斯对财神的夸饰使得"财神既是纯粹意义上的财富,是人类的一种品种或附属物,但在另一方面,他也是一个神,一个自足的存在者,或不妨说,一个能够按字面意思讲话的存在者"①。老农克瑞密罗斯的夸饰言辞显然具有喜剧特征。这也暗含了诗人阿里斯托芬本人的高超诗艺——通过对事物的表面理解将其形而上学化,甚至使其具有神学特性。诗人的这种具有形而上学意味的笔法实质上展现了人们灵魂中虽然不可能实现但真实深切的欲求。诗人依凭其反讽笔法试图透彻且完整地观看人世生存的永恒困境。

雅典老农克瑞密罗斯把财神奉为最高神祇,引其进入自己家中。他意欲摆脱自己长年的贫困,并解决自己的伦理与道德困惑,实现正义之人永远富有的目的。克瑞密罗斯看重人的德性,可他实质上关注德性的有用性而非德性本身;德性本身并不吸引他,对于他而言并非财富②。看来,克瑞密罗斯拥有常人的正义观念。他最简单的信条就是好人有好报。克瑞密罗斯又不同于常人,他对现世生活中的不义之事充满义愤,甚至对宙斯满怀怨恨,因而他谋划以更有力量的财神代替宙斯成为世间的真正统治者。

克瑞密罗斯联合了一帮农民和他的朋友布勒希得摩斯,一块帮财神医治眼疾。克瑞密罗斯料到其间会出现阻挠者,可出乎意料的是财神的敌手穷神来了。穷神突然出场,但她面对的并非财神本身,而是克瑞密罗斯及其同伴。这一场戏是一场对驳戏,是全剧剧情冲突的中心。黄瘦且一点不讨人喜欢的穷神一上来就称克瑞密罗斯等人是恶灵,是无法无天的人,并威胁要处死他们。克瑞密罗斯一点也没被吓住,他劝说同伴一定不能丢下财神不管。穷神认为他们想让财神复明就侵犯了她。穷神企图向他们证明自己而非财神是人世幸福的唯一原因。双方进行了一番长长的辩驳。克瑞密罗斯说:

---

① 施特劳斯:《苏格拉底与阿里斯托芬》,李小均译,北京:华夏出版社,2011,页301—302。
② "这就是说,正义既不要求任何报酬,也不要求任何赏金,从而是为其自身而追求。这就是一切德性的根源和含义。另外,如果追求德性是为了获得利益,而不在追求德性本身,那么将会只有一种德性,一种更应该称之为恶行的德性。如果一个人做任何事情都是以如何最大限度地对自己有利为原则,那么他便也是一个同样地最不高尚的人。"参见西塞罗:《论法律》,王焕生译,上海:上海人民出版社,2006,页63—65。

> 我觉得这是很清楚的,人人知道,人间的好人得到幸福乃是正当的,那些坏人和不敬神的却应该得到相反的结果。我们希望做到这样,好容易才找着了一个计划很好很伟大,对于一切事情也很有益。因为那财神看得见了,不再瞎了眼在那里胡撞,他走到好人那里去,不再离开他们,却躲避那些坏人和不敬神的了。那么以后他将使得大家都成为善良富裕,而且尊敬神意。(489—497)

穷神却说,如果这事做成对他们没有一点好处。她说,如果财神再次看得见了,把财富平均分给了每一个人,那么将没人愿意来搞技艺和学问,没人制铜、缝衣、造屋、耕地、收获果实等等,一切技艺将可能消失,人们的生活以及文明的发展将停滞甚至消失。其深层理由想必是人对财富的欲望得到满足了,其他欲望可能就消失了,生活和文明都失去动力,连奴隶都没有了,因为没人需要银子,没有人贩子了。反过来,如果谁想活下去,每个人只能自己制铜、缝衣、造屋、耕地、收获果实等等,干所有的活,"你要过着比现今更是困恼的生活"(525)。穷神的这番话与此前克瑞密罗斯劝导、怂恿财神所说的是一样的——所有人间技艺的存在都是为了钱财。如果人们都有钱了,就没有技艺了,没有各行各业的匠人了。两者都暗示各种技艺其本身并非目的,钱财才是目的。如果出现了一门赚钱的技艺,那么这将可能是最高的技艺,比如理财术、金融管理术等等。如此,赚钱的技艺就可能是统治性技艺(ruling art),是技艺的技艺①。然而,《财神》中克瑞密罗斯虽然重视财富,急于想变得富有,但他似乎并不渴求赚钱这一统治性技艺,反而意欲通过财神取消所有技艺。并且,他不考虑财富是否有益或有害,也不考虑如何使用财富②。人间的技艺如果都消失了,那么人世生活将无比糟糕,没床睡觉,没毛毯盖,没有香油给新娘搽擦,没有精美的衣服给新娘打扮。穷神自我辩护说:

---

① Leo Strauss. *The City and Man*. Chicago and London: The University of Chicago Press, 1964, pp.80-81.
② 色诺芬:《齐家》(1.9—10)。色诺芬的老师苏格拉底向一位农场主克利托布勒斯学习如何管理家政、家产。苏格拉底问:"那么,你似乎认为:凡是有益的东西就是财富,而有害的东西就不是财富。"克利托布勒斯答:"是哩。"苏格拉底问:"那就是说,同一种东西,对于知道如何使用它的人来说就是财富,对于不知道如何使用它的人来说就不是财富。"克利托布勒斯表示赞同。参见施特劳斯:《色诺芬的苏格拉底言辞》,杜佳译,上海:华东师范大学出版社,2010,页5。

> 你如缺少了这一切，那么你富有了于你有什么好处呢？这乃是因了我，一切你们所要的东西才能够得到，因为我像主妇一样，强迫那手艺工人，因了他的缺乏与贫穷，去寻找生计。(531—534)

缺乏(xreia)与贫穷(penia)这两个希腊语词都有欠缺、匮乏的意思，"xreia"甚至有需要、必须的意思。穷神意指凡人都有欠缺和必需，所有人在本性上都是穷人。因此，穷神自己表明人的本性和人们的根本处境。再者，穷神说："你们只是嘲笑讥刺，不肯老老实实的，并不知道我使得那些人们在身心两方面比起财神来，要好得多。"(557—559)因为本性上有所欠缺，人们才会辛勤劳作，并在身心两方面都变好；换言之，因为欠缺和穷困人们才欲求或爱欲德性[①]。穷神进一步说："而且我还可以给你们谈谈道德的事，指示出那些规矩的人住在我这边，在财神那边的却是放纵无礼。"(564—565)穷神尖锐地指出城邦里的政客们在贫穷的时候对人民和城邦是诚实的，一旦从公家得到财富，就开始与人民为敌，亦即财富败坏了政客们。这一点克瑞密罗斯完全赞同，但他仍然认为穷神该死，因为她扬扬自得地想说服他们——贫穷比富有要好得多。穷神根本没法说服克瑞密罗斯。尽管穷神认为自己对人们就像父亲对儿子那样好，帮他们辨别好坏。最后，克瑞密罗斯说，宙斯是有钱的，他也不能正确地辨别什么是最好的。穷神却说宙斯是穷的。穷神暗指自己不仅代表人们的欠缺本性，而且代表宙斯的本性、神性本身。穷神为自己辩护也就是为宙斯辩护，为人们的德性之渊薮辩护。克瑞密罗斯等人对此完全无法认同，无法容忍。他们完全否认人们的一切好处是因为贫穷和欠缺而来，因为穷神而得到。他们鲁莽无礼地把穷神赶出城邦。

克瑞密罗斯等人把财神送到阿波罗神庙（医神庙），神奇地治愈其眼疾。财神恢复了视力，被克瑞密罗斯迎回家。克瑞密罗斯本来似乎打算通过财神取消所有技艺，但他帮助财神恢复视力还得借助最重要的技艺之一——医术。

[①] 赫西俄德《劳作与时日》(299—319)，参见吴雅凌：《劳作与时日笺释》，北京：华夏出版社，2015；另参见 M. L. West. *Hesiod: Works and Days, Edited with Prolegomena and Commentary.* Oxford: Oxford University Press, 1978，以及柏拉图：《会饮》(203c5—204d5)，刘小枫编/译，北京：生活·读书·新知三联书店，2015。

因为财神就在家里,克瑞密罗斯家富起来了。他的财富包括面粉、酒、金子和银子、橄榄油、香油、无花果干、青铜器物、银盘、象牙灯笼等等。其中,大部分原本就该是农民们劳作之成果,如今可以不劳而获了。克瑞密罗斯接着准备为财神献祭,尊财神为最高神祇以取代宙斯。同时,神使赫耳墨斯、宙斯、宙斯的祭司只得先后跑到他家来。人们都富有了,就不再给诸神献祭了,诸神都饿坏了,只能求助于克瑞密罗斯,宙斯甚至先于其祭司到克瑞密罗斯家。看来,诸神也有欠缺,他们需要人们的献祭,他们离不开人们①。这反过来恰恰证明了穷神既是人类的本性又是诸神的本性,甚至象征神人关系的本质。在这出关于财神的戏中,人们妄图通过财神变得自足而满足,以摆脱宙斯的统治,反讽地证明了神和人无法自给自足的本性,两者皆非完满的存在者。

结　　语

克瑞密罗斯原先自认为是正义之人,很可能意指他是个农民,按时节耕种而有收获,而且,农作术这一技艺最接近其自身的目的,是最为正义的技艺之一,因为农民劳作依据自然而生产,收获日常享用的成果,某种意义上可以实现自给自足。但农作无法使人富有,克瑞密罗斯因而试图否认自己的技艺,如此,他也不自知地否认了自己的正义德性②。这正与其否认宙斯的正义相关,他大胆地分离了宙斯的神性——正义③。反之,他不自觉地证明了自己该是贫穷之人或是无知之人。

我们发现阿里斯托芬《财神》中这一主角克瑞密罗斯与荷马《奥德赛》中奥德修斯的旨趣大为不同。荷马史诗的主旨之一是君王应该是好人,是虔敬之人,畏天明命,唯行其德,他们聪明睿智、德性高贵、拥有财富、统治城邦,且最为宙斯看重,比如奥德修斯④。并且,诸神洞悉人心并辨别人性,"神明们常常幻化成各种外乡来客,装扮成各种模样,巡游许多城市,探察哪些人狂妄,哪些人遵守法

---

① 参见柏拉图:《会饮》(190c1—5)。
② 第欧根尼·拉尔修《名哲言行录》(2.24、27、31)关于苏格拉底之德性的记述,苏格拉底把技艺甚至智慧本身看成真正的财富。参见第欧根尼·拉尔修:《名哲言行录》,徐开来、溥林译,桂林:广西师范大学出版社,2010,页79、80、82。
③ 参见施特劳斯:《苏格拉底与阿里斯托芬》,页304、306。
④ 关于荷马史诗中英雄们的灵魂学分析,参见 Bruno Snell. *The Discovery of the Mind: The Greek Origins of European Thought*, trans. T. G. Rosenmeyer. Oxford: Oxford University Press, 1953, pp.1—22.

度"(《奥德赛》17.485—487)。看来,《财神》中的宙斯已经不是《奥德赛》中的宙斯,其正义遭受到严重的质疑;再者,神人关系也面临分崩离析的境地。总之,在不同的政制中,人们对财富、技艺及其德性含义以及相关的神义论问题等的理解明显发生重大变化。

索福克勒斯悲剧

一、立法者的知识与德性*
——古希腊戏剧与民主政制

今天我们关注一百年前的共和革命,但是我们的视角并不想采用历史学的,也不是社会学、文化学的视角,而只想思考一个问题:共和革命给华夏文明带来的民主政制到底是怎么样的一种生活方式;并且如何更好地思考这种生活方式?

民主生活已然是一种普遍诉求,似乎是一种自然而然的、并且是最好的共同体生活方式。于是,我们的思考就变成民主政制是不是自然而然的,是不是最好的生活方式?提这样的问题想必有点奇怪,对于中国人来说尤其如此。启蒙尤其是百年来的政治启蒙使得民主观念深入人心,不少知识分子们更是把民主自由当成信念,甚至是生命热情和价值的源泉及归宿。如果对民主提出疑问,等于对百年来的思想史、知识分子的精神史怀有疑问。当然,这样的疑问同样影响未来的生活。

针对民主政治生活的疑问本身同样是自然而然的,其基于以下的理由:

首先,我们总会对自己的人生、自己的生活前景——过去、现在和未来有疑问,到底过得好不好,能不能过好,怎么样过得更好——因为人是理性的动物。

其次,如果民主是我们的生活方式,当我们有疑问时,于是我们就能破除民主的意识形态神话性质,把它还原为一种更自然的政治生活。进而,思考我们的生活为何必然是政治的,并且什么样的政治是自然的——因为人是政治的动物,即人是属于政治的自然物。

再进一步说,民主自由为什么会是一种信念?它或许是知识分子的信念,普通民众想必没有这样的信念。知识分子为什么要有这样的信念?这是一种什么

---

* 本文为2011年6月1日牛津中国学生学者联谊会madarin table报告。

信念（或者说政治理想）？这是进一步的反思，仍然是我们自己的反思，我们对自己的生活信念的反思。反思拓宽我们的生活图景，变化生活品质——因为反思是人的一种自然本性，提升人的自然地位。

奇怪的是如果所有人的生活都必然是政治生活，上面的说法隐含着普通民众的政治生活与知识分子的政治生活有差异，其中多出了知识分子的信念。那么，民主到底是一种什么样的信念、什么样的政治生活，更高的还是更低的，自然的还是非自然的？如果说知识分子和普通民众都过着同样自然的政治生活，自古至今如此，民主政治就像是多出来的非自然的事物，它到底是什么，它真的禀有政治本性吗，它会不会是非政治的？民主政治看起来更像是一种人造物，就像现代以后的技术制品，越看越不自然。再者，如果民主果真是一种人造物，它基于什么样的意图被造就而成？或许有个理由是不言而喻的，即人造的比自然的好——当然，这里的自然含义相当含混。人造的包括文明、文化、历史、国家之类的含义，也就是人类自己发明创造出来的产物，它更好，它比自然更好，自然则是低劣的、粗鄙的。所以，人类要征服、改造自然，甚至改造自己，这就是现代教育的目的，尤其是大学教育的目的，其重要内容是现代科学技术，和后现代以降以科学技术为基础的人文社会科学。

这样，我们不仅得理解民主，还得理解自然，而这些都以理解我们自己为根本线索、根本途径——认识你自己。

（一）悲剧与民主政制

因为民主政制我们拥有崭新的生活方式、感觉、想象和伦理。民主政制是大众统治的政治形式，因而这种新生活包含大众的生活感觉和伦理。民主政治主要满足、服务于现代大众的欲求。如此，民主是大众的生活方式，理解民主生活的品质就得观察大众的品性、德性吗？麻烦的是，民主制下的大众最是复杂多变、五彩斑斓的，他们的欲望多种多样，他们的品性最不稳定，随心而悦，时时变化。民主政制建构的表面理性下似乎涌动着无尽的激情之流，泥浆和熔岩遍布，纵横交错，高低不一，深浅不一，风行水上，万窍怒号。

虽说"以事为常，以衣食为主，蕃息蓄藏，老弱孤寡为意，皆有以养，民之理也"，养民之理未变，民众的品性到底业已变化。尤其因为现代的大众化教育，民众多少浸染现代科学和政治观念,"民多智能,而奇物滋起",这构成了缤纷多姿的民主生活的主要内容。如此,观察民主大众的生活观念径直地需要分析现代教育理念,而理解现代教育理念,又得理解这些教育理念的设计者、构想者——他们是谁?更重要的问题是他们的品性如何,他们的意图是什么?所以,最需要审视的是此类设计者和构想者的德性和目的,毕竟民之化之正之富之朴,都系于此类人,并且由此以观生身、邦家和天下。然而,如何理解教育者的德性却是根本难题。

所有这些问题我们都试图借助于古希腊诗人对民主政治的理解来帮助我们反思。在古希腊民主政治一出现就是个问题,有人设计民主政治,就有人反思这种设计,自然而然,就如日常生活中人的矛盾、冲突一样,而理解矛盾、冲突的要害在于什么是更好的。那么谁设计了民主政治呢,他为什么设计民主政治?因之,反思民主政治等于反思这类人的意图,这类人的意图又与其知识和德性联系在一起——他们到底是什么样的人。

一般人会认为索福克勒斯的《俄狄浦斯王》是一部关于自我发现和自我认识的剧作。谁的自我发现和自我认识——俄狄浦斯,从而其中隐含的重要问题——俄狄浦斯是谁?俄狄浦斯自我发现、自我认识自己的双重罪过——杀父娶母。剧情一开始忒拜瘟疫横行,整个城邦陷入危难中。王者俄狄浦斯一开场就以城邦拯救者的身份出现。瘟疫可以看成是城邦政治危机,俄狄浦斯被寄希望于解决危机。为什么城邦民寄希望于俄狄浦斯呢?因为他拯救过城邦,并因此当上国王。故事中有这样一条线索:俄狄浦斯因为帮助忒拜解开斯芬克斯之谜,把城邦从困境中解脱出来而当上国王。可是,后来城邦反而因为俄狄浦斯再次遭受瘟疫——第一次瘟疫源于斯芬克斯,第二次瘟疫源于俄狄浦斯。俄狄浦斯解开斯芬克斯的谜,自己却成了瘟疫的原因。斯芬克斯的谜底是人,忒拜人没能猜出;同样的,他们不知道猜对谜底的俄狄浦斯是什么样的人,这酿成新的危机。他们既不知道人是什么,也不知道王者俄狄浦斯是什么样的人。为什么这两个难题会构成政治危机的来源呢?这可能恰恰是现代以后我们的处境、困境。我们不认识人,等于我们不认识自己,不认识政治事物的基础在于对人自身、人的自然位置的认识。

俄狄浦斯解出斯芬克斯之谜,麻烦在于这个谜是否是真正的知识,即俄狄浦斯是否获得对人的根本认识以统治城邦。这个谜以数学四、二、三划分人，数字的变化暗示人生时间的变化，人在时间中的变化。这个变化其实暗中指向俄狄浦斯自己，此时他挂杖走路即三条腿；但又不完全恰当，因为俄狄浦斯从来不曾两条腿或四条腿走路。俄狄浦斯在常人生命时间变化中发现常人，但他自己是例外——对此他并未发现。俄狄浦斯因为神义和人为而不曾以两条腿或四条腿走路。所以，数学的表面寓意遭遇了神义（偶然）和人为（即技艺）。俄狄浦斯看得见常人，看不见自己；看得见必然，看不见偶然。再者，以数学的变化暗指人生命形态的变化，没法根本识别人一生的变化；也没法区分这个人和那个人的差别。因为数学式伦理学同质化且魅惑地看待人和自然，并由此指向非目的论的、机械唯物主义的宇宙论。如此，俄狄浦斯认识不了常人，也认识不了自己；俄狄浦斯不仅认识不了自然，也认识不了神义。俄狄浦斯拥有的只是名望（doxa），他的名望和他的知识是一体的且同样虚假。

难题在于俄狄浦斯将自己等同于城邦，俄狄浦斯既看不清楚自己，也看不清楚城邦。即使再糊涂他也要统治城邦。俄狄浦斯虚假的知识和他的特异性情——怒气结合进一步催发城邦的危机。俄狄浦斯解开斯芬克斯之谜的灵魂基质是征服斯芬克斯、解决忒拜城邦政治危机的义愤。如此，俄狄浦斯知识的灵魂基质是怒气而非理智。耐人寻味的其怒气与数学知识的结合。这可能恰是民主政治的秘密——民主政治人、甚而立法者的知识与德性的内涵，是民主政治生活的源泉和基础（参笛卡尔《谈谈方法》和《论灵魂的激情》）。

悲剧意欲让人发现自己的过错，即所谓悲剧性过错。犯错是人的本性，悲剧模仿的就是人的此类本性以认识自己。在剧中俄狄浦斯虽拥有数学知识，却从不知晓自己的罪过；伴随剧情发展，俄狄浦斯发现自己的怒气和数学知识中包含的罪过。有趣的是俄狄浦斯发现的罪过其实等于发现偶然，发现神义，但是其灵魂基质仍然是怒气，剧终也未消退。如此，怒气从与数学的结合中解开来，转而与偶然和神义结合，由此构成完整的目的论神义论。怒气与神义的结合，似乎是本然的结合，其中的要义是惩罚和报偿——而政治人的德性似乎还应该有理智和审慎。

悲剧意欲探明人的过错的原因和人如何认识自己的过错。这模仿的恰是人的反思本性。过错是人的本性，反思过错也是人的本性，因而悲剧意欲探明人如何可能过上幸福的生活。所以，过上幸福生活的前提是完整地理解人自身——认识你自己。索福克勒斯和苏格拉底拥有一样的起始点。对于索福克勒斯我们得问:人是偶然吗,属于神义吗？这是个大难题。

(二) 喜剧与民主政制

不妨一起再来看个人、看个故事。阿里斯托芬是古希腊最伟大的喜剧诗人。柏拉图和尼采这两位相逾千年的大作家都深受阿里斯托芬的影响。没有阿里斯托芬,很难猜想柏拉图会如何描绘变幻但神凝、无方又无体的苏格拉底;而可以说尼采某种意义上是阿里斯托芬的"思想子嗣"。

阿里斯托芬生当古希腊民主政治由盛而衰之际,喜欢检查自己时代民众的生活、雅典城邦民主生活的品质,尤其喜欢以各种笔调雕饰民主领袖的品性。按照后现代的说法,阿里斯托芬对现实不满可能是左派也可能是自由派分子。据说,阿里斯托芬背地里其实是个保守分子。但这些说法可能都不对,阿里斯托芬本人模仿了民主生活下民众流变不已的形貌,他自己真正的persona[面相或身位]却隐藏在其剧作各类角色奇异无比的面具下面,"退其身而身先,外其身而身存",神妙莫测呵。

公元前414年,阿里斯托芬在雅典剧场上演了一出奇幻绚烂逍遥天地的喜剧《鸟》,一出人与动物及诸神较量的伊索寓言,以观察且反思前一年雅典人发动的一场远征西西里的战事。雅典人的此番行动中,领头的是美貌绝伦、年轻气盛、雄心勃发的民主领袖阿尔喀比亚德——哲人苏格拉底的学生,其妄图征服邻邦,成为全希腊的主人,构建海上帝国。

戏一开场,两个逃离雅典且不知姓名的雅典人带着两只市场上买来的鸟,想让鸟儿指示他们前进的方向。这会儿,前后左右,无路可走,并且因远远离开雅典而不知如何回归,甚至身处何方也都不知道,两人陷入绝境。此时,其中一人对观众解释他们离开雅典的主要原因:法令滋彰,雅典人一辈子没完没了地在法庭上诉讼个不停。后来才知道他还想逃债。于是他们就出发,游过来荡过去,想找一个清净的去处,好定居下来,过平和宁静的生活。原来他们想让鸟儿帮忙找到由人变成鸟的道利亚国王忒瑞斯,向他打听有没有见过这样的城邦。这人想自动摆脱人世的纠缠,以过上自然和平的生活。

原来道利亚的国王忒瑞斯娶了雅典国王的女儿普罗克涅,生了个儿子。忒瑞斯又与妻妹菲洛墨拉通奸。姊妹俩为了报复忒瑞斯,杀死其子。忒瑞斯追赶她俩,结果被诸神惩罚,三人都变成了鸟儿,忒瑞斯成了戴胜,其妻成了夜莺,妻妹成了燕子。

这则神话是悲剧诗人讲述的故事，其中的要害是诸神惩罚人——特别是王的爱欲，"情非制度不节"，以礼节情，孕生人世的礼法，以过上有秩序的正义生活。

有意思的是阿里斯托芬的笔法，他试图借助悲剧诗人织造的故事往上跃升。两个雅典人地上无路可走，往树上看去，当真遂愿找到了忒瑞斯——戴胜。方才第一个想过清净生活的雅典人向他询问，在陆地上和海洋上飞来飞去，可有见着让人舒舒坦坦的城邦。戴胜给他推荐了几个去处，他都不满意。后来，这个雅典人问起鸟儿们的生活怎样，听说过后他很是羡慕忒瑞斯这自在新郎般的快乐生活。突然，另一个一直不作声的雅典人，冒出惊人的话头来，说给鸟儿们想出了个伟大计划，可以让它们告别不体面的张大嘴巴飞来飞去的生活，停下来，建一个城邦；在云上、空中，在诸天的枢纽建一个城邦（枢纽和城邦希腊文原文谐音）。依此，人类给诸神献祭的香气就不能随意通过大气抵达上天，在这个云中国中鸟儿们就能统治人类、毁灭诸神。戴胜当即高喊"妙道！妙道！"它从未曾听过比这更妙的主意，即刻就同意了这个雅典人的建议。可怎么给鸟儿们解释这伟大的计划呢？谁知戴胜跟鸟儿们住久了，已经教会它们说人话了。

戴胜召集来鸟儿们。鸟儿们却认为戴胜背叛它们，因为鸟儿世世代代与人类为敌。鸟儿们随即从四面八方进攻这两个雅典人，逼得他们再次无路可逃。好在戴胜劝服了鸟儿们，说是能从敌人——人类那里学到智慧，鸟儿们才怒气平息，收起武器。戴胜进一步劝解说，这个要为鸟儿们建城邦的人十分狡猾，像只狐狸，整个儿就是主意、办法、诡计的化身。鸟儿们渐渐地被说动了。接下来，出主意的这个雅典人向鸟儿们发表了一场惊心动魄的演说。他说鸟儿们是万物之王，是人和宙斯的王，最早的王。

这里，诸神与鸟儿们的新关系是这个雅典人虚构出来的，其中当然隐藏着其私自的意图：篡夺诸神的王权，即搞僭政。这个雅典人的演说就是一场政治革命：大气和鸟儿等于自然，他试图以此取代诸神的统治，即传统礼法。这场革命背后的要义——自然才是根本，自然先于诸神。这个雅典人的修辞性演说就是诗歌创作，而诗歌的功能就是探究事物的时间本性——最古老的即最好的。无知的鸟儿们这会儿得知祖先先前的荣耀和被压迫的痛苦历史终于被说服，万分感动，并众口答应出气出力，帮忙建设云中国。此时，戏演了将近一大半，我们才知道这两个雅典人的名字,出主意的叫珀斯特泰洛斯,意思是"同伴的劝说者"或"可信赖的同伴";另一个叫欧厄尔庇得斯,意思是"希望"或"希望之子"。两人之名包含劝说和希望,更关键的是诡计多端的珀斯特泰洛斯的修辞学和自然学知识终于带来了一场改天换地的大革命。最后,珀斯特泰洛斯还得到痛恨诸神的普罗米修斯神的帮助,革命终于成功。这出喜剧在一场珀斯特泰洛斯与宙斯的王权——巴西勒亚姑娘的欢庆婚歌中结束。

不过,珀斯特泰洛斯的修辞学和自然学所带来的革命只是剧场里的戏而已,按照柏拉图《理想国》的说法只是言辞中的城邦。它并不像是阿尔喀比亚德发动西西里远征的帝国梦想,付诸行动,最后却惨败,使得雅典元气大损。

珀斯特泰洛斯夺取了诸神的王权,但仍然保留诸神,人类似乎仍然给诸神献祭。他似乎并没有完全破碎民众的礼法生活。虽然地上的人都欣然向往云中国的生活,都想要翅膀以变成鸟儿,但是珀斯特泰洛斯几乎都没给;而想过清净生活的同伴欧厄尔庇得斯也早已中途退场了。并且,人类并没能像鸟儿一样过上自然的生活;鸟儿也没有统治万物;而珀斯特泰洛斯利用了鸟儿们,自己当了王,实行了看似民主的统治。珀斯特泰洛斯独自掌握自然知识,游心于淡,合气于漠,顺物自然,无容私,而治天下——可谓"侯王若能守之,万物将自宾。天地相合以降甘霖,民莫之令而自均"。

这出戏的开场道利亚国王忒瑞斯的爱欲受到诸神的惩罚,婚姻受挫;退场则是珀斯特泰洛斯与巴西勒亚(即王权)的欢庆婚礼。剧情旨趣从悲剧变成喜剧;主要人物从受到诸神的惩罚到惩罚诸神,并超越诸神。剧作的内在线索和主旨是爱欲和婚姻,从爱欲的受挫到爱欲的圆满。

因之,我们理解民主政制的建构者和教育者、亦即民主立法者的德性,得理解其言与行,理解其爱欲与婚姻——此为天地之基。

结　语

阿里斯托芬同索福克勒斯一样都在反思民主生活的品质,关注点都是民主政治人甚而立法者的知识和德性问题;一个指向自然,一个指向神义。阿里斯托芬的革命也包含神义,但降低了神义的位置;索福克勒斯的神义似乎也包含自然——政治人的怒气。这种怒气似乎是政治人的生理基质,要害在于这种怒气和神义沟通，构成神法的内在品性。如此，悲剧中自然似乎低于神义甚至被转化。

难题在于阿里斯托芬的自然包含什么？鸟儿的自然品性和人的自然品性是一回事吗？似是而非。大气的自然品性和人的自然是一回事吗？同样似是而非——人是"天地之性最贵者"。人的完整自然品性可能包含四种从低至高的构成：物理属性、生理属性、心理属性和伦理属性。其中，伦理属性最高，因为只在伦理层面人才真正成人——仁者，人也。在柏拉图看来，人的自然品性高于鸟儿的，鸟儿的高于大气的。柏拉图的政治伦理学诉诸最高的自然，阿里斯托芬的则似乎诉诸最低的自然。甚而，柏拉图看清楚了这三种自然含义，进而可能结合了这三种自然含义以观察政治生活、政治德性。而阿里斯托芬的双重自然含义更像是现代及后现代以来启蒙智识人的自然含义，这两种自然含义恰恰降低了人的地位，以至于人变成了非人，这可能是民主政治最大的难题。

更大的难题似乎是柏拉图的自然与索福克勒斯的神义的冲突，而倘若我们试图完整地理解生活则需要展开这对冲突的张力，其中的关键问题是如何理解人的灵魂和整全的性质，以及人的灵魂在整全中的位置。至此，我们可能已经从民主生活的魅惑中解脱出来，以更宽广的视野看待并理解政治生活的时间和空间问题，以及我们在时间和空间中的消息变化。

二、礼法的灵魂学问题
——《埃阿斯》场景和开场

索福克勒斯《埃阿斯》①这出戏的场景设计甚是奇特,一分为二,即埃阿斯的营帐内外与海边的树林里。营帐内外的故事关乎埃阿斯的生,树林里的则是埃阿斯的死。如此,两个场景似乎区分了埃阿斯的生与死。其中,营帐内外的故事主旨是埃阿斯的疯狂与疾病。埃阿斯因阿喀琉斯的武器分配不公而愤恨,意欲杀害统帅阿伽门农、墨涅拉奥斯与奥德修斯而未遂。埃阿斯与希腊联军统帅们决裂并敌对。此即城邦的分裂问题。树林里的故事是埃阿斯的自杀,以及墨涅拉奥斯、阿伽门农先后反对埃阿斯的弟弟透克罗斯埋葬其尸身。此即城邦的建立问题。所以,埃阿斯生死故事表面上包含的是城邦分合的难题;当然反过来说亦可,城邦的分合即城邦的危机表面包藏着埃阿斯的生死问题,特别是对埃阿斯之死的理解。因此,理解城邦与理解人的生死两个问题联结在一起。

进而,这出戏中奥德修斯一开始作为埃阿斯的敌人,最后作为其朋友,出现于故事的开端与结尾。如此,奥德修斯像是埃阿斯生死故事的观众,奥德修斯在剧中的作用类似于歌队——既是剧中的角色又是剧中的观众。如此,两个场景不仅因为埃阿斯的生死,似乎更因为奥德修斯而成为一体。但悲剧的这种完整面貌并不因为场景本身而受限,场景还隐含着场景之外的事物。这出戏更为奇特之处是它以女神雅典娜的声音开场。雅典娜理解奥德修斯与埃阿斯的一切行动及其目的(1—2、13—14、86、118)。雅典娜这位智慧女神本身隐含着整全,

---

① 本文索福克勒斯《埃阿斯》希腊文文本采用 Lloyd-Jones, H., and Wilson, N.G. *Sophoclis Fabulae*. Oxford: 1992 (Second edition);英译本参考 Lloyd-Jones, H. *Sophocles*. Cambridge, MA:1994–1996 (Text and translation);中译本参考张竹明译《索福克勒斯悲剧》,《古希腊悲剧喜剧全集》,南京:译林出版社,2007。义理解释主要受益于戴维斯《古代悲剧与现代科学的起源》,郭振华、曹聪译,上海:华东师范大学出版社,2008。

特别是人世万物的整全的意味。再者，这出戏后半部分的主题是埃阿斯的埋葬问题，即哈德斯的存在问题（865、1062—1064、1089—1090）。哈德斯的本义是看不见且知道一切①，也即诸神的本性，亦是人的灵魂本性。歌队最后唱道：

> 对于凡人来说，只要看上一眼就能心里
> 透亮；可在亲眼见到之前没人预知
> 将来会发生什么（1418—1420）。

如此，这出戏展现人可见的世界及其知识，即场景本身，又包含人不可见的诸神——雅典娜和哈德斯——场景之外的事物。场景与场景之外的事物之间其微其希其夷，惚兮恍兮。

因而，场景（opsis）既是对人的可见视野的限制，它又包含了自身之外的事物即世界（cosmos）。在悲剧中，它似乎比对人的性情的模仿更宽广。它模仿的是人的性情得以展示的人事万物的边界和秩序。如此，场景包含人物行动的场所或者说空间，又包含人物冲突的线索及其进程即时间，甚至是人物行动和冲突的原因。这个时候，时间和空间融合在一起指向属人事物的完整性：封闭性和开放性——人的灵魂的特性，此之谓诗歌的辩证法②。

（一）营帐内外

这出戏的中间，埃阿斯走出营帐去自杀，戏剧随之变换场景。如此，营帐似乎是个界限，它是埃阿斯打开或隐藏其内心的界限。这出戏的场景设计与埃阿斯的性情、甚至命运关联在一起。我们无法看清楚埃阿斯在营帐内的行动及其意图。诗人索福克勒斯为此安排了两个角色——雅典娜和特克墨萨——埃阿斯的妻子，她们一个在外一个在内，以观看埃阿斯的行动。雅典娜在营帐外看清楚埃阿斯内在的意图；特克墨萨在营帐内却无法看清楚埃阿斯的内心。戏中另有两位观众（或者说听众）：奥德修斯和歌队。当然，还有戏外的我们，我们也包含

---

① 参柏拉图《克拉提洛斯》404b、404d；另参戴维斯：《古代悲剧与现代科学的起源》，"看不见恰是诸神本性"，前揭，页55。
② 参亚里士多德《诗术》1450a8—23、1450b16—20。

观众和听众的双重视野，我们似乎没有局限。雅典娜和特克墨萨的叙述为我们展示了较完整的埃阿斯的行动和意图，我们似乎由此获得纯粹观看的视野。进而，我们的观看是我们的生命时间的一部分。我们的观看是我们的行动。我们在看戏也在演戏，模仿和观看融为一体。如此，这一切使得场景延展开来，剧中的场景和我们生活其中的空间联结起来，我们灵魂的视野变得宽广。其中人由观看而反思，人的生命（即时间和空间）变得完整，更重要的是变得有序。

其中第二场戏很特殊，这场戏只有埃阿斯的言辞。埃阿斯第一次走出营帐，他几乎没有什么行动，只有一段长长的怅叹（即言辞）。

我们没看到埃阿斯在营帐内的行动，我们只因通过雅典娜和特克墨萨的叙述而得知其情况。如此，她们的叙述某种意义上也是如营帐一般的界限。所以，我们只能通过叙述（即言辞）得知人物的行动及其目的。

埃阿斯出了营帐，我们听到的是其言辞，我们似乎可以透过言辞直接看见埃阿斯的内心。

可是，我们得明白的是言辞某种意义上也是行动，或者说言辞中包含着行动。埃阿斯的这段言辞，实际上是假话、谎言，其真实的意图得以掩藏。所以，这段言辞仍然像营帐一样是一层遮蔽物，隔着一层，亦是界限。

第二场戏制造了一段包含突转和恍悟的情节枢纽，是一个情节眼。埃阿斯出了营帐，但他通过言辞掩盖了其行动的意图。特克墨萨和歌队早已察觉埃阿斯准备自杀的意图。可埃阿斯掩饰了自杀意图，特克墨萨和歌队很是欣慰，由悲转喜。随即歌队在第二合唱歌中竟然浑身颤动，兴奋无比，翩翩起舞。

第三场戏也很特殊，它是一个更重要的情节眼。埃阿斯没出场，但是报信人带来了情节的突转（即恍悟）。这场戏联结了第二场和后开场（即后半部分戏的开始部分），其作用亦是情节的枢纽。报信人带来埃阿斯命运的预言：营帐内外等于埃阿斯的生死界线。特克墨萨和歌队听后转喜为悲。

古希腊悲剧中常常有报信人（比如《俄狄浦斯王》），他可以说是悲剧中很重要的角色。报信人某种意义上等于荷马史诗中赫尔墨斯这位神使，因为报信人带来的是先知卡尔卡斯的预言。

报信人到来的时间几乎就是埃阿斯从营帐到海滩边树林里的时间。这同一段时间中是不同空间的变化，或者说场景的变换，但是没有同时展示出来。

埃阿斯走出营帐去，走向其生命的一个方向，报信人到来带来了埃阿斯生命的另一个方向，生死在其间，两者似乎无法重叠。所以，这部分戏剧场景没办法同时展示。

我们可以假设，假使埃阿斯在路上遇上报信人，其结局会如何——无法预料。

没有同时展示的这部分场景的变换可以说是埃阿斯生命中的偶然，即命运和神义。而报信人就像是神使赫尔墨斯，亦即偶然。如此，场景不仅既有生命意味，亦有神义色彩。

然而，戏剧场景和戏剧进程的变化都是必然的联结，即具有人物行动的因果性。不然，我们无法看懂戏，甚而无法理解生活。可戏剧表面上掩饰了偶然，只展现了必然。但明显的是其情节论证中必然中有偶然，偶然中有必然。因此，情节论证指向人的灵魂本性，灵魂有其目的（必然），同时它瞬息万变，难以捉摸（偶然）。

回到第二场戏中，埃阿斯骗过了特克墨萨和歌队，其谎言似乎也是个偶然，类似于卡尔卡斯的预言。但此偶然中包含埃阿斯行动明确的目的，埃阿斯性情中的果敢和决断力，埃阿斯道德世界中的绝对目的，即必然。

以上两处偶然背后都是埃阿斯必然的目的，这使得情节的突转和恍悟似乎变得不太重要，使得偶然似乎没有意义，使得神义没有意义，而这恰恰暗合埃阿斯的性情——自我立法，完全自足。

埃阿斯看轻甚至否认神义的作用，等于否认偶然，否认灵魂本性的整全面貌，这使得埃阿斯本人灵魂的样子也难以察觉，模糊难辨甚至像是一片虚空。

因此，埃阿斯混淆了神与人、人与畜、敌与友、自然与习俗、自然德性与自主德性等种种至关重要的区分。

"方以类聚，物以群分，吉凶生矣。"（《易经·系辞上》第一章）区分、区别作为人的理智的自然特征是人的灵魂的秩序特性，它不仅具有政治含义，而且具有哲学含义。

但是从索福克勒斯的戏剧整体看，我们得由此理解其意图：偶然与必然的辩证关系。埃阿斯其灵魂之目的必然性隐含着其生命的偶然遭遇，诗人试图以此展示人的灵魂的完整性，道德的含混性和生活的复杂性。

无论营帐内外我们都难以理解埃阿斯的意图，而雅典娜一开始从一个更完整的视角为我们作解释。所以，雅典娜即智慧即整全的视野，她把这份知识教给奥德修斯。奥德修斯出现在开场和退场，这使得戏剧行动获得其完整性，并把前后场景联结起来。

最终奥德修斯似乎代替了雅典娜。

（二）海 边 树 林

海边树林这一场景暗指埃阿斯的身体问题，即他的外在，同时暗喻其远离城邦。但由于其关乎埃阿斯身体的埋葬，埃阿斯并非完全远离城邦、远离政治。正因为事关其埋葬，此时海边树林暗指城邦的内外，城邦的成与败，法的破与立。

海边树林与营帐一样指向事物的界限，指向身体和灵魂的复杂关系。身体是外在的，灵魂是内在的，身体像是灵魂的界限，同时灵魂像是身体的界限。

然而，我们打开身体，不断地打开，不断地从外往里看……可是每次打开，身体都会不断地变成外在，我们无法找见灵魂在哪，无法看见灵魂的样子——水在水中央，就如难以区分大海的海面和海底。

身体是灵魂的暂时居所吗？身体使得我们是"这一个"，"我这一个"。身体是独一无二的。而埃阿斯固守的似乎就是自己的身体。埃阿斯坚持认为自己是独一无二的，其绝对的德性看来基于其独特的身体即力量即勇敢。

这使得《埃阿斯》一剧看起来是关于身体的故事，而后半场戏剧则是关于埃阿斯的身体的埋葬故事。所以，这出戏更准确地概括应该是关于埃阿斯身体及其身体的影子的故事，关于埃阿斯这个人和城邦的故事。埋葬问题则指向城邦的生活秩序，亦即指向礼法问题。礼法包含统治和服从，强者和弱者，更重要的是包含德性秩序——以礼节情，锻造城邦民尤其统治者的性情，以过上有序的共同体生活。

剧中埃阿斯的愤怒和仇恨关涉身体，埃阿斯这类人的视野局限于身体；亦即从身体看灵魂，灵魂似乎是身体的衍生物，身体优先于灵魂，灵魂的动力不来源于其自身而是生理性的血气[①]。这样的视野使得埃阿斯无法区分人和动物、神和人，这一切都是身体，没有差别，他似乎看到了万物的基础。可是重要的不是事物的同一性，特别是对于政治事物来说，重要的是事物的异质性，尤其是人的异质性——心智的异质性，以构成政治秩序即礼法。

所以，以身体为基础的德性和视野不仅破坏政治事物，同样破坏身体自身，以至

[①] 参《左传》：民有好、恶、喜、怒、哀、乐，生于六气。又参《孝经援神契》：性生于阳以理执，情生于阴以系念。《说文》：性，人之阳气性善者也。从心，生声。《说文》：情，人之阴气有欲者。从心，青声。

于埃阿斯只能自杀。埃阿斯的自杀意图仍然是基于身体的自我理解。他试图通过自杀确认自己的独特性——我最勇敢——这样的德性。他看上去想超越身体,其实其德性的基础仍然是身体,以毁坏身体来确认身体力量的高贵性;以毁坏"这一个"身体,来排斥对其他身体、其他事物的依赖性,以获得自身独一无二的品性。

英雄埃阿斯的视野几乎完全基于身体。诗人荷马和索福克勒斯却试图超越埃阿斯的视野,或者说转换埃阿斯的视野。荷马和索福克勒斯都基于人的灵魂来理解人,哲人柏拉图依此而从中受益。埃阿斯与阿喀琉斯的较量基于身体,埃阿斯看不到身体以外的东西,所以他看轻宙斯,认不得人的灵魂(卢梭语)。埃阿斯看到的是属人事物中低的那一部分,看不到高的部分。因此,英雄埃阿斯的视野是偏狭的,诗人荷马和索福克勒斯引导我们看见更宽广的属人事物,更重要的是看到属人事物的真正基础——灵魂学。

因之,这出戏有两部分:身体和身体的影子——每个人都拖着长长的影子。

第一部分关于埃阿斯及其视野,即英雄的德性及其视野;第二部分则是索福克勒斯的视野——诗人的视野,灵魂学的视野,当然还可能有哲人的视野——奥德修斯的视野。总之,索福克勒斯看到埃阿斯视野的局限并拓展了其视野,把他带出营帐,来到海边。在这个更广阔的地方,以身体的埋葬为中心展示了城邦政治美德的冲突问题。

海边暗喻了大海与陆地的界限,海边又具有大海和陆地含混的双重特性。而关于埃阿斯的埋葬似乎恰恰指明了政治生活的难题,即政治美德的含混特性,其中包含强者和弱者的关系、统治和服从的关系、希腊人和异族人的关系、人性高低的关系、灵魂和身体的关系、诸神和人的关系。

哲人奥德修斯最深切理解大海的品性,又理解人世事物的局限性(陆地),更重要的是他拥有诸神与人的关系以及灵魂与身体的关系的视野。

开场奥德修斯在雅典娜的引导下观看埃阿斯,观看埃阿斯灵魂的样子,观看埃阿斯身体与灵魂分离的样子及其后果。奥德修斯观看埃阿斯,明白身体影子的存在并由此反观自身。由于观看或者说这出戏像是演给奥德修斯看的,奥德修斯获得了知识,获得了人的幸福可能性的知识。最终,奥德修斯调解了透克瑞斯与墨涅拉奥斯、阿伽门农的冲突,并确认了人的灵魂的存在,诸神的存在,且由此恢复人的面貌——身心合一体,恢复人世事物的秩序:神法与正义。

（三）开　　场

　　一开场奥德修斯亲自侦察埃阿斯的脚印，有些能辨认出来，有些不能。奥德修斯不知道埃阿斯内在的动机和意图。窥探一个人的内心和察看一个人的身体一样困难。此时，奥德修斯甚至无法完全看透埃阿斯的外在——脚印。

　　而雅典娜的降临真是及时，解决了这个难题（deus ex machine，机械降神）。从而，神指向人的内在，通过雅典娜奥德修斯可以知道埃阿斯的内心，敌人的内心。

　　雅典娜是智慧和战争女神，她包含了奥德修斯的智慧（看）和埃阿斯的战争（砍杀）：思想和行动。不过，奥德修斯只能听到雅典娜的声音，无法看见她（比较苏格拉底与他的守护神daimon）。雅典娜告诉奥德修斯埃阿斯是屠杀牧群的人。奥德修斯仍然不明白埃阿斯屠杀牧群的意图。雅典娜说埃阿斯把牧群当成是奥德修斯和两位统帅，并作为报复对象。雅典娜制止埃阿斯的行动，转移了他的怨恨。雅典娜使埃阿斯失去判断力，并使其从屠杀牧群中得到虚幻的满足。

　　奥德修斯到了埃阿斯的营帐前，雅典娜也制止了他，使得我们无法识透奥德修斯的意图。并且，这两个敌人永远碰不上。"永远碰不上"或许意指永恒的对立，矛盾无法消解，此即人的生活的恒常面貌——人性的永恒冲突。

　　当然，雅典娜的制止奥德修斯还可以有这样的理解，暗指人的知识的局限性，人无法完全理解他人；可人也恰恰因为这样的局限才有怨恨和战争，才有敌对。如此，敌人恰恰意指我们的局限，不仅是知识的局限，也是行动的局限；同时意指人的政治生活的必然性，以及政治生活的限度。因而，雅典娜的出现补全了奥德修斯视野的不足，让他理解了敌人的内心和意图还有不幸和疯狂。更重要的是，雅典娜教给奥德修斯人的灵魂的直接知识，使得奥德修斯对人及其遭遇有更完整的理解。难怪奥德修斯最后能解决政治冲突以安葬埃阿斯，因为他获得了更高的知识；或者说其知识立足于政治生活，又高于政治生活。当然，雅典娜给予奥德修斯这样的知识，或许因为奥德修斯天生聪明又缺少埃阿斯那样的怨恨、绝然的敌对情绪，能够更全面地理解人（这又让我们想到苏格拉底的性情）。奥德修斯显然不像埃阿斯只是个单纯的勇士，他拥有更高的品性。

　　而雅典娜制止埃阿斯另有其意图。雅典娜的制止恰恰指向埃阿斯的性情本身：血气足，判断力弱，或者说心智低劣，甚至无法区分人和畜。埃阿斯这时候得了疯狂病。雅典娜引导奥德修斯看埃阿斯的疯狂,以及这类人灵魂的样子。

如此,开场戏中雅典娜像是在导演一出戏给奥德修斯看。当然,我们也在看,我们在看奥德修斯观看埃阿斯的内心。

有意思的是,奥德修斯不让雅典娜把埃阿斯唤出营帐,奥德修斯害怕看到疯狂的埃阿斯,害怕埃阿斯看见自己。奥德修斯为什么会害怕看见疯狂的人?再者,为什么奥德修斯说他不怕看见神志清醒的埃阿斯?

或许可以如此理解,埃阿斯这样疯狂的人是灵魂失序的人,心智不健全的人。我们似乎害怕看到外形跟我们一样却没有心智的人。看来,只有身心合一体才算是完整的人;而我们心中总有关于人的样子(the human shape)的知觉,即人的永恒的eidos(形状、类别和观念)。

或许营帐也是幕布,它分开埃阿斯的身心,让我们分别看见它们;另外,营帐同时暗示了观看的困难:当身心完全分离时又很难看透它们。

但雅典娜说埃阿斯还是那个埃阿斯。雅典娜再次使埃阿斯眼睛模糊,眼前一片黑暗。奥德修斯说,神想做什么,真是没有什么做不到的。神可以使人的眼睛视野偏狭或者心智不完整,亦即人无法轻易甚至不可能获得完整的视野。

可埃阿斯似乎既能听见也能看见雅典娜。埃阿斯把所有的一切都当成人的模样来看。埃阿斯此时出了营帐,埃阿斯的内在展现出来。雅典娜让奥德修斯观看埃阿斯的内在及意图。

埃阿斯在虚假的报复中得到满足,自以为杀死了"阿特柔斯的两个儿子",没有人能再侮辱他了。埃阿斯自以为在报复中完成其绝对的道德目的。他刚刚还在羞辱"奥德修斯",埃阿斯得到虚幻的满足和快乐。埃阿斯以为通过消灭和羞辱他人,能够确立自我道德的无上性、优越性。

这是雅典娜导演的戏,其中埃阿斯得到虚幻的满足,意指其绝对道德(自己即善,敌人即恶)的不现实。埃阿斯似乎自以为能够修正人世的混乱,人世的冲突将发生变化。埃阿斯把其意图中看似如此的东西看成了必然如此的东西。雅典娜使得其眼睛模糊指明了其道德理解的局限。正如从我们已有的分析来看,埃阿斯的道德来自其勇敢品性,来自其血气和身体力量,那么埃阿斯对人的理解显然不完整。或者说,埃阿斯基于人的身体来理解万物包括诸神。埃阿斯邀请雅典娜当自己的帮手,他降低雅典娜的神位,相当程度上否认了其神性。他又一次只看到人，把畜生和神都当成人看待。埃阿斯眼中只有人，只有身体的人，而非有灵魂或说者灵魂低于身体的人。

雅典娜引导奥德修斯看见的是人和人世的一部分，甚至可以说是低的、不完整的那一部分，看到人的视野的局限，也等于看到政治事物的必然局限。最后奥德修斯认为应该埋葬埃阿斯，这是为了维护政治事物的必然的局限，不抬高它，也不贬低它，即政治事物有其自足性，并不完整的自足性。同时，雅典娜让奥德修斯反思自我。奥德修斯看到埃阿斯完整的意图，也看到其必然毁灭的命运。奥德修斯通过观看埃阿斯的内心，第一个预见到埃阿斯必然毁灭。由此，他怜悯埃阿斯的不幸。悲剧最终让人恍悟的是人自己的灵魂，还有什么比这样的恍悟更让人悲怜和恐惧？雅典娜让奥德修斯看到神的力量有多大，即从完整的视野来看灵魂的样子。这可能就是诗人的意图，即展现人的灵魂的视野。诗人让演员在剧场的舞台上展现人的灵魂的复杂性，引导我们观看并反思。

奥德修斯从埃阿斯身上看到高于埃阿斯的东西，即"我看到所有活着的凡人都不外是幻形虚影"。看埃阿斯时奥德修斯看见自己的灵魂。雅典娜将埃阿斯的身心分开，让奥德修斯观看，以便奥德修斯能够完整地理解自己——身心合一体（参荷马《奥德赛》第十、十一卷）。

难题来了，我们都是身心合一体，是不是我们自己都难以察觉和理解人的这样的eidos？悲剧诗人通过引入神，让我们如此自我发现。诗人由此暗示能够察觉和理解身心合一体的人是与诸神为伴的人，就如奥德修斯。因为诸神即更高更完整的视野，从而我们看到自己的完整和不足——自己的开放性和封闭性。

诸神联结身和心、看得见的和看不见的、有目的的和没有目的的、必然的和偶然的、不足的和完整的，由此其指向整全，或者说诸神即整全。

埃阿斯的视野里只有人的身体，雅典娜引导奥德修斯看透埃阿斯的身体和灵魂，由此走向人事万物之道；同时，又回到人，回到人的政治生活的事实，以过上谨慎的明理的生活。

如此，这出戏的表面主题是关于埃阿斯及其埋葬，实质的主旨应该是关于奥德修斯的思考和行动。其中，埃阿斯是对象，被观看的对象；奥德修斯是观看者、思考者[1]。

---

[1] 参亚里士多德《尼各马可伦理学》1102a5—1103a10。

三、礼法的政治神学问题
——重释《俄狄浦斯在科罗诺斯》①

这出戏一开场就是俄狄浦斯的疑问,他向其女儿安提戈涅提问:"什么地方,我们来到,(或是)什么人的城邦?"安提戈涅带着瞎眼且年老的俄狄浦斯流浪。俄狄浦斯虽然看不见,但他有疑问——从表面看来这是视觉和心智的差异。而俄狄浦斯的疑问根本上显示其目的,即寻找生命的最终安息地。俄狄浦斯可能不仅仅对安提戈涅提问,实际上俄狄浦斯对自己提问,或者提醒我们对自己提问。

悲剧常常以剧中角色的疑问发端。我们可以说悲剧的内在动力是生活尤其是政治生活的困惑、难题。这一特性与柏拉图对话相似。这也是人的生活的根本特征,谁的生活都包含疑问,或者说我们都生活在疑问中,无路可走,寻找出路,似乎总有路可走。

这出戏的开场,俄狄浦斯的一个问题是"这是什么地方"(1—2、11—12、23、26、36、52),同时还有一个问题"什么人的城邦(2、66—69)"。俄狄浦斯的一句问话包含两个问题,第一个关涉圣地和诸神,第二个指向君王(basileus)忒修斯,

---

① 《俄狄浦斯在科罗诺斯》的解读及译文以 A.C. Pearson 校勘本 *Sophoclis Fabulae* 为底本,Oxford, 1924;校勘参考 R.D.Dawe. *Sophoclis Tragoediae*, BSB B.G. Teubner Verlagsgesellschaft,Leipzig, 1985; H.Lloyd-Jone & N.G.Wilson.*Sophoclis Fabulae*,Oxford,1990。

笺注文献主要参考 R.C. Jebb 校勘笺注本,*Sophocles: The Plays and Fragments.Part II: The Oedipus Coloneus,with Critical Notes,Commentary,and Translation in English Prose*,Cambridge,1889;又参 Pearson 笺注,*The Classical Quarterly*,Vol.24,No3/4.(Jul.-Oct.,1930); R.D. Dawe.*Studies on the Text of Sophocles*, Leiden,1978; H.Lloyd-Jones & N.G. Wilson.*Sophoclea:Studies on the Text of Sophocles*, Oxford, 1990; Lloyd-Jones. & N.G. Wilson.*Sophocles:Second Thoughts,Göttingen,1997。

英译本参考 Ruby Blondell. *Sophocles'Oidipous at Colonus,Translation with Notes,Introduction and Eassy*,Focus Publishing,R.Pullins & Company,inc.,2002。

中译文参考罗念生的《俄狄浦斯在科罗诺斯》译注本,《罗念生全集(第二卷)》,上海:上海人民出版社,2004;张竹明、王焕生译《古希腊悲剧喜剧全集》,南京:译林出版社,2007。

无意中俄狄浦斯自己联结了这两个问题,也可以说俄狄浦斯的疑问实质上把自己的身位显现出来了。随后,"这是什么地方"显然是更重要的问题。当然我们也可以说这是整出戏的第一个重要问题。这是俄狄浦斯的问题,并非安提戈涅的。如此,俄狄浦斯与这个问题关联在一起,这就让我们联想到这出戏的诗题"俄狄浦斯在科罗诺斯"。这个题名包含人与空间的关系,它包含的问题是什么样的人与什么样的空间,特定的人、特定的空间。从政治和神学看,所有人都存在于属己的特定空间,且人的生命包含时间意味(年老、生命的最后时刻),如此,人便是时间与空间的结合;人在其中,时间和空间共同生成人的存在论和目的论,即人之所是和人之为人;人在其中消息变化,或者说人就是时间和空间的消息变化,其中包含政治—神学问题的变化。

(一)

开场的问题是"这是什么地方",而进场歌的问题则是"这个人是谁"。俄狄浦斯问"这是什么地方"——科罗诺斯,科罗诺斯的长老即歌队则问"这个人是谁",他们想知道俄狄浦斯是谁。随即,俄狄浦斯是谁变成了最重要的问题,贯穿全剧。"俄狄浦斯是谁",这个问题包括歌队的疑问,包括忒修斯的疑问,包括伊斯墨涅—克瑞翁的忒拜神谕,包括波吕涅刻斯的神谕,还有俄狄浦斯自己带来的阿波罗神谕,最后还包含俄狄浦斯的自我理解。这个问题藏有两条相关线索,即俄狄浦斯与城邦(忒拜和雅典)、俄狄浦斯与诸神。如此,俄狄浦斯似乎处于城邦与诸神之间。再者,"俄狄浦斯是谁"既包含于戏剧情节的论证中,也包含于歌队的合唱歌中。

进而,"这是什么地方"和"俄狄浦斯是谁"这两个问题是这出戏的情节动力,隐含于全剧线索中。俄狄浦斯逝于科罗诺斯,这改变了此地的神学—政治品性,也改变了俄狄浦斯的身位特性,被放逐于城邦(政治)之外(apopolis, 207)的俄狄浦斯返回政治生活(empolin, 637)。

而在开场和进场歌中,"俄狄浦斯是谁"的问题主要与这个地方相关联,与这个地方的神祇相关联——俄狄浦斯与报复女神。俄狄浦斯与报复女神的关系变成全剧的动力、张力和主旨。悲剧上演人与人的冲突,其背后是人与神的关系,而这至少包含两个问题:人的神学目的论和神是什么(quid sit deus)——俄狄浦斯的生存目的论与俄狄浦斯如何理解神,其中的主要线索就是俄狄浦斯如何理解自己。

这是出报复戏。主要题旨是俄狄浦斯意欲报复母邦忒拜和两个儿子,还包括俄狄浦斯报复克瑞翁,波吕涅刻斯报复弟弟厄忒俄克勒斯,雅典报复忒拜。

俄狄浦斯报复的理由是什么?

为什么报复是悲剧的主题?报复基于人什么样的灵魂基质和什么样的生存目的论?换言之,什么样的人报复人?他报复人是为了过上怎样的生活,达成什么样的自我理解?

开场和进场歌的两个问题——"这是什么地方"和"这人是谁",指向俄狄浦斯和报复女神。然而,俄狄浦斯践踏了报复女神的林中圣地,两次冒犯报复女神——开场一次可能是无意冒犯,进场歌时则可能是有意冒犯,并且导致歌队可能也冒犯报复女神。所以,这出戏的开始部分俄狄浦斯渎神,而且使得歌队渎神,两者均指向报复女神。当歌队得知冒犯报复女神的是俄狄浦斯后,恼羞成怒,极力驱逐俄狄浦斯出城邦。俄狄浦斯自称是没有城邦的人、流浪人,他不仅在忒拜渎犯报复女神——弑父,到这儿再次冒犯报复女神——践踏圣地。如此,俄狄浦斯是个屡次破坏礼法之人,到哪儿就破坏哪儿的礼法。俄狄浦斯是谁,这样的人能否被接纳,能否进入政治共同体的共同生活、共同生存(sunousia, 63、647、773、946)?从悲剧来看,神祇是政治体礼法的基石、拱顶,是悲剧诗人的最高智慧;渎犯神祇则使得政治生活岌岌可危。难题是俄狄浦斯祈祷说这个地方就是他的生命安息地,他祈求报复女神的接纳;可是,祈求后,他再次冒犯报复女神,而且让歌队也冒犯报复女神。这出戏此后出现生机源于俄狄浦斯之后的自我理解,其自我理解变成全剧最重要的主题。俄狄浦斯的自我理解隐含了其对诸神的理解,特别是对冥府诸神即对死的理解。因此,这出戏的主题是俄狄浦斯之死,更为关键的是俄狄浦斯对自己之死的自我理解。

再者,从诗人索福克勒斯来看,四曲合唱歌亦显明了全剧主题。第一曲,主题是雅典的强大和荣耀,忒修斯接纳俄狄浦斯为城邦民;第二曲,雅典人战胜忒拜人,保护俄狄浦斯及其女儿;第三曲,歌队反思俄狄浦斯以及人的不幸命运;第四曲,歌队祈祷冥府诸神接纳俄狄浦斯长眠于此。其中的主题是雅典城邦与俄狄浦斯及冥府,或者说俄狄浦斯联结了雅典城邦与冥府。索福克勒斯意欲通过俄狄浦斯之死反思雅典城邦政治生活的根基和未来。明确地说，冥府（即死亡）是悲剧的主题，诗人意图以此改善城邦政治生活的品性。死亡是身体的自然界限，却是诗人笔下灵魂问题的神学起点和顶点。死亡某种意义上就是诸神的特性，就是人的灵魂的特性——看不见和偶然性。如此，诸神实则是政治生活的秘密。诸神既是诗人的灵魂学，也是城邦生活的礼法。索福克勒斯以这出戏重新理解俄狄浦斯，重新理解死亡，重新理解诸神和雅典城邦共同体生活的品性。

这出戏中俄狄浦斯意欲死，着力寻找生命的安息地，最后他埋葬了自己。因此，这是一出非常奇特的戏。而这种奇特品性也源于俄狄浦斯的自我理解、俄狄浦斯是谁。俄狄浦斯是谁、俄狄浦斯之死又与雅典未来的政治生活联系在一起。如此，"俄狄浦斯是谁"这个问题所包含的答案之一是俄狄浦斯的灵魂基质构成政治生活的基础。俄狄浦斯的灵魂基质是怒气，是报复意愿，它意指城邦政治的存在特性——战争。城邦生活有其边界，恰如身体有其边界，灵魂的怒气破坏或守护这个边界。怒气也是诸神的特性，甚至就是诸神本身，诸神破坏或守护城邦生活的边界。进而，理解"俄狄浦斯是谁"与理解"神是谁"结合在一块。诸神是诗人的技艺之物，诗人的技艺意欲制定城邦生活的永恒秩序，诸神就是这个秩序的象征；也是对人的灵魂的模仿，使得人的灵魂万千变化的偶然特性得以理解，以过上有秩序且正义的共同生活（suneimi）。

这出戏的进场歌比较特殊，因为它是剧情的一部分，亦即紧紧联结"这是什么地方"和"这人是谁"这两个问题。进场歌中，歌队措辞强硬要赶走俄狄浦斯。歌队先为自己辩护，因为已答应过不赶走俄狄浦斯（176—177）。而等俄狄浦斯坐定，歌队询问他是谁，来自哪个城邦。知晓俄狄浦斯的身世后，歌队迅即做出决定，赶走俄狄浦斯。歌队唱道，

> 命定的报复不会来到那人身上，
> 因为他事先遭受报复。
> 而一种欺骗与另一种欺骗相比回赠的是痛苦，而非恩惠。
> 你得离开再次这座位
> 重新远离我们的土地。

别再有什么债

你让我们的城邦承负（229—236）。

俄狄浦斯责难歌队没有信守承诺。歌队辩护的主旨是报复，以报复对付报复是正当的。歌队以为自己遭受俄狄浦斯带来的灾祸在先，可能是指俄狄浦斯让其也践踏圣地，四处寻找这位践踏圣地的人。歌队因俄狄浦斯让自己也渎神，认为报复俄狄浦斯是正当的。歌队为什么得等到问清楚俄狄浦斯是谁及其身世后，才决定赶走俄狄浦斯。是否因为歌队想认识这个人是谁，即其认识的欲求超过保守神圣礼法的使命；亦即歌队首先想认识什么样的人践踏神圣礼法。当歌队得知俄狄浦斯的可怕身世后，惊骇不已。在歌队呼求宙斯后，神圣使命似乎因为歌队得知遇见的是可怕的人后被重新唤醒。歌队决意赶走俄狄浦斯。歌队认为俄狄浦斯欺骗了他，他虽然也欺骗俄狄浦斯，两相比较，俄狄浦斯的欺骗带来的是痛苦。歌队一进场就在寻找这个冒犯报复女神的流浪老头是谁，他判定这个人不是本地人，意指异乡的流浪者很危险，会破坏本地的神圣礼法。如此，本地的神圣礼法并非仅针对本地人，而是所有进入本地的人，包括异邦人，包括流浪者。歌队已经知道有个流浪老头践踏圣地，他可能还想知道什么样的人会破坏本地的神圣礼法。当他知道是俄狄浦斯后，甚是惊慌，毅然决然赶走俄狄浦斯。因为俄狄浦斯的身世、本性表明其生性就是个破坏神圣礼法的人。歌队显然出于保守本地神圣礼法的意图而赶俄狄浦斯走，如此歌队是本土、本邦的护卫者。很明显，此间俄狄浦斯与歌队冲突激烈。俄狄浦斯此时并没有对歌队辩说这是自己生命的安息地。对于歌队而言，一个破坏自己城邦神圣礼法的人流浪到本地，进而破坏本地的神圣礼法，必须赶走他，以免他给城邦增加孽债。

至此，"这是什么地方"和"这人是谁"这两个问题产生剧烈的矛盾冲突，而表面看来则是歌队与俄狄浦斯的冲突。

如果俄狄浦斯为自己辩说的话，那么我们看到基于神圣的理由神圣事物被违逆，敬神的是俄狄浦斯，谩神的也是俄狄浦斯。看来这是悲剧所蕴含的神学难题，也是神圣礼法的难题。俄狄浦斯一次无意、一次似乎有意地践踏圣地。他并不因为知道这是圣地而保守神圣礼法——不管知或不知，俄狄浦斯都违犯神圣礼法。如此，俄狄浦斯似乎完全置神圣礼法于不顾，完全在神圣礼法之外。那么,俄狄浦斯是谁呢?歌队则是被动地有意地践踏圣地,歌队为了保守神圣礼法而践踏神圣礼法。某种意义上说,歌队是因为俄狄浦斯而破坏神圣礼法。歌队接着还想知道俄狄浦斯过去怎样和为什么破坏神圣礼法。我们不知道歌队是出于对俄狄浦斯这个破坏神圣礼法者的纯粹好奇,还仅是心中意难平,想了解俄狄浦斯这个破坏神圣礼法者以抚平自己有意践踏圣地的罪过?当然,还有种似乎不可理喻的猜想,歌队是否意图模仿俄狄浦斯这个人以进一步破坏神圣礼法?当然,反之还有种可能,那就是了解了哪种人会破坏神圣礼法后,以更好保守神圣礼法。不管出于何种理由,歌队始终对俄狄浦斯这个人、这个异邦人充满好奇。这里,至少可以看到,俄狄浦斯对神圣事物几乎无所畏惧,歌队畏惧并保守神圣事物。而歌队对俄狄浦斯的兴趣远远超过俄狄浦斯对歌队的兴趣。从这个层面看,这戏是一出歌队观察、反思俄狄浦斯这个人及其命运的戏。

歌队替自己辩护的理由,俄狄浦斯接着借此为自己辩护。

歌队虽然保守本地神圣礼法,但是他最终似乎并无力决断俄狄浦斯的去留,正如开场的本地人。开场的本地人虽然也基于敬神的理由,让俄狄浦斯离开座位,但他并没要驱赶俄狄浦斯。这个本地人并不像歌队那样想盘问并探究俄狄浦斯是谁、俄狄浦斯的身世。当然,他也没有因为俄狄浦斯而践踏圣地。看来,歌队不仅对俄狄浦斯这个践踏圣地者、这个流浪者充满好奇;而且可能因为自己被迫践踏圣地,并被俄狄浦斯欺骗,或者因为竟然有人胆敢践踏圣地,而恼羞成怒。此时歌队身上混杂着好奇心与怒气。好奇心源于破坏神圣礼法的是谁,怒气源于神圣礼法。最后,怒气压过好奇心,伴随剧情其好奇心又探出头来,歌队又基于敬神的理由劝俄狄浦斯举行净罪之礼。如此,歌队的灵魂中潜藏着这两种奇妙对立的东西。

反过来,我们得想想,如果不是俄狄浦斯误闯圣地,如果不是俄狄浦斯这个奇异的流浪者进入本地,歌队会是怎么样的?他可能终生保守神圣礼法,而对破坏神圣礼法的人一无所知。如此,神圣礼法必然恒久稳固吗?再者,他认识这个破坏神圣礼法,并使得自己也破坏神圣礼法的人之后,他还能一以贯之保守神圣礼法吗,甚而是否能更好地保守神圣的礼法?当然,还可以问个奇怪的问题,保守神圣礼法者必然是可能破坏神圣礼法的人吗?

歌队要赶走俄狄浦斯,是忒修斯留下了俄狄浦斯,忒修斯基于什么理由让俄狄浦斯留下？忒修斯是个什么样的人？再者，他如何认识俄狄浦斯及其罪过，因而接纳俄狄浦斯？

这出戏一开始就是两个疑问"这是什么地方""这人是谁"。有疑问就可能隐含冲突，先是俄狄浦斯与本地人冲突，接着是俄狄浦斯与歌队冲突，冲突的焦点是俄狄浦斯这个人和俄狄浦斯践踏圣地。俄狄浦斯跟本地人称这是他生命安息的地方，对歌队说他是远离城邦、被驱逐出城邦的人。俄狄浦斯的这两次说明包含矛盾。谁来解决这个矛盾呢，可能是即将出场的雅典君王忒修斯。但在忒修斯出场前，俄狄浦斯的另一个女儿伊斯墨涅的不期而至，带来了关于俄狄浦斯的另一个神谕，带来了俄狄浦斯与忒拜的再次冲突，也带来了俄狄浦斯生命终结的另一个可能地方。由此，俄狄浦斯生命的终结即俄狄浦斯之死展现其内涵——事关忒拜的未来、雅典的未来。俄狄浦斯这个远离城邦之人，或者说不该进入城邦的人，却与两个城邦的政治命运关系密切。埃阿斯过于热爱城邦，又因过于热爱自己而自绝于城邦；安提戈涅过于热爱城邦，又因过于热爱乱伦的家庭，差点毁坏城邦；菲洛克忒忒斯被城邦抛弃又被迫进入城邦。《俄狄浦斯王》中俄狄浦斯热爱城邦，意图挽救城邦的危难，却发现自己是城邦灾祸的根源，咒骂自己，主动离开城邦。《俄狄浦斯在科罗诺斯》中俄狄浦斯主动回归城邦，但不是忒拜，而是雅典，当然也不在雅典城内，而是科罗诺斯。如此，索福克勒斯诗作中的主人公都是奇异人物，这是些奇异的灵魂类型，他们与城邦充满紧张关系。这使得城邦始终处于危险中，使得城邦政治生活的品性充满歧义，也使得理解政治正义问题困难重重。

第一场戏中，俄狄浦斯第一次自我辩护，在歌队面前辩护。或许，我们也该把开场结尾处他对诸神、特别是报复女神的祈祷，看成是其自我辩护即自我认识。因而，我们至少看到俄狄浦斯三次呈现了自己：本地人（现在）、诸神（未来）和歌队（过去）。

第一场戏一开始就是俄狄浦斯在歌队面前的自我辩护，其主旨是虔敬，提醒歌队虔敬，也表达了自己的虔敬。

歌队真正感受到俄狄浦斯的言辞所带来的压力，歌队在某种意义上变得软弱。歌队因为俄狄浦斯言辞中的神圣因素所包含庄重的必然律，变得畏惧而软弱，不敢直接驱逐俄狄浦斯，而留待忒修斯做裁决。这个时候，歌队因为俄狄浦斯变得像开场的本地人，失去自己本有的权威。

俄狄浦斯改变了歌队的内心及其自我理解。

（二）

其时，伊斯墨涅来得突然，我们本来以为忒修斯就该出场了——戏剧性突转。

伊斯墨涅带来新的神谕——俄狄浦斯的身位与两个儿子争夺王位，主题仍是俄狄浦斯与诸神，俄狄浦斯重返政治冲突的中心（正如《俄狄浦斯王》）。突转的要害是诸神改变了俄狄浦斯的身位，问题从俄狄浦斯的两个女儿养育他，而两个儿子没有，转到他卷入两个儿子的政治冲突。两个儿子争夺王位源自诸神与邪恶的心灵。这一段情节让我们联想到这场戏的开头俄狄浦斯关于虔敬的说法。诸神改变俄狄浦斯的身位基于其生死（坟墓—怒气）与忒拜政治的关系，当然其中还包含俄狄浦斯之罪。

如此，俄狄浦斯在忒拜与雅典之间，也就是说俄狄浦斯得理解自己的罪过。在忒拜俄狄浦斯似乎永远无法消除罪过；而在科罗诺斯他被迫重新理解自己的罪过——无知无罪，背后是诸神之知，即俄狄浦斯的生死罪过在诸神之知中（偶然或命运）。

俄狄浦斯离开忒拜，重新理解自己。对于两个儿子，俄狄浦斯分开了自己与王位的关系，即养育与政治的关系。俄狄浦斯诅咒两个儿子，因他看重的是养育问题而非王位。

歌队作为戏中观众，从而得知俄狄浦斯与两个儿子的冲突。接下来，忒修斯出场，俄狄浦斯转而与雅典产生关联。

歌队在这场戏中起联结作用：伊斯墨涅与俄狄浦斯；忒修斯与俄狄浦斯，其中包含歌队探问俄狄浦斯之罪，歌队劝俄狄浦斯净罪。此时，俄狄浦斯之罪即俄狄浦斯是谁仍是中心问题。

无疑，恰如本剧诗题所示，这是出关于俄狄浦斯的戏，即俄狄浦斯是谁的戏。俄狄浦斯是谁，无法一目了然，它在情节线索（即人物行动）和对话（即时间）中展示自己。从政治—神学层面看，一个人是谁都在时间、空间中展示出来，而这个时空就是人群的共同生活。如此，俄狄浦斯在共同生活中理解自己、展现自己，俄狄浦斯是谁包含不同人对俄狄浦斯形象的不同理解，亦包含其自我理解，还包含其对神的理解，三者互有关联。对自我的理解与对神的理解密不可分，或者说对神的理解刷新、更新了对自我的理解（苏格拉底同样如此），从俄狄浦斯的目的论来看尤其如此。在这出戏中，不同人对俄狄浦斯的理解也几乎出自其对神的理解。概而观之，对神的理解最重要，它包含着人对自我的最高理解及其最高的目的论。

第一场戏中接续进场歌中俄狄浦斯与歌队的冲突，这个冲突没有解决，即俄狄浦斯与科罗诺斯（雅典）的冲突尚未消弭。伊斯墨涅的突然出现，带来了另一个冲突——俄狄浦斯与忒拜的冲突，如此，俄狄浦斯处于冲突的中心，冲突的背后都是神圣的因素，看起来像是神圣事物内部的冲突。随着剧情深入，主要线索就是俄狄浦斯如何解决或改变这些冲突，冲突无法根本解决，俄狄浦斯通过自我理解改变了冲突的方向。

伊斯墨涅的出场，暂时转移了俄狄浦斯与歌队尚未得到解决的冲突。

俄狄浦斯区分了儿子与女儿，两个女儿更靠近自己（养育），两个儿子没有救助他，任由城邦放逐他，因他们贪图王位、王权（政治）。但是某种意义上说，两个儿子与俄狄浦斯的关系更为密切，两个儿子政治冲突的决定性力量依赖于俄狄浦斯。这种倚赖的根本理由似乎也是养育问题——俄狄浦斯再次提到两个女儿与两个儿子的对比，亦是神圣因素问题。这里，俄狄浦斯至少与三层事物相关：养育、王权和神谕。此时，俄狄浦斯作为流亡者，看重两端——养育和神谕，俄狄浦斯似乎因为这两者，特别是前者，否定本该处于中间的事物，即政治事物，养育看起来最低，但因为跟神谕相关似乎也最高；而处于中间的政治事物却是最麻烦的，它是全剧的主要情节要素，可是直至剧终似乎都难以解决。

伊斯墨涅的到来，带来了关于忒拜的新神谕，这个神谕与俄狄浦斯有关，与俄狄浦斯的生死、埋葬有关，更重要的是它似乎使得忒拜（主要指俄狄浦斯的两个儿子）变成俄狄浦斯的敌人。神谕本来是要拉近俄狄浦斯与忒拜的关系，然而因为两个儿子不抚养俄狄浦斯，却又需要俄狄浦斯的生死以支持其政治意图，反而使得俄狄浦斯远远离开，甚至使得俄狄浦斯变成敌忒拜的敌人，因而俄狄浦斯诅咒两个儿子。

如此，两个神谕关联在一块，俄狄浦斯以为旧日的神谕要实现了。旧日神谕指谁接纳俄狄浦斯，让俄狄浦斯安定下来，俄狄浦斯就给谁带来恩惠，谁驱逐俄狄浦斯，俄狄浦斯就给谁带去毁灭。新神谕指忒拜的政治冲突，即俄狄浦斯的两个儿子争王位，他们需要带回俄狄浦斯，把他安顿在忒拜的边境上，而非埋葬在忒拜的泥土里，且他们得看顾他的坟墓。原先忒拜驱逐俄狄浦斯，这会儿又需要俄狄浦斯，可又不把他带回忒拜，他仍然无法进入城邦。俄狄浦斯与忒拜相关又无关，与政治有关又无关，俄狄浦斯处于临界上。俄狄浦斯无法进入城邦，城邦又缺少不了俄狄浦斯。俄狄浦斯不能接受忒拜如此对待自己，自己生命的如此结局。俄狄浦斯来到科罗诺斯，他认为这就是自己生命最后的安息地。俄狄浦斯拒绝与忒拜相关联，而选择雅典，但也没有进入雅典，而是科罗诺斯。俄狄浦斯似乎仍然无法直接进入城邦。俄狄浦斯到底是谁？

俄狄浦斯与城邦的难题当然与其罪过相关。俄狄浦斯的双重罪过某种意义上说完全毁坏了城邦。如此，俄狄浦斯本性上就不属于城邦，或者说其对城邦是致命的危险。俄狄浦斯到底是谁？

伊斯墨涅的一场戏，像是演给歌队看的。在第一场开头，俄狄浦斯的长段言说过后，歌队一定程度上重新认识了俄狄浦斯；伊斯墨涅带来的神谕让歌队看到俄狄浦斯与雅典可能的关联，俄狄浦斯可能是雅典的救助人。歌队第一次直接叫唤"俄狄浦斯（461，参254）"，俄狄浦斯则第一次称歌队为"最亲爱的朋友"（465）。俄狄浦斯与歌队的关系变得缓和。但因为俄狄浦斯一来就践踏报复女神的圣地，歌队对俄狄浦斯仍心有余悸。歌队要求俄狄浦斯举行赎罪礼，俄狄浦斯与本地神圣事物的紧张关系依然存在。

伊斯墨涅代俄狄浦斯去举行赎罪礼。伊斯墨涅既带来神谕，又举行赎罪礼；而安提戈涅只看顾俄狄浦斯。如此，安提戈涅像俄狄浦斯一样疏离于神圣事物吗？她自小陪伴俄狄浦斯流浪，流浪人不属于哪个城邦，似乎又依赖任何可能接近的城邦。

伊斯墨涅去祭奠。其间歌队再次问起俄狄浦斯的双重罪过，歌队对俄狄浦斯由恐惧、害怕转向好奇，好奇于俄狄浦斯的所作所为。这一段是哀叹调。

歌队在这出戏前半段中的位置相当重要。戏剧情节上，歌队不仅联结本地人，而且联结忒修斯。从戏剧情节来看，歌队与伊斯墨涅一样来得突然，却都与神圣事物相关，与城邦的政治冲突相关，又都指向俄狄浦斯。本地人走后，我们以为来的就会是忒修斯，没想到来的是歌队。剧情急剧突转，歌队试图赶走俄狄浦斯。歌队出现之后，我们以为来的会是忒修斯，没想到来的是伊斯墨涅，剧情再次突转。歌队与伊斯墨涅进入剧情都很突然，这种突然特征恰恰与他们身上所包含的神圣信息相关联（参考《俄狄浦斯王》的报信人）。如此，神圣事物指向偶然。偶然可能包含人所不可预知、无法理解的神圣因素。歌队似乎守护的就是城邦礼法生活的这种不可预知、无法理解的神圣因素。

此时，歌队试图再次理解俄狄浦斯的双重罪过。俄狄浦斯已经辩护过一次，说明自己的罪过来自无知。俄狄浦斯的再次辩护更加细致地阐明了自己的无知，其无知导致罪过。这令人回想第一场戏开头俄狄浦斯关于虔敬的言说。线索似乎是人因为自己的无知必然导致可怕的罪过，这种罪过甚至可能毁坏城邦。人为什么虔敬，因为人无法完全理解自己，无法完全理解人世事物。而诸神包藏人的无知、人的限定，虔敬即是人对自己的限定的认识。诸神是人认识偶然的知识。所以，对于人来说，诸神是关于无知的知识，且是诗人的知识。俄狄浦斯从两个关于自己的神谕中发现了自己生命的目的论。俄狄浦斯试图重新理解自己，而与其相关的神祇是阿波罗与报复女神。从歌队让俄狄浦斯举行的赎罪礼看，报复女神更接近于自然因素，但她仍然是神圣事物。阿波罗寓意诸神品性——人对自我的无知的认识，报复女神寓意的则是自然事物的冲突。关于俄狄浦斯的神谕结合了这两种神圣因素，且从阿波罗引向并转向报复女神。俄狄浦斯因此得以重新理解自己，其生命理解展开了另一个纬度，其处身于自然事物的必然冲突中。如此，俄狄浦斯结合了偶然与必然。

当歌队让俄狄浦斯举行赎罪礼与歌队再次探问俄狄浦斯的罪过联系在一起时，俄狄浦斯愈是对自己所犯罪过的无知作辩护，他恰恰愈是该虔敬，也愈是理解自然事物的必然冲突。

（三）

俄狄浦斯再次辩护过后，忒修斯出场。

忒修斯与本地人和歌队对俄狄浦斯的态度完全不同。忒修斯似乎渴望认识俄狄浦斯，这跟歌队有点像又不像。歌队对俄狄浦斯的罪过感兴趣，忒修斯则似乎对此完全不感兴趣。忒修斯主动与俄狄浦斯说话，同情他，且愿意帮助他。忒修斯把俄狄浦斯看成一个流亡者，因为他自己也曾是流亡者——冒着生命危险去往异邦。忒修斯同情俄狄浦斯源自忒修斯对自我的理解。这种理解即人作为异邦人面临的危险，这让忒修斯看到自己作为人的限度。其实这也是俄狄浦斯认识自我的起点——抚养和生活资料。忒修斯一上场所展示的自我理解就与俄狄浦斯有一定程度上的相似性。或许，忒修斯对人的理解恰恰与俄狄浦斯刚刚面对歌队的自我辩护相通。如此，忒修斯并不在意俄狄浦斯的罪过，也是在此基础上，俄狄浦斯进一步教育忒修斯——政治事物的本性（永恒的变化和冲突）。前文提到可能被俄狄浦斯贬低的政治事物，重新回到它应有的位置：抚养和生活资料、政治和诸神。因而，政治仍然是最重要的事物之一，甚至最重要。

俄狄浦斯直接请求忒修斯接纳他、帮助他，俄狄浦斯将自己的身体作为礼物回赠忒修斯。忒修斯得埋葬俄狄浦斯，如此，俄狄浦斯帮助雅典人抵御敌人——忒拜人。忒修斯不理解俄狄浦斯将身体作为礼物的用意，也不理解雅典与忒拜未来的冲突。俄狄浦斯再次以长段的言说教育了忒修斯。俄狄浦斯把自己与忒拜的冲突转变为雅典与忒拜的冲突，其中的联结就是俄狄浦斯自己、俄狄浦斯的身体、俄狄浦斯的坟墓，即俄狄浦斯的生和死，而俄狄浦斯之死是未来政治生活的秘密。

俄狄浦斯教育忒修斯的主旨是除不死的诸神和强大的时间之外，万事万物都在变化中，尤其是政治事物。政治事物在诸神和时间中流变不已；时间是最重要的力量，政治事物和生命都在时间中（参7—8），敌友时刻转换，城邦生活充满不稳定性和凶险。俄狄浦斯在这里第一次提到最高的神宙斯与阿波罗。俄狄浦斯让忒修斯看到事物的不变与变化本性，这是不可说的且不可改变的秘密。

这一段是俄狄浦斯关于政治事物的最高理解，也即其神学，时间是其中最重要的知识。当然首要的仍是诸神，时间与诸神结合在一起。俄狄浦斯以为自己的身体、自己被埋葬的身体看起来仍然具有生命力，生命力来自哪里呢？来自诸神和时间统治下万物特别是政治事物千变万化的知识。回想到阿波罗与报复女神，两相结合，俄狄浦斯以为自然事物、政治事物在诸神和时间中必然变化，其中包括土地、身体、信任、不信任和友谊。俄狄浦斯认为政治事物最重要，诸神和时间最高，而自然和政治事物都会变化，诸神和时间则不变。俄狄浦斯的身体、俄狄浦斯之死作为礼物奉献给忒修斯和雅典。俄狄浦斯之死与报复女神的关联似乎意在教育雅典人政治事物的变化和危险,即人世事物在时间中的自然变化和冲突。俄狄浦斯之死意在复原报复女神的面貌和特性,当然包括复原不死诸神的永恒品性。

歌队听完俄狄浦斯这段言说后,抢先劝勉忒修斯接纳俄狄浦斯。俄狄浦斯与歌队的关系明显得到进一步改善。因而,某种意义上俄狄浦斯一直在教育歌队认识神圣事物。尽管歌队也在保守神圣事物,但是他可能并不认识。

忒修斯完全接纳俄狄浦斯为城邦民,如此,俄狄浦斯将重新回到政治生活中,不再是个流亡者。至少在一个层面上可以说,俄狄浦斯到科罗诺斯教育雅典人(君王和长老)什么是政治、什么是城邦、什么是共同生活。因而,诗人的意图显然是重新理解政治事物的本性以更好地共同生活。

俄狄浦斯决定留在科罗诺斯,但他担心忒拜来人带走他。俄狄浦斯的担心暗示了此刻雅典与忒拜潜藏的冲突。忒修斯答应保护俄狄浦斯,其以自己的诺言和名声保护俄狄浦斯。

此时歌队唱响了第一合唱歌。歌队的这曲合唱歌主旨是欢迎俄狄浦斯和赞颂雅典的繁荣强大。歌队与俄狄浦斯的冲突似乎完全消失。相应于俄狄浦斯在前头的长段言说中对自然流变的说明和教育,歌队唱响雅典的自然事物和诸神:抵御敌人的自然生长的橄榄树与宙斯和雅典娜,波塞冬则教会雅典人航海术,教会雅典人控制大海,并取得海上霸权。歌队赞美自己的城邦,言下之意是雅典人懂得政治事物的变化特性,能够保护俄狄浦斯。

(四)

来到忒拜的克瑞翁一出场首先面对歌队而非俄狄浦斯。歌队见到克瑞翁眼里似乎微露恐惧之色。如此,克瑞翁的到来其实就隐含着威胁,此时雅典城邦面临危险。

接着,克瑞翁说出到科罗诺斯、雅典的首要目的——劝诫俄狄浦斯回忒拜。但伊斯墨涅抢先到来并告知俄狄浦斯新神谕,即克瑞翁并非真想带俄狄浦斯回忒拜,而是想把他安置在边境上,不得进入忒拜。

克瑞翁说忒拜有正当理由要求俄狄浦斯回去。克瑞翁先可怜俄狄浦斯,他提到自己尤其可怜俄狄浦斯,其中也尤其可怜安提戈涅的流浪和婚姻。克瑞翁认为,该把俄狄浦斯带回忒拜,把辱骂和耻辱掩藏起来。克瑞翁想带走俄狄浦斯，把他安置在边境上，因为忒拜城邦似乎离不开俄狄浦斯。可他们又把俄狄浦斯的罪过看成是耻辱。克瑞翁以诸神的名义要俄狄浦斯回去以掩藏耻辱。克瑞翁并且以城邦的正义之名要求俄狄浦斯回去，因为忒拜曾是俄狄浦斯的养育者。

克瑞翁劝说俄狄浦斯的开头和结尾都基于正义，即俄狄浦斯应当回到忒拜。俄狄浦斯显然是个特殊的人。而克瑞翁如何理解俄狄浦斯，以至于他以为忒拜要俄狄浦斯回去是正义的。其中要害想必是俄狄浦斯与忒拜的关系（即城邦与人的关系）。所以，最重要的问题仍然是俄狄浦斯是谁，俄狄浦斯是个怎样的人。

忒拜人及阿波罗的新神谕仍然认为俄狄浦斯是有罪之人。忒拜人需要这个有罪之人，但又拒斥他。而克瑞翁以诸神之名带回俄狄浦斯是为了掩藏有罪之人的耻辱，并且认为带回俄狄浦斯是正义的。城邦的基础似乎是俄狄浦斯这个犯了人世间中人伦最大罪过之人，即城邦建立在恶的基础上，又得把恶隐藏起来。城邦不可能消灭恶，也并不公开恶。如此，城邦的稳固基础似乎就是对人的无知的认识，而诸神则寓意了人的限度，且诸神是人的灵魂中看不见的因而畏惧的东西。人无法完全认识自己的灵魂，人因而畏惧。如此，人无法彻底认识自己，诸神则可能是人看不透整全之寓意——阴阳不测谓之神。

悲剧的一个主题是展现人的恶，另一个主题是人的虔敬问题，即展现诸神的存在。因而恶与诸神是其最高主题。人无法完全认识自己的灵魂，所以作恶；诸神则是人试图把未知事物神学化（即作诗），把不可见的变成似乎可见的完整的知识，人因之而虔敬。因此，诸神是诗人辩证法的顶峰。

克瑞翁试图带回俄狄浦斯，主要关涉埋葬问题，即俄狄浦斯的生死特别是死的问题。俄狄浦斯之死与诸神相关，忒拜人得照看其坟墓，以免诸神和俄狄浦斯发怒。从悲剧来看，诗人试图理解人之死，诸神是诗人理解人之死的知识。人无法理解死，可是人又不得不、不可能不理解自己的死，如此，诸神像个真实的谎言。此剧中城邦的正义似乎基于人对自己之死的知识，基于诸神。死即冥府，冥府的本义则是看不见和全知，这恰恰是诸神的本性。所以，死才是悲剧真正的主题。城邦或人对死感到恐惧，所以敬神。人认知自己的无知（即死），恐惧似乎就是此认知，而正义生活建立于此。

因为俄狄浦斯是流浪者，没吃没穿的，克瑞翁装着可怜他。克瑞翁依此认为生活资料、食物、抚养是正义的内容，忒拜是俄狄浦斯的养育者，进而劝诫俄狄浦斯回忒拜。可以说，克瑞翁的正义既包含诸神（高的东西），又包含生活资料、食物和抚养（低的东西）。而我们知道俄狄浦斯从小被父母扔弃，忒拜实际上并没抚养他，这个理由似是而非。另外，虽然克瑞翁声称是全体忒拜人派自己劝俄狄浦斯回去的，我们也可认为其实这是克瑞翁自己的考虑。因为克瑞翁一直特别强调自己，克瑞翁看起来像是个僭主。所以，理解这出戏的正义问题，除了理解俄狄浦斯与忒拜的关系（即俄狄浦斯之死）外，还得理解克瑞翁是谁。即对城邦正义的理解除了理解王者与城邦的关系，更重要的是理解王者的灵魂类型。

第二场戏，某种程度上即关于王者克瑞翁的戏，主题是正义，其内涵随剧情不断变化。

接着，俄狄浦斯反驳、反对克瑞翁。俄狄浦斯戳穿克瑞翁关于正义的说法的诡计。克瑞翁关于正义的说辞是个谎言。

俄狄浦斯再次提到自己被驱逐，其中俄狄浦斯更关心自己的性情和感受——自己的喜怒而非罪过，而且把自己与雅典联系起来。俄狄浦斯认为克瑞翁的到来图谋破坏自己与雅典的共同生活。他一方面把自己与克瑞翁的对立引向雅典（这个时候指歌队，即本地长老）与克瑞翁对立。前一场戏中，俄狄浦斯教育忒修斯的政治学—形而上学，这个时候他正展示其教诲之政治现实。另一方面，俄狄浦斯进而教导歌队什么是恩惠——个人与城邦的所得益处该是什么，也即个人与城邦该过上什么样好的共同生活。

俄狄浦斯拒绝忒拜而选择雅典，这其中的重要问题是俄狄浦斯的自我理解，以及什么是好的共同生活。

随即，克瑞翁与俄狄浦斯短兵相接，两人的冲突涉及言辞的品性以及心智问题。显然，克瑞翁无法劝服俄狄浦斯，克瑞翁在言辞上败于俄狄浦斯，转而采用强力。有趣的是，克瑞翁为自己采用强力的辩护理由仍然是正义。

克瑞翁与俄狄浦斯和歌队冲突的焦点是正义与强力的问题，背后仍是城邦的基础是什么的问题。俄狄浦斯这个时候认为歌队是自己的战友、盟友。克瑞翁越是紧逼，歌队反而越是靠近俄狄浦斯。这场冲突中俄狄浦斯依然是关键人物，其中包含两座城邦政制品性的对抗，尤其是王者克瑞翁与忒修斯的较量。我们得进一步注意的是，俄狄浦斯展现给忒拜（克瑞翁）的一面与其展现给雅典（忒修斯、歌队）的另一面并不同。俄狄浦斯被驱逐出忒拜，常年流浪，成为没有城邦之人。这个时候俄狄浦斯意欲进入雅典，成为其城邦民，与雅典人共同生活，即重新进入政治生活。这一切基于俄狄浦斯的自我理解的转变。如此，这出戏是俄狄浦斯重返城邦的戏，即人为何是政治动物的一出戏。反过来说，探究政治是什么，城邦是什么，其中最重要的关键问题是人是什么，当然还有神是什么。这些构成城邦事物最重要的部分，甚至是基础。

然则，忒修斯在第一场戏的最后说接纳俄狄浦斯为城邦民，俄狄浦斯自己并没有提这个要求。俄狄浦斯一开场就祈求有人接纳他，但没说要成为城邦民，而是问安提戈涅到了什么城邦。其中可能暗指什么城邦会接受俄狄浦斯。再者，俄狄浦斯并不想到雅典，而是想留在科罗诺斯以抵御雅典的敌人。联想到俄狄浦斯最后之死的神性特征与报复女神类似，我们可以这么认为，诸神需要城邦，没有城邦就没有诸神；反之，城邦需要诸神，没有诸神就没有城邦。但是诸神与城邦又有距离，即诸神既进入又远离城邦，如此恰似人的灵魂的根本特性——开放与封闭并存。

诸神是人的灵魂的辩证法。

这出戏的根本主题是诸神是什么，城邦是什么，以及诸神与城邦的关系。我们可以预知的是忒拜似乎没有未来，即这一座城邦可能毁灭。而雅典的未来将拥有永恒的支柱即俄狄浦斯即诸神。城邦的兴衰，一起一落，展现了城邦的本质，背后是诸神问题包含报复女神。

当然，我们也可以更直截了当地判定，这出戏恰如荷马史诗和其余悲剧一样教导人的灵魂的问题，即诗人展现其对人的灵魂的认知。进而，对人的灵魂的认知（善恶）是为了过上更好的生活，特别是共同生活，即城邦政治生活。如此，诗人和柏拉图、亚里士多德一样，对政治事物的理解，对更好的共同体生活的理解都基于对人的灵魂的理解（让我们想到柏拉图《米诺斯》结尾，苏格拉底的问题——我们对人的灵魂之善恶无知）。

此外，比较克瑞翁抢走安提戈涅与歌队赶走俄狄浦斯的不同理由，其中都包含俄狄浦斯与安提戈涅的分合问题，最后俄狄浦斯自己走向死亡，显示了自己的变化。

克瑞翁先抢走俄狄浦斯的两个女儿,分离俄狄浦斯与安提戈涅、伊斯墨涅,目标其实是俄狄浦斯——威胁并强行带走俄狄浦斯。克瑞翁先是劝说俄狄浦斯无果,而后使用强力试图带走俄狄浦斯。俄狄浦斯诅咒克瑞翁。其诅咒中提到无所不见的太阳神赫利奥斯与报复女神。俄狄浦斯的眼睛与这两位神相关,当然也与安提戈涅相关。且俄狄浦斯为自己诅咒克瑞翁而辩护的理由与俄狄浦斯在歌队面前辩护自己的理由不同。

克瑞翁也被激怒了,报复俄狄浦斯的诅咒,并以为自己是正义的。此时冲突最激烈,克瑞翁和歌队都提到宙斯。歌队甚至认为克瑞翁肆心。所以,此时同时出现正义、宙斯和肆心(怒气和强力),其关联背后是城邦的基础和存亡问题。

这个时候,歌队唱响哀叹调。克瑞翁与俄狄浦斯的对抗,转为歌队与克瑞翁的对抗。剧情最激烈,冲突最严重。

忒修斯即刻出现,因为城邦出现危机——来自敌人的强力。当然,这场危机与俄狄浦斯有关。

忒修斯这场戏接的是第一场的末尾。第一场忒修斯先是间接地接续伊斯墨涅上场,第二场则是直接地接续克瑞翁上场,其中歌队或隐或显地起联接作用。看来忒修斯不主动出场,他像个救急的英雄。

我们可以说这场戏最重要,因为主要人物都在场,他们直接发生各种冲突,克瑞翁与俄狄浦斯冲突,克瑞翁与忒修斯冲突,因而展示雅典与忒拜的冲突。当然,这些冲突皆源于俄狄浦斯这个人。

忒修斯听到歌队恐惧的喊救声赶来。显然,歌队无力保护俄狄浦斯,尽管他刚刚在第一合唱歌中自夸过雅典的强大。歌队的城邦两次面临危险,一次源于俄狄浦斯,一次则是克瑞翁——这两个迥异的异邦人;且都由忒修斯消除歌队的恐惧,并解救城邦。歌队因城邦面临危险而恐惧,一次源于俄狄浦斯渎神,一次源于克瑞翁的强力。如此,反过来看城邦的基础似乎是诸神和力量。

俄狄浦斯再次向忒修斯说到自己遭难。忒修斯一头吩咐营救俄狄浦斯的两个女儿——安提戈涅和伊斯墨涅;一头面对克瑞翁,严厉谴责克瑞翁。

忒修斯谴责克瑞翁跟歌队一样基于礼法的理由。实际上,克瑞翁和俄狄浦斯一样破坏雅典的礼法。忒修斯提到俄狄浦斯在一开场教导安提戈涅的,也是歌队警示俄狄浦斯的——异邦人与本邦人的关系。这其中蕴含的仍是俄狄浦斯问题。克瑞翁认为俄狄浦斯与忒拜相关，忒修斯认为俄狄浦斯作为乞援人与雅典相关，俄狄浦斯被一分为二。反过来看，这也可能恰是俄狄浦斯的本性，无法融入城邦，又与城邦关系密切。甚而，这也恰是人的灵魂本性。不过，克瑞翁和忒修斯分别取其一端。

在其谴责中忒修斯主要先指向克瑞翁的品性。歌队接着忒修斯的说法，继续追问克瑞翁的品性——什么样的人干什么样的事。如此看来诗人力图教导的还是人的灵魂的类型与城邦政治品质的关系。

有趣的是，克瑞翁的自我辩护说俄狄浦斯是个有罪之人，并且，克瑞翁赞美雅典法律，雅典因而不会收留俄狄浦斯这个有罪之人。再者，克瑞翁说俄狄浦斯诅咒他，他才使用强力报复俄狄浦斯。这个理由与歌队报复俄狄浦斯、俄狄浦斯报复其父亲的辩护一样。接着，克瑞翁还说要报复忒修斯。如此使得报复变成这出戏的重要主题，实则就是俄狄浦斯教导忒修斯的政治学—形而上学，也就是这出戏隐含的重要神祇（报复女神）。

此时，俄狄浦斯面对克瑞翁为自己辩护，算是其第二次辩护，与其面对歌队的自我辩护有同有异：同的是对自己行为的无知，异的是多出了诸神，多出了辱骂和耻辱。诸神知道人的局限和人的行动的盲目目的；但人不自知，所以犯错和作恶。俄狄浦斯这个时候直接说自己无罪。这是俄狄浦斯的辩护中最长最详细的一段。俄狄浦斯面对克瑞翁为自己辩护，就是面对忒拜为自己辩护。俄狄浦斯甚至以热爱生命为理由而自我辩护，认为热爱生命甚至高过正义与不义。如此，俄狄浦斯两次自我辩护的要素是诸神、无知和热爱生命。热爱生命这一项让我们联想到退场戏中的俄狄浦斯之死，俄狄浦斯似乎也热爱死，因而这出戏的主题就是俄狄浦斯的生死问题——热爱生命，俄狄浦斯以此为自己的过去辩护；热爱死，俄狄浦斯以此圣化自己的未来。并且似乎生指向知，死指向未知，如此俄狄浦斯处身于知与未知之间。

俄狄浦斯自我辩护的最后一段话，像似指责克瑞翁，实际上更像是说给忒修斯还有歌队听的。因为其言辞品性虚假且狭隘，俄狄浦斯指责克瑞翁不义。接着，俄狄浦斯再次提到雅典人的虔敬。第一场戏开始时，俄狄浦斯提醒歌队雅典人的虔敬；这个时候他再次提起，意欲使忒修斯虔敬，以帮助他且为他而战。

歌队再次怜悯俄狄浦斯，让忒修斯救助俄狄浦斯。而忒修斯像俄狄浦斯、歌队还有克瑞翁一样把自己看成受害者。忒修斯要克瑞翁找到两个女孩，而克瑞翁再次威胁忒修斯。如此，忒拜与雅典展现了如俄狄浦斯所预言的冲突和危机。俄狄浦斯随即赞美忒修斯。

紧接着的是第二合唱歌，歌队唱颂这场战斗，唱颂诸神（无所不见的宙斯、雅典娜、阿波罗和阿尔忒弥斯）以及城邦（比较第一合唱歌）。

忒修斯战胜并赶走克瑞翁。俄狄浦斯与两位女儿聚首。歌队反而唱起颇为奇怪的第三合唱歌，

> 谁渴求活得更长的份儿，
> 不满于适度的，
> 是在固守愚蠢
> 在我看来显然如此。
> 因为岁月如织
> 积贮许多东西更近于痛苦，而快乐
> 你可能看不见在哪，
> 当有人跌入长于必要的［或译为适宜的、适度的］［份儿］；而引渡人带来同样的结局，
> 当命定的哈德斯——没有婚歌
> 没有弦曲 没有舞蹈——显现而来，
> 死亡了结。

> 不出生胜过所有判断［或译为估算、意见］；
> 而一旦出现了，
> 求其次，
> 尽快哪来回哪儿去。
> 一旦年轻时光到来，
> 带来的是空虚的冒失、愚蠢，
> 什么痛苦待在外头？

什么困顿不在里头？
嫉妒、决裂、纷争、战争
和残杀。而最后分配的是老年，
受人指摘、无助、无亲、无友，
其中不幸中不幸都积聚来［或译为恶中之恶］。

这不幸的人就在这里头，不单单是我（1211—1239）。
……

　　这一曲合唱歌被称为古希腊文学中最为悲观的诗行。歌队认为俄狄浦斯和自己甚且所有人都处于相同的人生境况即现世的不幸或恶中。歌队至少解释了四种可能境况：不出生、早夭、青年、老年。不出生最好，早夭其次，青年再次，老年最差。人的生命越短越好，没有生命最好。生命的长度（时间）饱含痛苦，这跟第一场戏末尾俄狄浦斯教导忒修斯的相似——诸神、时间不变，其他万物（包括人的生命）都在时间中变化。人的生命未开始前（即还没有时间）最好；有了时间，有了生命的长度，恶或不幸就是躲也躲不开。简言之，生命就是恶、不幸，没有生命最好（参《俄狄浦斯王》1076—1085，俄狄浦斯不懈地追究自己生命的源头——机遇、偶然之子）。

　　这一段合唱歌联接第三场戏与第四场戏，且主要指向第四场戏：俄狄浦斯与儿子波吕涅刻斯的冲突——老年人和青年人；甚至联结第四合唱歌——歌队唱颂冥府（即死亡）。如此，歌队的第一、第二合唱歌唱颂雅典，第三、第四合唱歌队则颂冥府，这是什么意思？其中的含义至少可能有几种：第一，参照开场戏中陌生人的说法，冥府可能是雅典的支柱，即城邦政治生活植根于冥府（参柏拉图《会饮》阿里斯托芬的讲辞，以及阿里斯托芬的《蛙》）。第二，雅典与冥府没有关系，雅典代表政治生活，冥府代表诸神，诸神与城邦没有关联，实则分离了政治和宗教。第三，雅典的繁盛和强大代表人的灵魂的阳面，诸神代表人的灵魂的阴面，歌队唱颂人的灵魂整体。

　　当然，还可以这么理解，歌队的第一、第二合唱歌指向雅典，第三、第四合唱歌指向俄狄浦斯，两相结合，即城邦与人的结合。

（五）

　　第四场戏展现波吕涅刻斯与俄狄浦斯的关系。波吕涅刻斯说自己既是厄运之子也是俄狄浦斯之子，这说明了其灵魂的源头和身体的源头。而俄狄浦斯诅咒波吕涅刻斯到父神塔尔塔罗斯的黑暗中去（即死亡）。此前俄狄浦斯认为自己因为无知杀害父亲拉伊俄斯，这时候他认为黑暗之神塔尔塔罗斯是父亲。

　　这出戏至此似乎暗含着与《俄狄浦斯王》一样的题旨——追索生命的源头、生命之初。

　　俄狄浦斯不认波吕涅刻斯为其子了。他认为波吕涅刻斯驱逐了他，没能像安提戈涅姐妹俩养育自己。虽然俄狄浦斯口头上否认自己与波吕涅刻斯的关系，他的诅咒却既分离又更加紧密地联系了波吕涅刻斯与自己的关系。因为这个诅咒可能是来自其古老家族，古老家族延续着不幸的厄运。俄狄浦斯与波吕涅刻斯既分又合，貌离神合，波吕涅刻斯延续着俄狄浦斯的不幸。其不幸既来自古老的诅咒，也来自俄狄浦斯的诅咒。

　　波吕涅刻斯的出场与克瑞翁出场的有同有异，波吕涅刻斯也与伊斯墨涅出场的有同有异，而这三个忒拜人的出场都是安提戈涅先看到并告知俄狄浦斯的。伊斯墨涅的出场出人意料，克瑞翁的出场则是伊斯墨涅事先告知俄狄浦斯的，波吕涅刻斯的出场似乎也出人意料。伊斯墨涅、波吕涅刻斯带来神谕、预言；克瑞翁似乎没有带来神谕，当然我们也可以认为克瑞翁奉着神谕而来。克瑞翁被忒修斯赶走，波吕涅刻斯被俄狄浦斯赶走，俄狄浦斯则自己离开了伊斯墨涅。

　　这一场戏似乎又回到伊斯墨涅到来的那一场戏的主旨——养育父亲。这个时候，俄狄浦斯的儿子们刚好与女儿们面对面比较。看起来，儿子们与政治冲突相关联，女儿们与养育相关联，政治与养育似乎被分开。而俄狄浦斯在歌队、克瑞翁面前的两次自我辩护则联结了政治与养育。总的看来，养育似乎高于政治生活，而养育本来似乎低于政治生活。

　　这场戏的最后波吕涅刻斯要求安提戈涅姐妹埋葬他。安提戈涅则苦心劝诫波吕涅刻斯撤军，退出忒拜，但是波吕涅刻斯的脾性如其父亲一样固执。安提戈涅长期跟俄狄浦斯流浪远离政治生活，这会儿她也劝告波吕涅刻斯退出政治冲突。

某种意义上葬礼与养育相类似，可它们与政治生活的关系同样是个难题，都是其基础吗？

俄狄浦斯赶走波吕涅刻斯后，歌队唱起了哀歌。其哀歌中波吕涅刻斯的新灾难、不幸、恶似乎源自俄狄浦斯。然而，此时俄狄浦斯已经渐显诸神的征象——报复与正义。歌队似乎把诸神与时间看成一体，它们都是宣判者。并且，在其唱响哀歌时，宙斯显现了。

同时，俄狄浦斯预感到生命最后时刻的到来。

我们注意到这里的情节论证，即俄狄浦斯生气地驱赶波吕涅刻斯，歌队唱响哀歌，宙斯显现，三者互相关联。因而，克瑞翁的一场戏似乎还不如波吕涅刻斯的这场戏重要。克瑞翁与俄狄浦斯的冲突可以看成是俄狄浦斯与忒拜的冲突；俄狄浦斯与波吕涅刻斯的冲突可以看成是父子的冲突。俄狄浦斯先与忒拜分离，再与儿子分离；而与儿子的分离似乎更重要，或者说分离得更彻底。这个时候，俄狄浦斯即将死亡，但同时亦是其新生之时。这一个时刻宙斯显现，诸神降临。

此时，宙斯之神意的出现与歌队的哀歌和哀歌中表现出来的恐惧也关联在一起。

再者，歌队在哀歌中呼唤忒修斯出场。宙斯的显现与忒修斯的出场相联结，其中的线索是俄狄浦斯之将死，即俄狄浦斯将给予雅典的酬谢和恩惠。

忒修斯再次被呼唤出场，他似乎从不主动出场。歌队先是因为克瑞翁的强力威胁而恐惧，呼唤忒修斯出场；再者，因为宙斯的显现而恐惧，呼唤忒修斯出场。先前歌队也曾因为俄狄浦斯而恐惧，驱赶俄狄浦斯。这三者隐含着某种的联系。

这时俄狄浦斯再次教导忒修斯，但那是个政治秘密；忒修斯的继承者也得保守这个秘密——俄狄浦斯死亡的地方。

俄狄浦斯的死亡人们不可知晓，却是良好政治的源头和根本。人无法看清楚未来，或者说人无法看清楚自己灵魂的阴面，即人的无知似乎恰是政治生活的关键。然而，俄狄浦斯好像知晓这一关键，忒修斯与其继承者似乎也知晓，他们的知识来自俄狄浦斯。如此，俄狄浦斯的知识最重要。俄狄浦斯的死亡与宙斯的显现相关联,即俄狄浦斯的灵魂去处与诸神相关联,那是政治生活的关键所在。知晓政治生活最高知识的是俄狄浦斯,保守其知识的是政治人。进而,我们得想想俄狄浦斯是谁呢?

接着,神召唤俄狄浦斯的身体与阳光告别。他自己引领自己,而赫尔墨斯和冥府女神也在引领他前往冥府。俄狄浦斯最后祝福忒修斯和他的城邦。

此时此刻,俄狄浦斯之死所蕴含的旨趣似乎从身体转向灵魂,因而灵魂在政治中占有更高的位置,当然也更难知晓其奥秘。难以知晓的灵魂奥秘构成城邦良好政治生活的基础。

随后,在第四合唱歌中,歌队为俄狄浦斯祈祷,祈请冥府诸神给予俄狄浦斯幸福的死亡——灵魂的归处。

(六)

退场戏中报信人报告俄狄浦斯之死。报信人是个奇特的角色。他一般告知观众不宜观看、不能直接知晓或无法知晓的事物。

报信人主动告知城邦民们俄狄浦斯之死。歌队问他俄狄浦斯是不是幸福地去世。报信人说歌队猜中了这惊人的事情。

如此,报信人要告知的是我们无法直接知晓或者令人惊骇且惊奇的事情。报信人是个直接观察者,他似乎比歌队更靠近剧情的核心、人物行动和思想的核心。他似乎是完整且最高事物的发现者和讲述者。因为他告知的是我们无法直接发现的事物,他像是神使,直接观看事物的本相,比我们更接近事物(参荷马《奥德赛》第十卷 Moly 草一段——赫尔墨斯教授奥德修斯诸神知晓自然的知识);他又是讲述者,他看起来像是个诗人。两者结合起来看,他可能就是诗人本人。报信人把俄狄浦斯之死看成是令人称奇之事。但实际上他仍然无法告知我们最高的秘密——俄狄浦斯之死。他告诉我们更多的是死前的仪礼和告别,只有忒修斯才知道最高秘密。有意思的是,报信人并不担心人们认为他所说的是蠢话,也不强求人们相信,他显得很自信。

而歌队先是问报信人——歌队似乎一直是个探问者;接着,剧情的结尾,歌队问安提戈涅姐妹关于俄狄浦斯之死。两姐妹为俄狄浦斯之死,为自己的未来而担忧、悲哭,而唱起哀歌。

安提戈涅想知道俄狄浦斯死亡的地方,但忒修斯信守诺言而并不告知。

歌队劝两姐妹别回去;安提戈涅则请求忒修斯送她们回忒拜,以阻止两位哥哥互相残杀。

歌队让她们停止哭泣,因为更高的权力主宰着这一切。我们无法看清完整的事物,所以所有人世事物似乎都是悲剧。歌队终结了全剧,或者说封闭了剧情。这出戏结束于一个更高的地方,使得悲剧不悲。人们为什么悲伤,因为人们无法看清自己,无法看清楚更高更完整的事物。人们因为这样的无知而犯错,因犯错而反省,因反省而悲伤。反过来,如果从更高更完整的视野看,则人世事物都是喜剧,皆因无知而犯错,令人发笑。

所以,悲剧结束于比自己更高的事物,悲剧的终点是喜剧或哲学的起点。

四、哲人索福克勒斯的政治—礼法思想研究*

如何正确理解悲剧诗人索福克勒斯历来是文学史和思想史的重要问题。尼采把索福克勒斯视为诗人与宗教思想家,与苏格拉底、欧里庇得斯并列为雅典民主时代的智者①。"因为正是诗人教导立法者,诗人远不是神学或道德的仆人,毋宁是它们的创造者。"②那么,在什么意义上,悲剧诗人索福克勒斯是神学或道德的创造者呢?

希罗多德指出:"据我看,赫西俄德以及荷马生活的年代大约离我四百年,但不会更早。正是他们把诸神谱系教给希腊人,并给诸神起名,把尊荣和诸技艺分派给神们,还描绘出诸神的模样。"③希罗多德可能认为,荷马与赫西俄德撰写诗行就是撰写关于诸神的故事、塑造诸神的形象,并教给希腊人。换言之,他们为希腊人制礼作乐④,形塑城邦的道德秩序与生活方式,设计基于诸神信仰的城邦政制。施特劳斯说诗人是神学或道德的创造者,可能意指索福克勒斯传承甚至革新荷马、赫西俄德的诸神故事与神学问题。

从《悲剧诞生于音乐精神》(第7、8节)与《法义》卷二、卷七来看,尼采和柏拉图均认为悲剧中最重要的是歌队(或说合唱歌队)。既然古希腊悲剧依歌队的行动(即歌唱)而划分为各个部分,那么,歌队的行动当然地连接了前后的情节线索。事实上,歌队既是剧中的角色,又是剧中的观众。"亚里士多德强调歌队必须作为剧中的一个演员,那么歌曲和合唱就不能从一部戏中抽出来用于其

---

* 本文发表在《海南大学学报(人文社会科学版)》2020年第5期上。
① 尼采:《悲剧诞生于音乐精神》(通行译名为《悲剧的诞生》)第9、13节,凌曦译,未刊稿。
② 施特劳斯:《苏格拉底问题六讲》,见刘小枫、陈少明主编:《苏格拉底问题》,北京:华夏出版社,2005,页82。
③ 希罗多德:《历史》,王以铸译,北京:商务印书馆,1997,页134—135。
④ 刘小枫:《巫阳招魂:亚里士多德〈诗术〉绎读》,北京:生活·读书·新知三联书店,2019,页162—165。

他剧目,他以此再次澄清,歌队的观察必须植根于自己所属的一系列事件中。否则,歌队对于情节的反思就不会从情节中长出来,不能同时地既是lusis[解]也是desis[结]。"① 作为角色,歌队参与情节进程;作为剧中的观众,歌队反思其所见各种人物(尤其是主角)的行动,而这种反思本身又是剧情的一部分。如果说合唱歌中包含神学问题,那么索福克勒斯的诗(即歌队的歌唱)就等于思——思索诸神与人世秩序等问题。这某种意义上也可以说是对诸神的智性思考(quid sit deus),此之谓诗人的神学。

依此,下文将从索福克勒斯忒拜剧中的歌队入手,细致地分析其中的几首合唱歌,由此探究索福克勒斯的神学与道德思想。

(一) 政治的神学问题

《俄狄浦斯王》的开场戏肇始于忒拜的一场富有政治危机隐喻意味的瘟疫。因而,这出戏在查找弑君凶手的表面主题下,可能潜藏着另一个主题——查明城邦政治危机的根本原因。剧终显示政治危机的根源是政治人自身,即俄狄浦斯。在第一场戏中,索福克勒斯首先在俄狄浦斯与先知的冲突中展现了这一政治危机的原因。先知被俄狄浦斯请来解决城邦危机,他被动出场,明知真相却缄口不语,这激怒了俄狄浦斯;俄狄浦斯的怒气也激怒了冷漠的先知。先知指出俄狄浦斯弑父娶母,俄狄浦斯则认为先知诬蔑自己,并怀疑克瑞翁收买先知篡夺王权。更有甚者,俄狄浦斯开始怀疑先知的法术和智慧,其中一个重要理由是他曾凭自己的智慧解开斯芬克斯之谜,拯救了城邦。而先知并未救助城邦,且看起来对城邦的灾难无动于衷。此时城邦的危机被俄狄浦斯归因于其王权可能面临的危险。他不仅没有意识到先知的话语中隐含的秘密——真正的危机或灾难在于他对自己身上的恶的无知,反而为了王权对先知的智慧产生怀疑,这加深了俄狄浦斯自身的无知。这里出现了剧中的第一次分离。分离是悲剧的基本特征,它使我们能够看清人世种种含混的事物。紧接着这一分离,克瑞翁因受到俄狄浦斯的诬陷愤然出场,关于王权的争执导致两人的亲属关系几近破裂。至此,俄狄浦斯与克瑞翁分离。这时,伊俄卡斯忒出场劝解冲突,同时也表明了其对先

---

① 戴维斯:《哲学之诗:亚里士多德〈诗学〉解诂》,陈明珠译,北京:华夏出版社,2012,页131—132。

知预言术的怀疑,她甚至说早已不再相信。由此,这出戏进入到冲突真正的中心——人与神的分离,亦即悲剧中最高程度的分离,这揭示了政治危机的根本原因。

此时,歌队唱起著名的第二合唱歌。其歌唱的缘由是阿波罗到处不受人尊敬,对神的崇拜从此衰微。歌队力图证明自己的洁净与虔敬,并唱出悲剧的最高主旨——赞美诸神以及诸神为凡人规定了合法与正义的生活秩序:

> 愿命运依然看见我一切的言行保持神圣的清白,为了规定这些言行,天神制定了许多最高的律条,它们出生在高天上,它们唯一的父亲是俄林波斯,不是凡人,谁也不能把它们忘记,使它们入睡;天神是靠了这些律条才有力量,得以长生不死。①

歌队随即谴责僭主的"肆心":僭主的言行无法无天且又贪图幸福;歌队又唱到,另一类人言行傲慢,不畏惧正义之神,厄运也会捉住他们:

> 做了这样的事,谁敢夸说他的性命躲避得了天神的箭?如果这样的行为是可敬的,那么我何必在这里歌舞呢?②

先知作为人与神的中介业已受到质疑,诗人笔下的歌队似乎有意取而代之,甚而,某种意义上可以说诗人自己有意取代城邦中的先知③。诸神并不直接干预政治事物,但他们又必得是城邦政治的基石乃至拱顶,先知代表诸神作为神圣要素存在于城邦政治中。由于政治事物是有局限的存在,它必得与非政治事物(神圣事物或自然物)密切关联才能开放并改善自身。先知本就具有双重身份并沟通神人,"以天为宗,以德为本,以道为门,兆于变化"④。(《庄子·天下篇》)而城

---

① 索福克勒斯:《俄狄浦斯王》,罗念生译,见罗念生:《罗念生全集(第二卷)》,上海:上海人民出版社,2004,页369。
② 索福克勒斯:《俄狄浦斯王》,罗念生译,页369。
③ 柏拉图《会饮》(202e—203a)中爱若斯神的身位问题。柏拉图:《柏拉图四书》,刘小枫编/译,北京:生活·读书·新知三联书店,2015,页231—232。
④ 钟泰:《庄子发微》,上海:上海古籍出版社,2002,页754—762。

邦的盛德大业均源于"极数知来之谓占,通变之谓事,阴阳不测之谓神"①。(《周易·系辞上》第四章)民主时代悲剧诗人让自己的歌队取代先知的这一身位,于此"用志不分,乃凝于神"。(《庄子·达生》)

悲剧诗人于民主政治中发现的最大难题想必是,人之智慧在政治生活中的作用是什么及其导致诸神在政治中缺位的问题。《安提戈涅》的第一合唱歌就清晰地展示了这个问题。在第一合唱歌中,歌队惊异于人的奇异特性,因为人拥有九种智能或技艺——航海、耕地、狩猎、驯养、言辞、思想、教化、造屋、医术,其中的关键问题是中性的人与技艺。人的中性品质与其技艺、智慧相关,其技艺则进而致使城邦生活中善恶、是非、正义与不义难以区分。最后,歌队给出自己的政治—道德评判:

> 在技巧方面他有发明才能,想不到那样高明,这才能有时候使他走厄运,有时候使他走好运;只要他尊重地方的法令和他凭天神发誓要主持的正义,他的城邦便能耸立起来;如果他胆大妄为,犯了罪行,他就没有城邦了。②

歌队说自己不愿让这类人来家里做客,不愿与他思想相同,他们显然是将技艺、幸福与不幸以及城邦的存亡联系在一起。各种技艺中最高的类型是言辞与思想,其最重要的体现就是立法。在《安提戈涅》中,凭运气和血缘得到王权的新王克瑞翁一上台就宣布政令,显示自己的魄力、意志,以此说明自己是个好王,能够为城邦谋福祉。不同于《俄狄浦斯王》中的俄狄浦斯,克瑞翁不只是个政治人,他还是个立法者,是凭自己的智能和意志立法的人。这个自认为是好王的立法者,其立法行动仅拘于政治视野,甚至把自己等同于城邦,人事万物被彻底纳入其政治统治,几乎完全忽略了高于政治事物的诸神及其代表的永恒法,从而导致家庭和城邦的分裂与破碎③。

---

① 潘雨廷:《周易表解》,上海:上海古籍出版社,2016,页177—178。
② 索福克勒斯:《安提戈涅》,罗念生译,见罗念生:《罗念生全集(第二卷)》,上海:上海人民出版社,2004,页305。
③ 刘小枫:《重启古典诗学》,北京:华夏出版社,2013,页175—180。

最后，先知主动出场劝诫克瑞翁未果，愤而离场。歌队进而告诫克瑞翁，作为立法者的新王克瑞翁很快恍悟，不断省思其错误和不幸的根源，"我现在相信，一个人最好是一生遵守众神制定的律条"①。歌队在退场戏结束时唱道："谨慎的人最有福；千万不要犯不敬神的罪；傲慢的人的狂言妄语会招惹严重的惩罚，这个教训使人老来时小心谨慎。"② 如此，歌队似乎高于主动出场的先知，他们教导立法者谨言慎行且虔敬乃是幸福的密钥。歌队的意图已不仅仅局限于政治统治与立法，而是扩展至一个人该拥有什么样的德性以及如何生活才可能幸福，这探明了城邦政治的根本问题——政治人、立法者的德性。

歌队在合唱歌中列数的各种属人的技艺令人惊异，但它们无法突破死亡。关于死亡的技艺其实就是悲剧诗人塑造的哈得斯神，此乃诗人的言辞与思想。哈得斯某种意义上代表了诸神的法令与正义，用以节制各种各样的属人技艺以及各类立法者的肆心和胆大妄为，良好城邦的秩序由此得以建立③。

（二）宗教教育问题

《俄狄浦斯在科罗诺斯》乃索福克勒斯遗作，亦是其含义深远的巅峰之作④。该书的重要主题是俄狄浦斯的哲人—立法者形象及其对君王忒修斯（即政治人）的教育。

第一场戏尾声，雅典君王忒修斯接纳从忒拜流浪而来的老年人俄狄浦斯为本地邦民⑤，他决意保护俄狄浦斯。这时歌队出现，他们唱颂美丽的科罗诺斯和伟大的雅典，是为第一合唱歌。其中，合唱歌的第一曲首句表明，俄狄浦斯在科罗诺斯与雅典的结合中起了联结作用。事实上，这出戏开场时，俄狄浦斯的第一

---

① 索福克勒斯：《安提戈涅》，罗念生译，页324。
② 索福克勒斯：《安提戈涅》，罗念生译，页330。
③ Seth Benardete: *The Argument of the Action: Essays on Greek Poetry and Philosophy*, Chicago: The University of Chicago Press, 2000, p.135. 另参见肖有志：《悲剧与礼法——索福克勒斯、柏拉图与莎士比亚》，上海：上海大学出版社，2017，页36、46。
④ 尼采：《悲剧诞生于音乐精神》（第9、17节），凌曦译，未刊稿。
⑤ 接受外邦人为本邦邦民所涉及的宗教和政治（包含法律）问题。可参见普鲁塔克：《希腊罗马名人传·梭伦传》，谢义伟译，北京：商务印书馆，1990，页193；库朗热：《古代城邦：古希腊罗马祭祀、权利和政制研究》，谭立铸译，上海：华东师范大学出版社，2006，页185—188；Joseph P. Wilson, *The Hero and the City: an Interpretation of Sophocles'Oedipus at Colonus*, Ann Arbor: The University of Michigan Press, 1997, pp.63-91.

个问句就分开了科罗诺斯与雅典,此时他将自己的身体当作礼物赠予忒修斯,其身体作为一种共同生存联结科罗诺斯与雅典。可以这样说,俄狄浦斯若不在一开始把科罗诺斯与雅典分开,歌队也无须在第一合唱歌中把两者相结合。倘使科罗诺斯果真是一处圣地,那么我们就不知道俄狄浦斯一出场就践踏圣地从而渎神之事,这是否破坏了科罗诺斯的神圣性?奇怪的是,俄狄浦斯自称是神圣的。他将自己作为一种共同生存赠予忒修斯,是否意在通过自己重新调整科罗诺斯与雅典的政治和宗教关系?而这或许直接指向了雅典的城邦政制问题。

普鲁塔克有这样一番评论:"忒修斯将许多地方合并成为一个城邦,并加以巩固,作为共同的家园,同时却毁掉了许多拥有古代国王和英雄名字的城邦。"① 普鲁塔克笔下的忒修斯与索福克勒斯笔下的忒修斯处境相似。这出戏的开场让人怀疑科罗诺斯可能也是座城邦,现在看来没错。从第一合唱歌第一曲的两节来看,狄奥尼索斯、缪斯和阿芙萝狄忒住在科罗诺斯;可这儿似乎并没有人。科罗诺斯的这些神等于科罗诺斯这地方,并且科罗诺斯也意指一座"山岗、土山"。俄狄浦斯想待在此地,不去雅典,他曾把这地方的乡民等同于乡区,而这正是俄狄浦斯准备成就的共同生存——土地与人的结合,即以自身改变科罗诺斯的政治神学风貌。

第一合唱歌第一曲表明歌队欢迎俄狄浦斯这个异邦人,在此之前俄狄浦斯业已准备完成他给予忒修斯的回赠,他将在此地抵挡忒拜人的侵犯。第一合唱歌第二曲则暗指战争以及雅典强大的作战能力,赞颂令敌人畏惧的雅典的橄榄树,赞颂波赛冬给予母邦雅典的荣耀——好马、良驹和海上霸权,以及波赛冬为雅典创制的驭马术和航海的技艺。在第一场退场时,忒修斯已使俄狄浦斯确信没有人能凭暴力违背他本人的意愿将俄狄浦斯拖走;忒修斯还让俄狄浦斯鼓起勇气,因为即使他不在,他的名字(或声名)也将看顾俄狄浦斯不会遭致厄运。

由此我们可以发现这样的对应关系:歌队接受俄狄浦斯成为一种共同生存,呼应了先前俄狄浦斯的回馈;歌队夸赞雅典的强大、荣耀和技艺,接续了先前忒修斯保护俄狄浦斯的允诺。合唱歌显然是剧情本身、人物行动的表现。

---

① 普鲁塔克:《希腊罗马名人传·罗慕洛传》,陆永庭译,北京:商务印书馆,1990,页83。

第一合唱歌第一曲表明，俄狄浦斯在科罗诺斯与雅典间实现共同生存。第一曲其实已经先于第二曲——直接唱颂雅典的强大——暗示了战争的来临。歌队机敏地看出，问题的关键在于作为异邦人俄狄浦斯的礼物（即身体）和言辞。俄狄浦斯于时间流转中看出人事万物生长衰退的辩证进程，他为忒修斯重新解释人与人之间、城邦之间友谊的不牢靠，且战争常常源于偶然。俄狄浦斯给歌队和忒修斯带去了logos（言辞），亦带去了对人世及政治的崭新理解。俄狄浦斯教育了君王忒修斯。

俄狄浦斯曾告诉忒修斯，唯有神不会变老，不会死；时间会使土地和身体衰朽。歌队则说，这地方不会衰老。歌队的看法显然不同于俄狄浦斯，除非歌队的意思是说这地方等于这地方的神。不过，俄狄浦斯对比的是神、土地和人，歌队对比的则是地方（或神）与人。俄狄浦斯没有提到神的力量，似乎神的力量永恒不变，而土地的力量会衰退。只在人的力量会衰退这一点上，俄狄浦斯与歌队是一致的，他们的分歧在于对土地和地方的力量的不同认识。假使歌队所说的地方不只是地方，同时也指神，那么，"力量不会衰退的地方"① 就当真是土地的一个隐喻。这当然是诗人的一个创造物。俄狄浦斯要留在没有住人的科罗诺斯这地方，永远抵御外敌的侵犯。通过自己之死，俄狄浦斯看起来将成为神——正义的守护者。在此意义上，城邦诸神都是复仇神②。作为自然物的土地会衰朽，作为诗人的创造物的土地不会衰朽，诗人的技艺之物永远存在（参见柏拉图《会饮》208a7—b4、209c7—d4；西塞罗《论法律》1.1）。

俄狄浦斯即神这一题旨表明索福克勒斯传承了荷马、赫西俄德的诗艺之志——改良或创设希腊人的政治—道德生活秩序。

（三）悲剧哲学与政制问题

自称是第一个悲剧哲学家的尼采声称："现在，在悲剧诗的强烈影响下，荷

---

① 索福克勒斯：《俄狄浦斯在科罗诺斯》，罗念生译，见罗念生：《罗念生全集（第二卷）》，上海：上海人民出版社，2004，页515—516。
② 尼采与海德格尔都看重悲剧，看重其中的复仇精神，把古希腊悲剧中富于宗教和政治意味的复仇精神转化为针对传统形而上学——特别是柏拉图传统——的质疑与批判。参见施特劳斯：《哲人的自然与道德：尼采〈善恶的彼岸〉讲疏》，布里茨整理，曹聪译，上海：华东师范大学出版社，2017，页50—56；施特劳斯：《论柏拉图的〈会饮〉》，邱立波译，北京：华夏出版社，2012，页284—285、334—335。

马史诗重新转生,并且在这种灵魂转生中显现。现在奥林波斯文化也被一种更加深刻的世界观打败了。"① 这种世界观可能就是狄奥尼索斯世界观,亦即悲剧世界观②。荷马史诗经受民主时代各类哲人的攻击之后,在悲剧诗人的诗作中重生。尼采以为,狄奥尼索斯世界观是通往悲剧诗人之心理学的桥梁——"对于生命的首肯即使在其最陌生和严酷的问题中存在;生命意志在其最高级类型的牺牲中为自己的不可枯竭而欣喜万分。"③ 在《悲剧诞生于音乐精神》第9节中,尼采重塑了索福克勒斯笔下不幸的俄狄浦斯,将其看作悲剧神话中的悲剧英雄④,其悲剧的诗歌辩证法中包含了无比强烈的、统摄全剧的、真正的希腊式乐天。"沉思的悲剧诗人想要告诉我们,这个高贵的人没有罪,一切法则、一切自然秩序,甚至整个道德世界都有可能因为他的行动而遭到毁灭,但是通过他的行动又形成一个更高、更神秘的影响范围,它在分崩离析的旧世界的废墟上建立起一个新世界。"⑤ 在其诗歌辩证法中,索福克勒斯作为诗人不仅编织了引人入胜的案情,而且作为宗教思想家其笔下因智慧而受苦的俄狄浦斯更是被尼采视为最后的哲人⑥。这位智慧的哲人因命定的犯错而受苦,最终得其善终。而俄狄浦斯之死的欢乐则暗示了"俄狄浦斯早期的一切生活将他被动地带到今日的苦难里,然而完全被动的行为却使他获得超越其生命的最高主动性"⑦。这种超越生命的最高主动性意指,在弑父、娶母、解开斯芬克斯之谜的三重命定事件中,俄狄浦斯对抗自然,击败自然,并逼迫自然交出其奥秘。俄狄浦斯作为哲人,命中注定要破坏人世礼法以发现自然奥秘,尼采因之欢乐欣喜,也因此把索福克勒斯看成宗教思想家,而这位宗教思想家的最终目的是探秘自然,而非设定礼法。尼采想必故意隐去俄狄浦斯对忒修斯的政治教诲以及俄狄浦斯之死的神学意味,而有意将其看成赫拉克利特或狄奥尼索斯哲学——"对消逝和毁灭的肯定,一种狄奥尼索斯哲学中决定性的东西,对对立和战争的肯定,生成,甚至于对'存在'(Sein)概念的

---

① 尼采:《悲剧诞生于音乐精神》(第10节),凌曦译,未刊稿。
② 《狄奥尼索斯世界观》是《悲剧诞生于音乐精神》的准备性文本,见尼采:《尼采全集(第一卷)》,杨恒达等译,北京:中国人民大学出版社,2013,页399—417。
③ 尼采:《偶像的黄昏》,卫茂平译,上海:华东师范大学出版社,2007,页189—190。
④ 凌曦:《早期尼采与古典学》,广州:中山大学出版社,2012,页167—183。
⑤ 尼采:《悲剧诞生于音乐精神》(第9节),凌曦译,未刊稿。
⑥ 尼采、君特·沃尔法特编:《尼采遗稿选》,虞龙发译,上海:上海译文出版社,2005,页3。另参尼采:《哲学与真理:尼采1872—1876年笔记选》,田立年译,上海:上海社会科学院出版社,1993,页50。
⑦ 尼采:《悲剧诞生于音乐精神》(第9节),凌曦译,未刊稿。

彻底拒绝。"① 如果说悲剧诗人有关于"存在"的问题，那应该是关于何谓神的问题。这个问题本身蕴含着人世的永恒秩序——也就是礼法——而非自然奥秘的问题②。诗人通过制作故事，对灵魂进行考古，追寻其发端，从而塑造诸神，为其命名，并教给世人。

施特劳斯在给好友克莱因的私信中写道："希腊政治哲学的历史始终使我极度兴奋。"他继而分享其阅读发现："苏格拉底并非'伦理学家'，他只是用关于世人的交谈取代（希罗多德的）故事和（希罗多德和修昔底德的）纪事。可以从色诺芬的《回忆苏格拉底》揭示出这一点。我感到好奇，在这个据传与希罗多德交谊甚笃的索福克勒斯背后，究竟隐藏着什么——恐怕同样是哲学，而不是城邦和祖先。"③ 由此可见，和尼采一样，施特劳斯也把索福克勒斯看成哲人。但他将索福克勒斯与苏格拉底而非赫拉克利特并举，两类哲人的差别可能是关注世人及其生活秩序还是因厌世而退隐。赫拉克利特耽于自然的形而上沉思，当邦民请求他为他们制定法律时，他轻蔑地加以拒绝④。西塞罗《图斯库路姆论辩集》说："从古代哲学一直到苏格拉底——他曾在阿那克萨戈拉的学生阿尔刻拉欧斯门下为徒——得到论述的都是各种数字和运动，并且所有主题都产生于此或复归于此，星辰的大小、间距和轨道也由他们勤勉地研究，一切属天之事亦然。然而，是苏格拉底第一个把哲学从天上唤下，并将其安置于城邦之中，甚至把它导向家舍，又迫使它追问生活、各种习俗以及诸多善和恶的事情。"⑤ 苏格拉底式哲学首先从神圣或自然事物那里转向，并返回到它由此出发的人世事物，迫使它追问种种习俗，各种礼法，以知晓如何过上正确或幸福的生活。苏格拉底重新启航，与诗人索福克勒斯的做法一致，他逃入人世间的种种说法或言辞，在其中探究存在的东西的真实（《斐多》99e）。

索福克勒斯式哲学讲述世人纷繁复杂的性情与言辞之间不可避免的冲突，

---

① 尼采：《瞧，这个人：人如何成其所是》，孙周兴译，北京：商务印书馆，2016，页79。
② "哲人的职责是根据'自然'来调教'习俗'，使之符合永恒的自然秩序。"参见刘小枫：《海德格尔与中国：与韩潮的〈海德格尔与伦理学问题〉一同思考》，上海：华东师范大学出版社，2017，页219；施特劳斯：《尼采如何克服历史主义：尼采〈扎拉图斯特拉如是说〉讲疏》，维克利整理，马勇译，上海：华东师范大学出版社，2019，页31—52。
③ 施特劳斯：《回归古典政治哲学》，迈尔夫妇编，朱雁冰、何鸿藻译，北京：华夏出版社，2017，页283。
④ 第欧根尼·拉尔修：《名哲言行录》，徐开来、溥林译，桂林：广西师范大学出版社，2010，页433—434。
⑤ 西塞罗：《图斯库路姆论辩集》，顾枝鹰译，未刊稿。

进而探究城邦生活如何解决并渡过其危机，以及政治人的生活如何可能幸福。《俄狄浦斯王》剧终前，针对了不起的俄狄浦斯王从好运中跌落，歌队惯常地来了段伊索寓言式教导：

> 因此，当我们等着瞧那最末的日子的时候，不要说一个凡人是幸福的，在他还没有跨过生命的界限，还没有得到痛苦的解脱之前。①

在退场戏中，尽管俄狄浦斯业已悔过，歌队所做的最后总结却仍然是俄狄浦斯看似幸福实则不幸。这与此前俄狄浦斯身世真相大白时歌队所唱的第四合唱歌一致：

> 凡人的子孙啊，我把你们的生命当作一场空！谁的幸福不是表面现象，一会儿就消失？不幸的俄狄浦斯，你的命运，你的命运警告我不要说凡人是幸福的。②

作为哲人的索福克勒斯怀抱与苏格拉底同样的性情德性，他们同样深切关怀人世及其永恒秩序。在《俄狄浦斯王》中，他意欲发现人世幸福的可能，而终究没有可能。在《俄狄浦斯在科罗诺斯》中，他展露其最终志趣——清白无辜的俄狄浦斯成为新神——复仇神，借此为城邦奠基。索福克勒斯作诗的行为即是立法行动。俄狄浦斯之死作为其至高意图之所在。《俄狄浦斯在科罗诺斯》中歌队在第三合唱歌里慨叹人生多舛，充满恶与不幸，因此认为不出生最好，出生了须尽快早夭。既然不出生是不可能的，那么就仿照早夭之意，把死亡看成最高的题旨。紧接着第三合唱歌，歌队在第四合唱歌中祈求并赞颂冥神哈得斯让俄狄浦斯不再经受痛苦且有正义之神的扶助。俄狄浦斯之死乃是其幸福颂歌。

这让我们想到苏格拉底在《斐多》（《斐多》收在《柏拉图四书》里，即四书之一）中的临终绝唱：大地之歌。与索福克勒斯相仿，苏格拉底"作乐和演奏

---

① 索福克勒斯：《俄狄浦斯王》，罗念生译，页387。
② 索福克勒斯：《俄狄浦斯王》，罗念生译，页378。

乐"——他把热爱智慧看作最高的乐术①，制作了自己灵魂经历的故事②。苏格拉底说："我们的灵魂就在哈得斯。"哈得斯被苏格拉底看成一个地方而非神。对于正确地把握热爱智慧的人来说，他们所践行的不过就是去死和在死。与俄狄浦斯的悔过和自我辩护（也就是他的恍悟与净化）相类似，苏格拉底认为，热爱智慧者通过洁净自身抵达哈得斯这美好的居所。那么，热爱智慧者如何洁净自身呢？回答是，灵魂必须摆脱身体，必须用灵魂本身去观看事情本身。当人生终了，灵魂自体自根，热爱智慧者便得到自己所热望的明智之思，确认自己是热爱智慧的爱欲者。"这种男人会热切追求涉及学习的快乐，用灵魂自身的装饰而非用不相干的装饰来安顿灵魂，亦即用节制、正义、勇敢、自由和真实来安顿灵魂——就这样等待去往冥府的旅程：一旦自己的命份召唤就启程"③。

我们看到，苏格拉底的灵魂净化基于其天生的爱欲乃是这其中的根本线索。而我们知道，悲剧不像喜剧或柏拉图对话，悲剧常常贬斥爱欲。《安提戈涅》中儿子海蒙因意图搭救自己的未婚妻安提戈涅而与父亲克瑞翁爆发剧烈冲突，父子决裂。这时歌队唱起奇异的第三合唱歌：爱欲让诸神与世人皆疯狂，把正直之人引入歧途，挑起亲属间的争吵，最严重的是爱欲压到了伟大的神律——歌队看到了爱欲对神圣礼法的致命威胁。与之相反，苏格拉底在《斐德若》中为爱欲的疯癫辩护，这是一种由爱若斯引起的对习传礼法的彻底更新。热爱智慧者因爱欲美好之物而成为真正的爱欲者，这类人洁净自己，圆成了圆通的圆满。苏格拉底式爱欲指向美德的锻炼与修成。"如果我又说，每天谈论德性，谈论别的你们听我说的事——听我自己和别的人的省察，听我说，一种未经省察的生活是不值得过的生活——这对人而言恰恰是最大的好，你们就更不可能被我说服了"④。这就是苏格拉底为自己申辩的生活。他也劝人先关心自己而不是"自己的"，让自己尽可能变得最好和智慧；不要关心"城邦的"，而要关心城邦自身。同俄狄浦斯相似，苏格拉底在《斐多》《苏格拉底的申辩》中都是在为自己的生活方式辩护，一个为政治生活，一个为哲学生活。可是对俄狄浦斯来讲政治生活充满了灾祸

---

① 尼采《悲剧诞生于音乐精神》中除了"审美的苏格拉底"，另有一个"制作音乐的苏格拉底"（第14、15节）。参见凌曦：《早期尼采与古典学》，页184—203、219—226。
② 刘小枫：《巫阳招魂——亚里士多德〈诗术〉绎读》，页257—262。
③ 柏拉图：《柏拉图四书》，刘小枫编/译，页544—545。
④ 柏拉图：《苏格拉底的申辩》，吴飞译，北京：华夏出版社，2007，页130—131。

与不幸,不值得过;对苏格拉底来讲政治生活过于严肃,无法看清人世生活的游戏特征(柏拉图《法义》804a—c,参《会饮》223c—d)。

所以,柏拉图笔下立法者与悲剧诗人索福克勒斯竞赛,其内容就是训练缪斯、阿波罗与狄奥尼索斯三类歌队,创制歌曲,制作礼法,制作诸神与生活方式(也就是政制)。柏拉图笔下的哲人—立法者对悲剧诗人说:

> 最优秀的人噢,我们应该说,我们自己也是诗人,我们已尽全力制作了最美而又最好的悲剧;无论如何,我们整个政制的构建,都是在模仿最美而又最好的生活方式,至少我们认为,这种生活方式确实是最真的悲剧。现在你们是诗人,而我们也是相同事物的诗人;在最美的戏剧方面,我们是你们技艺上的对手和表演的对手,只有真正的法律能自然地让这种戏剧完美——正如我们所期望的。①

这位立法者作为诗人全力制作可能最美且最好的悲剧,实际上就是说模仿最美且最好的生活方式以构建政制②——立法者对悲剧诗人的意图心知肚明③。悲剧诗人讲述悲剧主人公不幸的命运,反讽地指出属人的幸福生活应该是什么。所不同的是,悲剧诗人只看到人世生活的阴面,柏拉图笔下的立法者则一以贯之地专注于其阳面——苏格拉底的生活,苏格拉底的politeia(政制),热爱智慧者的生活,单纯地为了爱欲一心一意用热爱智慧的言辞打造生活(《斐德若》257b)。

结　语

如此看来,索福克勒斯与苏格拉底两类哲人关于神学与道德问题的冲突其关键在于思考人世可能有的最好生活是什么,而无关乎形而上学的争论。

从《俄狄浦斯王》中的政治人俄狄浦斯查究政治危机的源头,到《安提戈涅》中的政治人—立法者克瑞翁最终恍悟什么样的人是好王,再到《俄狄浦斯在科罗

---

① 柏拉图:《柏拉图〈法义〉研究、翻译和笺注(第二卷)》,林志猛译,上海:华东师范大学出版社,2019,页155—156。
② 刘小枫:《巫阳招魂:亚里士多德〈诗术〉绎读》,页330—336。
③ 伯纳德特:《发现存在者:柏拉图〈法义〉》,叶然译,上海:华东师范大学出版社,2018,页322—324。

诺斯》中的哲人—立法者俄狄浦斯教育政治人忒修斯,这其中最重要的题旨都是诸神以及政治人、立法者的品性。

  本文对索福克勒斯作品中神学与政治问题的解读主要依据剧作本身,同时借助于尼采《善恶的彼岸》(第三章)和《敌基督者》,以及柏拉图《理想国》(第二至七卷)和《法义》(第十卷)中关于宗教的灵魂类型学。其中最主要的线索是把诗人视为立法者,即政治—宗教生活的创建者,诗人反思和改良城邦的生活方式、伦理秩序和政治制度。再者,不同类型的人对应于不同的宗教品级,悲剧主要呈现的是关于城邦政治生活中政治人的宗教问题,即政治人的教育与德性问题,是谓宗教品级的中间一维;诗人本人则可能在更高一维,是谓宗教思想家或哲人①。

---

① 《中庸》:"子曰:舜其大知也与!舜好问而好察迩言。隐恶而扬善。执其两端,用其中于民。其斯以为舜乎!"朱熹:《四书章句集注》,北京:中华书局,2012,页20。

柏拉图《米诺斯》

一、引　　题*

（一）题　　解

1. 正题：米诺斯，并非苏格拉底的对话者，而是对话中被提及的人物，是克里特的古代立法者，并且是雅典的敌人。看来，对话的主题似乎是苏格拉底与其同伴谈论米诺斯——这位古代立法者。

第一副题：论法，即谈论法是什么。从对话脉络看，对话首先谈论法是什么，最后才谈论米诺斯。倘若去掉对话中关于米诺斯的一部分，关于法是什么的谈论是否完整？如果不是，那么谈论法是什么似乎必得谈论立法者是谁，如此才完整？

对话的大半篇幅用于谈论法是什么，为什么却以米诺斯命题，是否谈论法是什么必得上升至对立法者的认识？对话中米诺斯的法被认为是最好的法，如此，谈论法是什么是否必得探问最好的法是什么吗？再者，立法者与最好的法如何关联？

2.《米诺斯》这个题名类似于悲剧的题名，以异邦的古代君王为题（犹如索福克勒斯的《俄狄浦斯王》）谈论法的问题，其中似乎包含政治、立法与悲剧的关系。《米诺斯》看起来就像个悲剧作品。对话中苏格拉底反对雅典悲剧诗人对米诺斯形象的塑造。古希腊悲剧的基本主题之一是发现人的过错。而苏格拉底似乎发现了悲剧诗人的过错，即悲剧诗人对立法者的理解有问题。

再者，对话中苏格拉底关于法的定义即法是存在的发现。谁是存在的发现

---

* 本稿柏拉图《米诺斯》的译文以 Ioannes Burnet 编校本为底本，*Platonis Opera*, tomvs V, Oxonii e Typographeo Clarendoniano, 1907；参考 Thomas L. Pangle 译注本，收于 Thomas L. Pangle. *The Roots of Political Philosophy: Ten Forgotten Socratic Dialogues*, Ithaca: Cornell University Press, 1987；以及林志猛译疏本，《米诺斯》，北京：华夏出版社，2010；解读得益于施特劳斯《论米诺斯》，收于林志猛译疏本，页 100—114。

者呢,立法者吗？其中是苏格拉底抑或是悲剧诗人谁更正确地理解立法者米诺斯呢？进而,这也有可能隐含这样的问题：存在指的就是立法者的灵魂。因而,法是什么这一问题可能等同于立法者是谁。

最后,在《理想国》中谈论最好的政制时,苏格拉底主要批评荷马；在《米诺斯》和《礼法》中谈论最好的法时,则主要批评悲剧诗人,其中有何异同？

(二) 人　　物

1. 同伴是谁？无名无姓,也不清楚其与苏格拉底的具体关系——当然不等于没关系(参柏拉图《希普帕库斯》)；进而,是否无从认识这位同伴？

如此,柏拉图为什么要设计这样一个人物呢？

从对话的表面看,一问一答,苏格拉底大多时候是问者,同伴是答者。问者似乎总处于开放且不确定的状态,令人难以把握、认识。并且,问者 ὁ ἐρωτῶν 看起来就像是有情人、充满爱欲者(《礼法》837c4—5,《克拉提洛斯》398c7—d8)；而答者 ὁ ἀποκρινόμενος,来自动词 ἀποκρίνω,意为区分、选择、判断。同伴的回答即是认识自己,展现相对封闭且确定的自己,一个人的 eidos[外观,类别,观念]；同时苏格拉底发现、认识了他的 eidos(参柏拉图《阿尔喀比亚德前篇》112d10—113b11、130d8—e9、103a1—4 和 131c5—e5)。如此,柏拉图对话本身就如苏格拉底关于法的定义——法是存在的发现,柏拉图对话发现存在——人即灵魂(柏拉图《阿尔喀比亚德前篇》130c1—3、133c1—2)。同伴无名无姓,正像人的灵魂看不见、难以认识,苏格拉底通过对话发现他。如此,对话就如同是法。

2. 柏拉图对话的特性存在于对话者之间。不理解其人物、人物关系就无从正确理解对话本身。所以,必得小心留意对话的每个细节,留意对话的戏剧特性(人物的冲突、和解),因为透过戏剧可以发现人的存在。柏拉图对话本质上是模仿。难题是柏拉图似乎模仿言辞而非行动,模仿人的思考进程。人的思想难以发现,甚至不可见,言辞把思想变成可见的行动。这个时候,言辞、思想、行动似乎是一体的。我们得去发现同伴与苏格拉底冲突的每个瞬间、每个细节,即看似偶然发生的一切。戏剧在时间中呈现思想,并使得思想看起来完整、有序,即在戏剧中有逻辑和论证存在,使得一切看起来是必然的。

再者，柏拉图大多数对话的主角是苏格拉底，但每个对话不同，既因为苏格拉底，也因为其对话者。苏格拉底是"一"，被分解变成"多"，但是整体观之还是"一"，那么苏格拉底到底是谁？对话者与苏格拉底的关系既构成每个对话不同的主题、特性，同时也展示对话者本身的特质。可以猜测的是对话者既参与构成苏格拉底的"多"——多个苏格拉底，也构成苏格拉底的"一"。苏格拉底与对话者的关系既具有政治性质的，即人世由各种高高低低、各种不同的人组成；也具有哲学性质的，柏拉图由此理解完整的人世万物。

理解柏拉图对话的政治特性和哲学特性，都基于理解苏格拉底与对话者。难题在于虽然我们似乎知道历史中的那个苏格拉底，但是对话中的苏格拉底远远难以理解；再进一层，对话中我们似乎看不见苏格拉底，因为大多时候我们看不到他的变化，看到的是对话者的变化；苏格拉底似乎不变，而对话者变化，透过对话者的变化看到苏格拉底难以察觉的不变，一以贯之，神无方易无体。但苏格拉底还是会变化的，他的变化也指向其不变，反之亦然。有一个苏格拉底的 eidos，有一个对话者的 eidos。两个 eidos 都有变与不变的特性。难题在于如何在变化中看见 eidos，在对话进程中，在时间中看见 eidos，反过来，以 eidos 透视时间流程，看见万事万物的自然流变。理解两者都是困难的，但不是完全无法认知的。

苏格拉底是一个 eidos，同伴是一个 eidos，米诺斯也是一个 eidos，甚至法是什么这样的问题其实指向的就是法的 eidos。为什么说法是什么的问题是人世最重要的问题，因为它可能构成人世万物的基础甚或是其本身。苏格拉底、同伴还有米诺斯的 eidos 一并形成一个"一"。这个"一"有没有可能被突破或转化吗？这个问题包含在苏格拉底与同伴，苏格拉底与米诺斯的关系中，进而包含在苏格拉底与柏拉图的关系中。

（三）情　节

这篇对话一开始苏格拉底主动提问，对话的动因似乎来自苏格拉底，但是对话论证过程的动力则似乎来自同伴，来源于同伴的误解、疑惑。那么得在其误解、疑惑中发现同伴是谁。当然，对话推进的动力更准确地说是来自苏格拉底与同伴的冲突，由他俩共同推进。

表面看来，这是个纯粹的对话，似乎没有时间、没有地点（没有空间）。不过，对话中至少我们还是知道苏格拉底与同伴都是雅典人，米诺斯是克里特的古代君王，米诺斯与宙斯有非同一般的关系；并且提及荷马、赫西俄德和阿提卡悲剧诗人，还有雅典与克里特的恩怨。如此使得这个对话内在的戏剧时间和空间展现出来。时间和空间的双重特性既说明柏拉图对话的此时此地特征，也有其永恒特征；既说明柏拉图对话的哲学特性，也包含其重要的政治特性。政治似乎被哲学消融，反之亦然。

对话中包含三条主要的情节线索：法是什么，立法者是谁，米诺斯是谁。

而论证线索则包含同伴的两次定义，法即被认为合法的以及政治意见，亦即政治神学；包含苏格拉底的定义及对其定义的三次辩护，法即存在的发现；最后包含立法者米诺斯的德性问题。

二、礼法即政治神学(313a1—314c3)

对话人:苏格拉底(简称"苏")
 　　　同伴(简称"伴")

[313a1]苏:法对我们来说[νόμος,单数,或译为what is the law among us?]是什么?

伴:你到底[ϰαί]① 问的是哪种法律[νόμων,复数]?

苏格拉底突然主动提问,似乎没有任何缘由,并且,苏格拉底没称呼同伴,也没提到同伴的名字。对话一开始就是个苏格拉底式问题,但又不完全是,为什么呢? 因为苏格拉底问的不是法是什么,而是法对于我们来说是什么,其中多了"对于我们"。苏格拉底这个关于法的问题就可能既具有哲学性质又具有非哲学性质。其中包含一个根本问题——法是含混的事物吗? 或者,法是联结哲学事物与非哲学事物的中介吗?

有人可能不注意"对于我们",翻译和解释文法就有遗漏。可以肯定的是这是个含混的地方。其含混特质可能就在于"对于我们"的用法、用意里。其中,"我们"指谁?

一来有可能指雅典人,包括苏格拉底及其同伴,那么苏格拉底就是问雅典人的法是什么,即我们这群人、这个城邦的法是什么,等于另有不同于雅典人的法(比如米诺斯、克里特),亦即不同人群、不同城邦有不同的法;

二来有可能指的是作为人的我们,即人的法;那么神有神法吗? 而动物、植

---

① 到底:ϰαί,参 *The Greek Particles*, by J. D. Denniston, second edition revised by K. J. Dover, Oxford: Oxford University Press, 1934、1950, pp.312—313.

物、矿物有自己的法吗？如果它们没有，那么关于法的问题就是属于人的事物，即法是属人的特殊事物；

三来还有可能单单指对话者苏格拉底和同伴。可以这么猜测，即苏格拉底有可能问的是从我俩的眼光看，法是什么？其中又会产生这样的问题，苏格拉底和同伴是谁，他们关于法有特别的理解吗？那么，这可能隐含的意思是关于法的理解不同人有不同的看法。如果说苏格拉底是哲人，哲人对于法的理解是否与众不同？而同伴呢，是哲人抑或常人？如果他也是哲人，苏格拉底问的可能就是个哲学问题。如果他是常人，这个问题本身可能模仿的就是两位对话者的身位特征本身。哲人和常人关于法的理解差异很大吗？他们有共同的理解吗，或其中可能有共同的部分吗？即哲人对于法的理解可能包含常人的理解，而常人对于法的理解无法包含哲人的理解。因而，哲人对于法有更高的理解。

苏格拉底是哲人似乎没有问题。如果同伴也是哲人，苏格拉底则可能直接问：法是什么？如果同伴不是哲人，"我们"可能指的就是哲人和常人，可苏格拉底有意混淆两者的差异。其含混特性恰恰就是人世中"我们"的身位的含混特性，也是法的含混特性。

再者，法本身包含划分、区分、分配的含义。如此，关于法的提问就与法本身相一致。我们很快就能发现苏格拉底与同伴的问与答包含矛盾与差异。即柏拉图对话（即问答）也模仿了苏格拉底的这个问题，通过其本身展现人的差异（主要是心智的差异），并做出区分。那么，柏拉图对话也是法吗？

同伴以问作答，因为他没有完全理解苏格拉底的问题。苏格拉底问的法是单数，同伴问的法却是复数。他一问就显示了两者的差异，即关于法的问题本身区分了"我们"，这或许就是"我们"的身位或在世特征。如此，这是否可能就是"我们"的含混所在。然则，苏格拉底问的到底是作为一的法，法即一，还是作为多的法，法即多？进而，是一种法还是许多种法？这是整个对话一直存在的问题，其实也是我们一直面对的问题，甚至是人的永恒问题。就如一个人从早到晚都有变化，生理、心理状态有变化，而从小到大他受教育的内容和程度也不断变化，他还是那个他吗①；这个人永远是这个人，他没变化吗（参柏拉图《会饮》

---

① 参《论语·为政》子曰："吾十有五而志于学，三十而立，四十而不惑，五十而知天命，六十而耳顺，七十而从心所欲，不逾矩。"

207d—208a）？

这个难题似乎就是"对于我们"说的，它甚至是我们理解万事万物的永恒难题。

同伴是否无法理解作为单数的法，即一；反之，苏格拉底是否有意遗漏作为多数的法，即多？而对"我们"的理解似乎必然包含作为一与多的法。这是本篇对话的根本困惑所在，也是其内在的情节推动力。

苏格拉底与同伴有分歧、差异。对话一开始就显示出苏格拉底与同伴的不同。这是我们理解柏拉图的起点。假设同伴与苏格拉底两人完全相同，可能就没有这个对话。柏拉图的对话总是试图展示一个心智更高的人与一个更低的人的对话，展示出人的差异，从低的看高的，从高的看低的——卑高以陈，贵贱位矣。如果没有差异，我们就无法分辨人、事、物，恰如《维摩诘经》中高人与高人的对话，我们就几乎没法理解它。而柏拉图的对话中包含着高高低低的事物，正如法本身。

再者，苏格拉底的问题本身可能就包含着一和多，即在其问题本身的含混中，特别是"对于我们"一词。"对于我们"连接着一和多，或者说"我们"就在一和多中。我们每个人包含整体和部分，我们又处于更大的整体和部分中……

因而，苏格拉底提问法对于我们来说是什么，实质上是问我们是什么，人是什么。

苏格拉底的问题包含一和多、整体和部分，即哲人总是从整体看部分，从部分看整体；同伴从整体中取出部分，只看待部分；整体对于他来说难以发现，他甚至忘记整体[1]。

这里的问题还可进一步比较《庄子·应帝王》中老聃曰："明王之治：功盖天下而似不自己，化贷万物而民弗恃。有莫举名，使物自喜，立乎不测，而游于无有者也"；或如无名人曰："汝游心于淡，合气于漠，顺物自然而无容私焉，而天下治矣。"

苏格拉底出入无疾焉。

---

[1] 参柏拉图《斐德若》249a—c；亦参赫拉克利特：对于神来说，一切都是美的、善的和相宜（正义）的；人却把这个取作不宜的，把那个取作相宜的。

苏：什么？有关于它［法］自身、关于法是什么方面法［单数］与法［单数］之分吗？想想，就我正［313a5］问你的吧。我这样问①，就像在我问"黄金是什么？"如果你照样问②，我到底说的是哪种黄金③，我认为你问得可能不对④。因为想必没有黄金与黄金之分，[313b]也没有石头与石头之别，至少关于石头之为石头，关于黄金之为黄金方面。而如此法也许也不区分于法，而全都是同一样东西。所以，它们中的每一同样的是法，不会这多几分，那少几许。这正是我要问的：[b5]法作为整全［τὸ πᾶν］是什么？因而若你有准备的，说吧。

　　苏格拉底马上也以一个简短的疑问来修正同伴的反问，或者说苏格拉底可能有意隐藏甚至取消作为多数的法，法的多样性。
　　法［单数，是"一"］无法区分，凭法自身和凭法是什么无法区分法，为什么？法自身与法是什么是不是一个问题，即法自身就是法是什么，法是什么就是法自身？
　　至少，法自身和法是什么指向了法的整体性、单一性，即法的 eidos。这是苏格拉底式哲学问题，追问一事物是什么即追问其形式、特质，指向其整体性、整全性。
　　"想想，就我正问你的吧。"苏格拉底在提醒同伴思考、探查他的问题。某种意义上，这句话指代的就是"对于我们"，苏格拉底把自己的第一句问话拆开了，使其问题得到修正并变得哲学化。同时，这句话没有消除"我们"的身位——这会多次出现人称代词"我"和"你"；但区分了"我"和"你"，在问中区分。"我"和"你"中我们的身位指向偶然，问答的偶然。法是什么与"我"和"你"的提问相关。苏格拉底与同伴的问形成关于法的问题：法是什么。法是什么即法的整全性在苏格拉底与同伴的问答中，在问答的偶然中，

---

① 我这样问：ἐρωτῶ γάρ 的 γάρ 似乎对应上头 σκόπει γάρ 的 γάρ，苏格拉底让同伴注意到自己所问的，同伴一上来就不明白苏格拉底所问的，苏格拉底问题之费解恰如其对话开始之突然。
② 如果你照样问：εἴ με ὡσαύτως ἀνήροου，因苏格拉底的提问，同伴也变成提问者。
③ 我到底说的是哪种黄金：ὁποῖον καὶ λέγω χρυσόν，同样包含小品词 καὶ，但是 ἐρωτᾷς［问］变成 λέγω［说］，且纠正为 χρυσόν，而非 τῶν χρυσῶν。
④ 我认为你问得可能不对：οἴομαί σε οὐκ ἂν ὀρθῶς ἐρέσθαι. 同伴以问作答，他的提问却遭到苏格拉底否认。参柏拉图《蒂迈欧》50a—b。

同时指向其必然性和普遍性。

为什么"法是什么"得由苏格拉底与同伴一块儿问答?"黄金是什么"则可能不需要,因为这个问题似乎无可争议,甚至一眼明了。而法是什么、法的整全性在苏格拉底与同伴的问答中,这是政治事物的特质。它永远在争论中、问答中,在人的意识中、人的灵魂的认知中,难以看清楚其整全性,似乎有一层更深的自然隐藏着。

看起来苏格拉底像是把自己第一个问题中"我们"变成在问答中的"我们(我和你,苏格拉底和同伴)"。同伴的问题想必是把"我们"看成不同时期、不同地方(或城邦)、不同人群的人们,所以有许多种法。我们得同时留意这两种看法。

设若苏格拉底问的是法的整体性、单一性,同伴的则似乎是其部分及多样性。同伴的问隐含着的区分;苏格拉底的则没有。如果说法是区分,那么苏格拉底的问像是区分本身。苏格拉底问的是法的 the eidetic(特征、本性),而同伴以为问的是法的 the genetic(种类、类别)。当然,两人不同的提问本身即是区分;反之,法的根本含义是否就是人的不同的问?再者,the eidetic 如何与 the genetic 关联,想必也是这个对话重要的难题。

接着,苏格拉底以类比的方式来阐明自己的第一个问题,注意其实也是修正他自己的问题:法是什么样的整全;法的整全是什么;甚至,整全是法吗?

苏格拉底问黄金是什么,注意:

一是,他没说黄金"对于我们"来说是什么,似乎我们不去认识、辨别它,它仍然是黄金。很明显苏格拉底忽略黄金的价值,黄金价值恰恰就是"对于我们"来说的。

二是,然后他再降到石头,因为石头似乎没有价值可言;他没提"石头是什么",是不是石头是什么比黄金是什么更没有疑问,而法是什么比黄金是什么有更大的疑问,就疑问程度而言,有这样的递进顺序:石头、黄金、法。

三是,还有一个问题是黄金和石头的关系,黄金是不是来源于石头,即黄金是不是石头的部分,这个部分又自成整体,苏格拉底也忽略了这一点。

接着,他又以黄金、石头和法做类比。苏格拉底这个时候修正说,法是无法区分的整全,正如黄金、石头你再怎么切割它都是整全,每一部分都是整全,正如水、空气；还有的事物，每部分都不是整全，比如人体①。

这里的难题是看出法与黄金、石头的共同性，从明显的差异中看出共同性。差异似乎是明显的，共同的却是隐藏着的，辨别它是件难事，所以成为问题。

如果说苏格拉底问的法是属人的事物，那么属人的事物与矿物有其共同性，那是什么？且两者都有其自身的完整性（整全），万事万物都指向整全。

总之，苏格拉底解释了自己的问题，使之简化并且明确化。当然他也提升了问题的品质，引导同伴站得高，看得远，也有可能转化同伴。但这种努力未必能实现，我们得留心观察。

> 伴：法怎会是别的什么吗，苏格拉底噢②，除了那些被视为合法的东西③外？
>
> 苏：那么，依你看，言[λόγος]就是被言说出来的东西，看[ὄψις]就是被看到的东西，听[ἀκοή]就是被听到的东西吗？或者，言是一回事，[313c]被言说出来的东西是另一回事；看是一回事，被看到的东西是另一回事；听是一回事，被听到的东西是另一回事；而法是一回事，被视为合法的东西又是另一回事？这样吗，或怎么样，依你看？
>
> 伴：眼下我看来，似乎不同。
>
> [c5]苏：那么，法就不是被视为合法的东西喽。
>
> 伴：不是，依我看④。

---

① 参《旧约·创世记》（1：27），人与上帝：神就照着自己的形像造人、乃是照着他的形像造男造女。
② 苏格拉底噢：同伴第一次直呼苏格拉底的名字，而苏格拉底从来没有提到其名字，为什么？他应该不会不知道同伴的名字。他为什么隐匿同伴的名字？无名同伴可能暗示不特指某个人，而指向这位匿名同伴所代表的多数人，即可能指法的普遍性，也可能指法的多样性，即其习俗特性。名字显然是习俗事物。
③ 那些被视为合法的东西：τὰ νομιζόμενα，被动含义，受古老的法律和习俗的制约；与νόμος（法）词根相同。
④ 依我看：这个说法同伴第二次提到。同伴经常提到"依我看""我看来"和"我认为"，注意其与苏格拉底的说法的对比。我们比较少看到苏格拉底发表个人意见，他大多时候提问题。我们似乎听不到苏格拉底表达个人意见。为什么？这至少表明苏格拉底是个提问者、探索者，我们能体会到苏格拉底心灵的开放；却几乎看不到苏格拉底属于此世的身体。他流变不已，神无方易无体。可以说同伴和苏格拉底是柏拉图的一体两面、两面一体、一而二、二而一，也代表人的心灵的封闭和开放（德—道）。这是柏拉图理解人、政治和自然的基本线索——据西塞罗说，苏格拉底第一个把哲学从天上叫下地上来。

同伴的第一个定义——在苏格拉底修正阐明之后提出，有点同语反复的意味。他先排除其他的可能性。同伴用的是祈愿语气，看来有点自信满满。法是被（我们）认为、当作、信奉为合法的东西，其中包含习俗之义，而其祈愿语气则暗含意愿、确信的意味。这个主词是分词用做名词，包含动作或行为的含义，而这个动作或行为指人们共同的看法、认信和信奉。我们的问题是，如果法就是习俗，就是共同信奉，习俗构成法的整全性吗？这种法是多还是一呢？这是他对苏格拉底第一次提问的疑问，也是其回答。同伴很重视法与习俗的关联，下文他还要提到献祭和埋葬，提到雅典人对米诺斯的一般看法。大体来看，同伴是个生活在习俗观念中且受习俗观念影响甚深的人，是个保守习俗的人，他接受习传、民众的看法。这是苏格拉底的大多数对话者所秉有的观念，亦如《理想国》中克法洛斯、玻勒马霍斯、忒拉叙拉马霍斯、格劳孔、阿得曼托斯的正义观念，再如《礼法》中两位老年对话者的德性和礼法观念。我们常人亦如此这般。

虽然苏格拉底阐明且修正了自己的问题，但得注意的是同伴似乎没有理会苏格拉底关于法之整全的问题。当然，他也可能把习俗、习传的看法看成类似于整全的东西。他的这个定义中包含人们的看法，即把被人们视为合法的看成法本身，法是人们的灵魂行为的结果，它不是劳作、制作的结果，也不是简单的信奉，而是所思所想的结果，法类似于技艺制品。我们不清楚他是否认为这个关于法的定义包含其整全性；不过，从其排除其他可能性的自信中，似乎包含这样的意味。如果法是习传看法，那么习传看法是否完整呢？习传看法的顶峰是诸神，那么诸神是否是整全呢？这是重要的问题，一直延伸的对话后半部的宙斯与米诺斯的关系，延伸到《礼法》和《厄庇诺米斯》。这还可参考柏拉图《会饮》中阿里斯托芬关于人的神话和爱若斯的诞生，甚至柏拉图的所有作品。

苏格拉底依旧采用类比的方式，前一次阐明自己的问题，这一次则质疑同伴的定义。不过，他不再采用黄金、石头做类比，而跟着同伴对法的定义随即做类比。这是苏格拉底辩证法的特征，即从对话者那儿找到共同的东西——对话者心灵的某种自觉。同伴的第一个定义虽然随即被苏格拉底质疑，他自己也接受质疑。但是其中仍然有东西被保存下来：法与人的灵魂行为相关，这一点至关重要，且让我们想起"法对于我们来说是什么"中的"我们"。所以，同伴和苏格拉底一开始就有共同线索。"我们"想必指人，与同伴的定义相关，因为人才有习俗观念，才有关于法的看法。同伴的这次定义暗含了古典思想对人的基本理解：人是思考、言辞、理性的动物，即logos。苏格拉底暗中认同了这个看法，并保留到最后。

可以这么来理一条线索，苏格拉底阐明、修正自己的提问，指向法的整全；同伴的定义中则包含法与人的灵魂行为相关的思想，即能说话和思考且理性的人才能理解法的整全性质。这条线索是暗含着的。

苏格拉底对法的理解从与自然物（准确地说矿物）的类比——意指其整全性质，转向与言辞、视觉、听觉相类比——意指其与人的灵魂行为相关。

难题是，如果法与人们的灵魂行为相关，那么如何理解法与自然物类似的整全性质？

其间的过渡就是苏格拉底提到的言或言辞（logos）与被言说来的东西，同伴的第一次定义：法是被认为合法的东西，就包含了logos的含义。这是柏拉图对话中巧妙的联结。随后，苏格拉底再次做类比的时候不再提到logos。

同伴对法的第一次定义跟习俗有关，其本身也是一个习俗看法，即常人对法的看法。苏格拉底对同伴的第一次定义质疑，采用了类比方式，也采用分解、解析的方式。同伴的定义是个修辞性提问，被苏格拉底解析开来：灵魂行为和灵魂行为的结果。同伴混同这两样东西，苏格拉底分解开来，这是苏格拉底式辩证法。理解自然物似乎采用类比方式就可以了，理解人的灵魂行为及其结果必得采用辩证法，为什么？不管怎么样，这至少暗示了自然物与属人事物的差异。

苏格拉底用作类比的是：言和被言人说出来的东西，看和被看到的东西，听和被听到的东西，即灵魂的行为和灵魂行为的结果。苏格拉底从同伴的定义分解出这两样东西，进而问这是两样东西还是一样东西。我们可以猜想，这个时候同伴可能获得心灵的某种自觉，这来源于苏格拉底的区分，即来源于其辩证法。他本来的定义他自己虽然确信，但对于苏格拉底来说是含混的。苏格拉底并没有给出答案，他也把自己的区分当成问题，让同伴自己意识到这种区分，进而在区分中获得心灵的自觉。

所以，区分是心灵自觉的开始（参《创世记》第一章上帝创造万物和人，"各从其类"，《易经·系辞上》"方以类聚，物以群分"），也属人政治生活的开端。当然,区分、划分也是法的原义、发端①。这是不是意味着人类政治生活的开始就是法的开始,反之亦然吗? 如此,心灵自觉、政治生活与法三者实则一也。

理解灵魂行为还是理解灵魂行为的结果,据说这是古典思想与现代思想的重大区别,而对人的理解的现代思想来自霍布斯的《利维坦》。"人所特有的不是'目的论'思考而是'因果关系'思考。霍布斯把人是理性动物的传统定义转变为人是探究结果的动物,也就是有能力掌握科学即'结果的知识'的动物。"②

当然,人的灵魂行为和灵魂行为的结果是相关联的。而苏格拉底为什么要区分它们呢?

在言、看、听与法的类比关系中,其共同点都是人的灵魂行为,但是言、看、听看起来比法更直接地与灵魂相关。然而,法本身又与言、看、听这些灵魂行为密切相关(参作为律法书的"摩西五经")。

因为苏格拉底的质疑同伴否定了自己的第一个定义。其自我否定也表明心灵的某种自觉。

苏格拉底提出区分并否定同伴的第一次定义。但是,其中的思考线索仍然保留并进一步延展。

> 苏:法到底该是什么呢? 我们这样来思考它吧[ἐπισκεψώμεϑ',察看,观察,注视;考虑,思考]。如果有人问我们刚刚被谈及的[τὰ νυνδὴ λεγόμενα],"既然你们称凭借看[314a]那些被看到的被看到,凭借看是什么被看到呢?"我们可以回答他,凭借[它是]这样一种感知[αἰσϑήσει],即借由眼睛显现[δηλούσῃ,动词]各种事儿[τὰ πράγματα]。而如果他接着问我们,"什么啊? 既然凭借听那些被听到的被听到,凭借听是什么[被听到]?"我们可以回答他[a5],凭借[它是]这样一种感知,即借由耳朵为我们[ἡμῖν,多了"我们"]显现[δηλούσῃ,动词]各种声音。同样地,而如果他想问[祈

---

① 参《庄子·齐物论》:古之人,其知有所至矣。恶乎至? 有以为未始有物者,至矣,尽矣,不可以加矣! 其次以为有物矣,而未始有封也。其次以为有封焉,而未始有是非也。是非之彰也,道之所以亏也。道之所以亏,爱之所以成。果且有成与亏乎哉? 果且无成与亏乎哉? 另参《庄子·庚桑楚》:道通其分也,其成也毁也。所恶乎分者,其分也以备。所以恶乎备者,其有以备。
② 施特劳斯:《论霍布斯政治哲学的基础》,《什么是政治哲学》,李世祥等译,北京:华夏出版社,2011,页168注1。

愿语气]我们，"既然凭借法那些被认为合法的被认为合法，凭借法是什么被认为合法？[314b]凭借[法是]某种感知或显现[δηλώσει，名词]呢，就如凭借显现知识[ἐπιστήμη]那些被学会的被学会？抑或者凭借[法是]某种发现，正如那些被发现的被发现——例如凭借医术各种健康和疾病[被发现]，凭借占卜术[μαντικῇ]——恰如占卜者们（如犹太、伊斯兰先知）所说——诸神想什么[διανοοῦνται][被发现]？[b5]因为对我们而言技艺[τέχνη]兴许是对诸多事儿[τῶν πραγμάτων]的发现，是吗？"

伴：确实如此。

苏格拉底对同伴第三次提问，用的同样是祈愿语气，这个问句的句型和语气几乎是重复刚刚同伴的修辞性提问，可能是为了彻底打消同伴盲目的自信；但也可能是为了强调以使同伴更好地参与问答。

之前，苏格拉底让同伴想想自己的问题，质疑了其第一次的定义后，苏格拉底让同伴和自己一起想想。这可能是为了不让同伴灰心，也可能意指法是什么得由共同思考而得。苏格拉底假设有人在提问他俩，苏格拉底不再直接面对同伴，插入了某个人，使得苏格拉底和同伴一起受到质疑。苏格拉底插入一个假设的提问者，似乎意欲联结 λόγος[言]和 τὰ λεγόμενα[被言说出来的]，ὄψις[看]和 τὰ ὁρώμενα[被看到的]，ἀκοή[听]和 τὰ ἀκουόμενα[被听到的]，因为此前同伴刚刚否定其中的联系。如果说 νόμος[法]是整全的含义，而 τὰ νομιζόμενα[被视为合法的]包含习俗的含义，那么这里处理的可能就是 νόμος 的整全与习俗二重含义的关联。

但需注意的是，这是典型的苏格拉底的问答方式。实际上，苏格拉底隐藏了自己，他不直接伤害同伴的自尊。苏格拉底自己是在显隐之间——或出或处或默或语，显的是与同伴一起，隐的是质疑同伴。显的是为了共同的政治生活，隐的是为了苏格拉底的个体生活（哲学生活）。这样两者避免了冲突，一起思考，一起前进。可是，同伴并非真正的思考者，因为他并不主动提问。苏格拉底有意使得他像是思考者，但这同时也降低了苏格拉底自己的身位。进而，苏格拉底的显隐自然而然，这时候他的身位类似于辩证法本身，此即苏格拉底的生存辩证法：上上下下，移步换景，身退身存皆如此。

苏格拉底把看和听说成是某种感知，这两种感知分别通过眼睛和耳朵显现事情与声音。之前作为类比首要对象的"言"没了,看来言(logos)是理性和思考,不是某种感知。眼睛、耳朵作为自然存在物显现看和听作为感知看到和听到的东西。难道言作为理性和思考不是借由舌头、嘴巴显现出了什么的吗?不管怎么样,苏格拉底没再提到logos,说明其相对于看和听的特殊性。看和听是动物都禀有的,言却是人所禀有的。那么,法是近似于看和听还是更接近言呢?苏格拉底没提及(参《理想国》352e—353e,眼睛、耳朵和灵魂的德性)。

看和听借由自然存在物眼睛和耳朵显现各种东西。法借由什么[τίνι ὄντι]?也是自然物吗?从句式对称看,眼睛、耳朵作为自然存在物,当苏格拉底提及法的问题时,对称地变成了什么呢?苏格拉底没提及。而法凭借感知或显现抑或发现认为被视为合法的东西合法呢?这也成了疑问。

否定了同伴的第一次定义后,苏格拉底并没有抛弃他俩问答中所包含的线索——人的灵魂行为及其结果,即看和听(感知)及其结果——各种事儿和声音,反而,接着往前推进。而法是某种感知或显现?苏格拉底提到看和听时,感知包含显现的语义,而他提及法时,感知与显现却是并列的。甚而,法还可能是发现。其三者都用不定代词修饰。如此,法相较于看和听远为复杂得多。

后面,苏格拉底似乎抛弃了法是一种感知或显现,而指向法是某种发现,这又为什么?法也是某种技艺吗,凭借法是某种发现人们认为被视为合法的东西合法吗?医术发现健康和疾病,占卜术发现诸神在想什么,而法发现什么呢?再者,倘若法是一门技艺,掌握这门技艺的是谁,也像医术、占卜术属于一类特殊的人,是立法者吗?进而,医术、占卜术、法又有什么差别?看、听这两种感知是人所共有的,而掌握医术的人是不是比掌握占卜术的多,占卜者是不是比立法者多?

如此,其中似乎隐含着上升的线索,从特定的感知、身体到诸神,最后上升至法,法比诸神还高吗?

苏格拉底为什么用医术、占卜术与法做类比呢?医术指向身体,占卜术指向灵魂,法指向什么,可能既是身体也是灵魂吗?

看借由眼睛显现被看到的各种事情,技艺则兴许是对各种事情的发现。看和技艺的行为对象似乎一致,都指向人的行动(参亚里士多德《诗术》1449b—1450a,关于悲剧的定义)。立法者的技艺可能也指向人的行动,即"对于我们"

而言,即指向政治事物。

这里,苏格拉底提及占卜者通过占卜术发现诸神想什么,为后面米诺斯与宙斯的出现埋下伏笔。占卜术、占卜者没有再出现,而医术和医生有再出现,为什么？难道立法者与占卜者更接近,甚至取代了占卜者——现代社会的立法者和奠基者如马基雅维利、霍布斯、斯宾诺莎、卢梭和尼采都力图建设新宗教,而其中现代社会科学尤其是包含自然科学意味的显学——心理学都具有宗教意味。

同伴则完全肯定技艺对于"我们而言"是对各种事情的发现。他也肯定法是一门技艺吗？

苏:因而,这当中的哪一个,我们尤其会认为① 是法[单数]？

[314b10]伴:这些信条[δόγματα,信念、信条、判决、法令;复数]和投票通过的议案[ψηφίσματα,法庭上石子投票判决;复数],至少依我看[第三次];因而有人能称[φαίη,祈愿语气]法是别的什么吗？[314c]正如很可能——你所问的——[是]这一整体,法[单数],[是]城邦[πόλεως]的信条[单数]。

苏:意见,看来,你宣称法是政治[πολιτικὴν][意见,δόξαν]。

伴:我这样[宣称]。

苏格拉底让同伴选择:法是感知或显现抑或发现。同伴却重新给出关于法的定义。他自己认为法是各种信条和议案。他再次排除别人的可能看法,而认定自己的看法。此时,同伴并且修改了自己的定义,而他回答的却是此前苏格拉底第二次问他的,"法作为整全是什么",且把整全替换为整体——法是城邦的信条。

看起来同伴并没有回答苏格拉底给出的选择。并且,他的第二个定义好像与第一个定义没什么关联,即他很快转变了自己的看法;同时他也还是自信满满的。实质上同伴的第一个定义与第二个定义仍然有联系,很难想象他给出的是

---

① 认为:ὑπολάβοιμεν,接受(一种观念)、认为、假定,苏格拉底仍然采用祈愿语气,表示选择的意愿。参《礼法》624a1、625a3。

一个完全不同的定义。其第一个定义混合灵魂行为及其结果,第二个定义则注重灵魂行为的结果。这两个定义可能都指向习俗意见以及民众商议和认可的法案。而对于这些东西苏格拉底恰恰觉得可疑,但它们是讨论法是什么这个问题最重要的起点。

这会儿,我们有个印象,同伴的所答与苏格拉底的所问好像总是不怎么吻合,似乎慢了半拍。

显然,此刻同伴好像放弃选择,自己另外想出了一个定义,回答苏格拉底之前的第二次提问。不过,他对苏格拉底第二次问他的问题做出整体的回答时,他用单数的信条替换了复数的信条和法令,以对应于苏格拉底所问的作为整全的单数的法。那么单数的信条与感知或显现抑或发现有什么联系吗?它能包含感知、显现与发现吗?他为什么不做出选择?想必他仍有可能不清楚苏格拉底所问的;他也有可能以我们不易知晓的方式包含了苏格拉底给出的选择。然则,法是城邦的信条,从而信条是知识(显现)或技艺(发现)吗?这个时候,他没有回答该选择的,不等于这个问题就消失了。

甚而,信条与被视为合法的东西相关吗?这里同伴第一次提到法与城邦的联系。

他的这次回答看起来与苏格拉底的第一个问题显得一样突然。

苏格拉底则稍微修正其答案,把城邦改成政治,信条改成意见。为什么?城邦即是政治,信条即是意见吗?并且,苏格拉底为什么不再提醒同伴,或进一步修正、阐明自己的问题,而是反过来修正同伴的答案?

三、礼法即存在的发现（314c4—318a7）

苏：而或许你说得好；但如下我们可能会理解得更好些。[314c5]你说有些人聪明？

伴：我这样[认为]。

苏：那么这些聪明人是因聪明而聪明的吗？

伴：是的。

苏：又怎么样呢？这些正义者[是]因正义而正义的[δίκαιοι]吗？

伴：当然。

苏：那么这些守法者也[是]因法而守法[νόμιμοι]的吗？

伴：是的。

苏：[314d]而这些违法者是因不法[ἀνομία]而违法的吗？

伴：是的。

苏：进而这些守法者[是]正义的吗？

伴：是的。

苏：而违法者[是]不义的吗？

伴：不义的。

苏：那么最高贵的[κάλλιστον，或最美的][是]正义与法？

伴：是这样。

苏：而最低贱的[αἴσχιστον，或最丑的]是不义与不法吗？

[d5]伴：是的。

苏：而一则保全诸城邦及其他一切[指什么呢？]，另一则毁坏和颠覆？

伴：是的。

苏：这样，[人们]就应当将法构想为① 某种高贵之物[καλοῦ τινὸς ὄντος，或美的存在物]，且应当把它作为好[ἀγαθὸν或善]来追寻[或探寻]②。

伴：怎能不呢？

苏：那么我们宣称法是城邦的信条？

[314e]伴：我们这么宣称。

苏：那么如何呢？不是有些[是]有用的信条[χρηστὰ δόγματα]，另一些[是]有害的[πονηρά]？

伴：是这样的。

苏：而法毫无疑问不是[ἦν,过去时]有害的。

伴：不是的。

苏：因此，毋须多言，这样回答不对，即法是[e5]城邦的信条。

伴：的确不对，依我看[第四次]。

苏：所以，不宜将有害的信条视为法。

伴：确实不宜。

苏格拉底暂且假定法是政治意见。随之，苏格拉底要提问的是法与正义、法与意见的关系。其中先理解法的性质，法与城邦的关系，再区分意见，即法并不是所有的意见。总之，开始涉及城邦和政治问题。

苏格拉底不再像先前那样将黄金、石头，或眼睛、耳朵与法做类比，这个时候他提到人和人的美德还有城邦，因为意见、政治意见来源于人并关涉城邦。他先提到有些人聪明，暗指不是所有人都聪明吗？为什么先提到聪明、聪明人，有可能指意见是聪明人提出来的，还有可能指聪明人拥有的是不一样的意见甚至是知识。

他提到四类人：聪明人、正义者、守法者、违法者，以及四种品质：聪明、正义、守法、不守法（无法无天）。然后，苏格拉底把守法者与正义、违法者与不义联

---

① 构想为：διανοεῖσθαι，思考、考虑、企图、打算。参314b4，诸神所想的。
② 把它作为好[或善][ἀγαθὸν αὐτὸ]来追寻[ζητεῖν]：美与好联结，把法作为好或善来追求。

系起来,并且认为正义和法最高贵、最美,不义和违法最低贱、最丑。进而,正义和法保全城邦及其他一切,不义和违法毁坏和颠覆城邦及其他一切。这时候,我们该把法看作高贵之物或美的存在物,把它作为好或善来寻求。

首先,注意这四类人的区分,先是聪明人不见了,且没提到不聪明的人;正义者也不见了,且也没提到不义者。苏格拉底关注守法者和违法者。

苏格拉底似乎有意忽略了这些至关重要的问题:聪明不最高贵而无知也不最低贱吗?聪明不保全城邦及其他一切,无知不毁坏和颠覆城邦及其他一切吗?

这里苏格拉底要探讨的是法的品性和作用。他完全没有把法与聪明联系起来,为什么?聪明人与正义、守法,无知之人与不义与违法有什么联系都没提及。聪明人正义并且守法吗?反之,正义者、守法者聪明吗?聪明人不义并且违法吗?反之,不义之人和违法者很聪明吗?简单地说,守法者聪明吗?违法者不聪明吗?

苏格拉底在这里忽略聪明人、聪明,与前头忽略logos一样随意吗?聪明人、聪明和logos会不会有联系?会不会最重要的东西反而被忽略了,他有意忽略吗?

聪明、正义是美德,那么守法是不是美德,显然没那么清楚,如此,正义高于守法,聪明高于守法吗?

正如色诺芬笔下的苏格拉底一样,这里的苏格拉底关心的是正义和守法问题(参《回忆苏格拉底》第四卷第四章)。

"这样,[人们]应当将法构想为某种高贵之物,且应当把它作为好来追寻"。

前面苏格拉底提到占卜者因占卜术发现诸神所构想的,这里用了同一个词,但主语是谁并不清楚,他使用无人称情态动词,主语是不是指人、指我们?从文本的前后脉络看,我们联想到了诸神。诸神与人的灵魂联系在一起,如果没有诸神与灵魂,会有高贵、美和好的问题吗?再者,法真的应该被构想为高贵、美之物吗,有没有法不高贵、不美?并且,法是好吗,法会不会是坏?

显然,苏格拉底略掉了许多东西,直接指向美和好,指向哲学目的论,从而,法的目的论与法是什么紧密联系在一起。

苏格拉底的哲学目的论以及法的目的论指向人的灵魂的爱欲。这里,他把法作为好或善追寻,使得法像是爱欲的目标。

应当把法构想为高贵的、美的存在物,并且应当作为好来追寻,与追问法是什么的关系是什么,值得深思。

苏格拉底并没有说,法本然地就是美的存在物或好。

这时候,苏格拉底回到同伴的定义——法是城邦的信条,苏格拉底区分了有用的信条和有害的信条,并认为法肯定不是有害的,因为他事先已经给出了法的目的论。进而,他辨析同伴的第二次定义,同伴同意法不是有害的信条,并对自己的定义做了限制。苏格拉底并没有全然否定同伴的第二次定义。苏格拉底依法的品性——法是好且法与正义相关,并对意见做出了区分,使得法好像高于意见。通过区分苏格拉底意图引导同伴看到更高的东西。但是,我们还得留意其所忽略的东西,尤其是法与聪明的关系。

总之,这一段并非从根本上对法做出定义,苏格拉底从解析同伴的定义转而谈论法的品性,回过头来修正同伴的定义。其中,法的品性是目的论问题,同样与人的灵魂行为有关,特别应该注意到这两个没有主语的不定式动词 διανοεῖσθαι,思考、考虑、企图、打算;ζητεῖν,寻求、追求。

如此,法的目的论与法的存在论都与人的灵魂行为有关。

苏:然而,即便对于我自己[αὐτῷ μοι]来说的确显得是某种意见;而既然法不是有害的意见,这难道不是已经一清二楚了:法是有用的[意见]——如果法真是意见?

[314e10]伴:是的。

苏:而有用的意见是什么?不是真实的[ἀληθής][意见]?

[315a]伴:是的。

苏:因此[或那么]真实的意见就是存在[τοῦ ὄντος]的发现[ἐξεύρεσις]?

伴:是这样的。

苏:所以法意欲[βούλεται]是存在的发现。

这里苏格拉底第一次明确提到自己。我们注意其出现的线索:苏格拉底的"我自己"与法显得是某种意见的联结,等于持有意见的苏格拉底的"我自己"在城邦中留有身位。因为"我自己"——我的此世的身体,他并不完全否定意见,也不完全肯定意见。而如果说"我自己"与法显得是意见密切关联，那么意见看来相对封闭。

这里把法看成某种意见来源于同伴的第二次定义，苏格拉底在某种程度上接受了同伴的看法。如果法是意见（这是个假设性的前提），在取得一致同意后，苏格拉底在这个基础上将从法的目的论上升到法的存在论：法是意见，法是有用的意见，进而，法是真实的意见，真实的意见是存在的发现。所以，经过第一次证明，法意欲是存在的发现，其中退一步做了限制。再次提醒，这一切都基于假设，法的目的论与法的存在论都基于假设。

法是意见，苏格拉底没有提到是政治的意见或城邦的意见，即没说是谁的意见。城邦或政治事物中当然包含无用的、有害的意见，甚至虚假的意见，这些都被排除掉。

为什么法是有用的意见，就能推论法是真实的意见，并径直从目的论过渡到等同于存在论？① 这是苏格拉底学问的重大特征，这也是古典宇宙论的根本特征，理解一事物根据其目的来理解，追问一事物是什么某种程度上等于追问其目的，此所谓哲学目的论。这与古典人性论也相关，即人是理性的、有目的的动物。如此，古典人性论与古典宇宙论一体。

同伴没有疑问地立即就赞同苏格拉底提出的目的论与存在论的等同。不过，接下去我们得留心这条线索，特别是这条线索的另一端——神学目的论，其主题当然是诸神，即最古老的法最好，因为最古老的法来源于宙斯，法的最好品性来自宙斯，为什么？

同伴随即赞同苏格拉底真实的意见就是存在的发现。实际上，同伴不是用表示赞同的小品词，而是重复了苏格拉底问句中的系词"ἐστιν"，其心灵中似乎清晰且坚定地认定这个看法。

---

① 一是参柏拉图《理想国》505a，苏格拉底："因为你多次听我说过，善的理念是最高的知识，关于正义等的知识只有从它演绎出来的才是有用的和有益的。"二是柏拉图《理想国》与《蒂迈欧》的联结。三是施特劳斯《苏格拉底问题》：他假定整全的可理解性主题如下：理解某事物意味着根据目的来理解……换句话说，苏格拉底最早将哲学的中心主题定义为人类活动——有目的的活动，并因此把目的理解为通向整全的关键。四是施特劳斯《自然权利与历史》导言，页8：古典形式的自然权利论是与一种目的论宇宙观联系在一起的。一切自然物都有其自然目的，都有自然的命运，这就决定了什么样的运作方式对于它们是适宜的。就人而论，要以理性分辨这些运作的方式，理性会判断，最终按照人的自然目的，什么东西本然就是对的。五是伯纳德特《苏格拉底与柏拉图：爱欲的辩证法》：在哲学中、也只有在哲学中，才有一种对人类事物的所有理解与人类利益之间的一致性。六是《论语·为政》子曰：视其所以，观其所由，察其所安。人焉廋哉？人焉廋哉？

至此，同伴都没有疑问，但他也没注意到苏格拉底最后对法的定义的限制。

真实的意见是存在的发现（参《美诺》97a—99a，真实的意见或正确的意见与知识的区分；参《理想国》477a—478e，无知、意见、知识的区分；《会饮》202a，正确的意见介乎洞悉和不明事理之间）。这个定义联结同伴的第二个定义和苏格拉底的定义，后来意见变成了知识，有其隐含的变化。

不过，苏格拉底随即限制自己关于法的定义——意欲是存在的发现。这个句子的主语是法，法像个人有意愿、意图，可能隐含着指向立法者（比如米诺斯）。如此，追问法是什么和追问立法者是谁可能是一个问题。由此，法的意图似乎来自立法者的意图。如果说这个定义当真隐含着立法者意欲发现存在，那么这个立法者想必就是哲人，因为似乎只有哲人才致力于对属人事物和自然整体的发现。但即便是《礼法》都没有直接给出立法者就是哲人的断定。还有可能指法与意见密切相关，它并不能立即完全抽象为知识，它时时刻刻与人的意见相关，与人的此时此地的处境相关。立法者当真是哲人的话，他就得永恒地专注于属人事物、千变万化且稍纵即逝的属人事物，即人的言辞和行动，尤其是言辞——其中包括纷繁复杂的意见。如此，哲人看起来不像是哲人，他带着常人的面容——人貌天心①。

这个时候，我们发现苏格拉底的这个定义似乎结合了同伴此前两个定义中的要素。

"凭借法是什么［τίνι ὄντι］被认为合法？凭借［法是］某种感知或显现呢，就如凭借显现知识那些被学会的被学会？抑或凭借［法是］某种发现，正如那些被发现的被发现——例如，凭借医术各种健康和疾病被发现；凭借占卜术，恰如占卜者所说的——诸神想什么［被发现］？因为对我们而言技艺幸许是对诸多事儿的发现；是吗？"这个问题在同伴第一个定义被反驳后由苏格拉底提出来。

---

① 《庄子·德充符》：有人之形，无人之情。有人之形，故群于人；无人之情，故是非不得于身。眇乎小哉，所以属于人也；謷乎大哉，独成其天。
惠子谓庄子曰："人故无情乎？"
庄子曰："然。"
惠子曰："人而无情，何以谓之人？"
庄子曰："道与之貌，天与之形，恶得不谓之人？"
惠子曰："既谓之人，恶得无情？"
庄子曰："是非吾所谓情也。吾所谓无情者，言人之不以好恶内伤其身，常因自然而不益生也。"
惠子曰："不益生，何以有其身？"
庄子曰："道与之貌，天与之形，无以好恶内伤其身。今子外乎子之神，劳乎子之精，倚树而吟，据槁梧而瞑。天选子之形，子以坚白鸣。"

同伴给出的第二个定义——法是城邦的信条或意见。苏格拉底从中离析了有用的意见和有害的意见,并认为法是有用的意见,而有用的意见是真实的意见。

同伴当时没有回答凭借法是某种显现还是某种发现使人们视为合法的东西合法,他给出法是意见。那么,意见是知识的显现还是技艺的发现呢?苏格拉底给出的定义是,法是真实的意见,真实的意见是存在的发现,所以法是对存在的发现,苏格拉底好像替同伴做出了选择。如此,苏格拉底像是接受同伴第二个定义中的意见,以及从同伴第一个定义中推衍出来的技艺是对诸多事情的发现。法似乎不是知识,法是某种技艺。法不是知识,它是意见;法是技艺,它发现存在而不是诸多事儿。技艺是某种意见吗?立法技艺与医术和占卜术类似吗?

看凭借自然存在物——眼睛,被看到的东西被看到,听凭借自然存在物——耳朵,被听到的东西被听到,看和听都是某种感知或显现;而凭借法是某种发现、对存在的发现被认为合法的东西合法。

首先,从语法位置看,发现与眼睛、耳朵处于同样的位置;而眼睛和耳朵是自然存在物,发现(即法)也是某种自然存在物吗?

其次,法与看、听处于同样的语法位置。看、听是某种感知,法也是吗?

再者,这里法意欲是存在的发现,看来法不是某种感知或显现?在语法位置上,法又与医术、占卜术相同,医术发现健康和疾病,占卜术发现诸神在想什么,法意欲发现存在。身体的健康、疾病以及诸神的想法与存在有什么关联吗?

法似乎处于知识的显现与技艺的发现之间。

伴:怎么回事呢,苏格拉底啊①,倘若法[单数]是存在[单数]的[315a5]发现[ἐξεύρεσις,第一个条件句,直陈式现在时,表示不可能],为何在相同的[东西]上,我们并没有一直使用相同的法律[νόμοις,复数]——倘若它确实为我们[参313a1]发现了各种存在[复数][ἐξηύρηνται,第二个条件句,直陈式完成时,过去的、不可能的]?

苏:法仍然意欲是存在的发现;而所以那些没有一直使用相同法

---

① 苏格拉底啊:第二次直呼苏格拉底的名字,上一次他自以为理解苏格拉底的问题;这一次他自己的两次定义被苏格拉底反驳,而苏格拉底自己给了定义后,同伴对苏格拉底直接质疑。

律的[315b]人们,在我们看来[ώς δοκοῦμεν],并非总能发现法所意欲的[东西],即存在[τὸ ὄν]。来吧,一旦我们看看,若由此出发,对于我们是否变得清楚,我们一直使用相同的法律,或不同的时期[使用]不同的[法律];且是否所有人[使用]相同的[法律],或不同的[人群][使用][b5]不同的[法律]。

伴:不过,这呢,苏格拉底噢①,不难明白[οὐ χαλεπὸν γνῶναι]:即同一[人群]并不始终使用相同的法律,不同的[人群][使用]不同的[法律]。例如,因为对于我们[ἡμῖν,对我们而言,强调作为雅典人的我们]而言,人祭不是法[νόμος,或习俗]也不虔敬[不洁净],但迦太基人做这祭祀对于他们而言就如同是虔敬[洁净,315c]且合法之事,甚至他们中的有些人还将自己的儿子们[祭献给]克洛诺斯[Κρόνῳ,宙斯的父亲],正如你也听说过的②。且不仅异邦人使用与我们不同的法律,而且这些住在吕凯亚[Λυκαίᾳ]的人们与阿塔曼托斯[Ἀθάμαντος]的子孙们——[c5]他们祭献了这样的祭祀,尽管他们是希腊人。而正如我们自己[ἡμᾶς αὐτούς,强调我们自己]——你大概知晓且你自己③ 听说④过——我们为了关于死者们的[一切]使用过这样的[οἵοις,参315c4 οἵας]各种法[νόμοις,或习俗]:在死者出殡前,屠宰牺牲,之后,又派去捡骨灰的妇女。[315d]而此外更早些时候的那些人把死者们埋葬在他们所在的房子里;但我们⑤从未干过[ποιοῦμεν]这等事。谁能说清这些个没完的事哩;由此,充分证明,我们[ἡμεῖς,再次强调我们]没有为我们自己[ἡμῖν αὐτοῖς]一直保持相同的[习俗或法],各种人[οἱ ἄνθρωποι]也没有为自己[始终如此][d5]。

苏格拉底唯一一次关于法的定义即刻遭到同伴急切的质疑,这是整场戏中同

---

① 苏格拉底噢:同伴再次叫唤苏格拉底,可能表示疑问之深切。
② 正如你也听说过的:ἀκήκοας,注意:所听到的为迦太基人的法,参313e7—314b6。
③ 你自己:αὐτὸς,再次强调,指向苏格拉底,隐含的意味也指向作为雅典人的我们,即我们自己都听说过。
④ 听说:ἀκούων,再次提到听说(法),不过这次听说的是雅典人的法。
⑤ 但我们:ἡμεῖς,强调,把雅典人区分为过去的和现在的。

伴话最多的一段,他以自己的所见所闻,特别是所闻,例举许多证据质疑苏格拉底有所限定的定义。

从形式看,苏格拉底质疑同伴与同伴质疑苏格拉底方式不一样。同伴先否定、然后例证,最后肯定自己的看法。苏格拉底则是引导同伴自己否定自己,苏格拉底自己则不肯定也不否定①。同伴采用简单的例证法;苏格拉底则采用辩证法。例证法简单否定对方;辩证法让对方自己否定自己,进而使对方肯定自己,即使其获得自我发现。

同伴在这里第二次叫唤了苏格拉底[ὦ Σώκρατες],很快他将叫第三次。第一次是在他似乎明白了苏格拉底再次阐明的问题时(313b6),迅速给出了第一次关于法的定义,信心满满。这里他对苏格拉底的第一个定义也是唯一一个定义迅速表示怀疑,仍然信心满满。这两次叫唤表明同伴情绪较高、心理活动活跃,且都直接指向苏格拉底。因为我们不知道同伴的名字,使得他对苏格拉底的名字的叫唤显得突兀,苏格拉底的身位也变得凸显。一次指向苏格拉底的问,一次指向苏格拉底的答,苏格拉底的问和答都在同伴的疑问中。不管问或答都关乎法,使得这样的叫唤似乎意图突出苏格拉底的身位与法的关系,并且这种关系似乎也在同伴的疑问中、在其对于苏格拉底关于法的问和答的疑问中。对苏格拉底关于法的问和答的疑问,凸显了苏格拉底与法的关系,单单问答这样的思考行为还不够,还得叫唤他的名字,以把其思考与名字联系在一起[参阿里斯托芬《云》老农民斯瑞斯阿得斯把在空中吊篮里沉思自然的苏格拉底叫唤下来,"苏格拉底噢,小苏格拉底哦", ὦ Σώκρατες, ὦ Σωκρατίδιον, 221]。进而,因为同伴没有名字,同伴的身位与法的关系似乎不如苏格拉底的身位与法的关系来得重要。

苏格拉底时刻在思考这个问题——法是什么,突然发声对无名人提问。可以假设本来苏格拉底在沉思默想中(参《会饮》174d4—7,又参220c—d),在对自己提问;这会儿他突然转向问同伴,同伴又随即叫唤了他。苏格拉底把自己

---

① 参《庄子·齐物论》:物无非彼,物无非是。自彼则不见,自知则知之。故曰:彼出于是,是亦因彼。彼是方生之说也。虽然,方生方死,方死方生;方可方不可,方不可方可;因是因非,因非因是。是以圣人不由而照之于天,亦因是也。是亦彼也,彼亦是也。彼亦一是非,此亦一是非,果且有彼是乎哉?果且无彼是乎哉?彼是莫得其偶,谓之道枢。枢始得其环中,以应无穷。是亦一无穷,非亦一无穷也。故曰:莫若以明。

的所思所想与人群联系在一起，对别人提问，给别人作答，这使得苏格拉底具有此世的身位。当然，有可能因为个体（哲人）的思考不够完整，特别是关于法的理解尤其如此，它必然在人群的问答中。问题是，苏格拉底是个哲人（特殊的个体、特殊的身位），不仅喜欢问答，也因为问答使得其身位变得复杂，此即苏格拉底的辩证生存难题。总之，苏格拉底得为自己辩护，为自己的生命意义辩护。苏格拉底是个哲人，在此，哲人的身位和法是什么的问题紧密相关（参《新约》耶稣基督的新律）。苏格拉底关于法的疑问和定义与同伴叫唤自己的声音交织在一起。

对于苏格拉底的定义同伴当即表示了很大的疑惑——怎么回事呢[πῶς οὖν]。他忽略了这时候苏格拉底对于法的定义的限制，而同伴的忽略后来恰恰也促成了他们对法的定义——存在的发现——的共同发现。不管怎样，苏格拉底暂时做了限制。同伴为什么会忽略呢？他忽略苏格拉底定义中的"意欲"一词。同伴这时候给出了两个假设从句，中间则是一个表示疑问的主句。前后两个从句中"存在"一个是单数一个是复数（即许多存在），即当他重复定义时，定义出错了，但这恰恰是他心底所想的。他把苏格拉底的定义在某种程度上变成了自己的定义，法是许多存在的发现，有许多存在，所以有许多法。表面上看来他并没有完全否定苏格拉底的定义。他无意中在某种程度上肯定了苏格拉底的定义。他的疑惑是存在是一还是多，如果是一，那么我们就一直使用相同的法；如果是多，那么法就会变化。同伴的忽略或许就源于他对一或多的疑问；而苏格拉底的"意欲"或许就包含了一或多的难题。

另外，同伴急于否定苏格拉底，他没有考虑到苏格拉底对自己定义的有意限定：法意欲是存在的发现。同伴把这个定义直接说成法是存在的发现。看起来，同伴仍然似乎把法看成是灵魂行为的结果；苏格拉底则似乎指的是灵魂行为。苏格拉底这个时候的定义其实暗含着同伴所列举的证据，即法是可变的，存在着多种多样的法。苏格拉底没有明确指示这一点，他似乎在默默地否定法的可变性、多样性，但又没有完全否定。因为法似乎介于变与不变、多与一之间，苏格拉底的定义包含了这样的双重特性，或者说这一模棱两可的特点。苏格拉底此时的定义具有限定却开放的特点。同伴没有留心苏格拉底的限定，他分离了苏格拉底关于法的双重特性的理解,以变否定不变,以多否定一。先前,苏格拉底分离同伴的第一次定义,分离了灵魂行为和灵魂行为的结果,分离了同伴无意中关于法的理解的含混性,使得关于法的理解与人的灵魂相关。同伴似乎很难发现人的灵魂行为。人的灵魂行为比如看和听是人的自然美德,它们拥有不变的属性。而人看到和听到的东西即灵魂行为的结果像是总在变化中。如此,发现事物的自然属性、特性和美德想必更困难。

同伴某种程度肯定了苏格拉底的定义,即如果法是存在的发现,那么就是不变的。苏格拉底坚持"法仍然意欲是存在的发现;而所以那些没有一直使用相同法律的人们,在我们看来,并非总能发现法所意欲的[东西],即存在[τὸ ὄν]"。那些没有一直使用相同法的人,是他们犯了错,他们没能发现存在[单数]。同伴很快反驳说法是多变的,这一点倒不难明白[οὐ χαλεπὸν γνῶναι]。反过来,苏格拉底的意思可能是法是不变的,这一点难以认识。那些没有一直使用相同法的人的认知有缺陷,在我们看来,他们没法看到不变的东西,所以法变来变去。

为什么同伴没有留心苏格拉底的限定,而以多否定一,以变否定不变呢?这看起来不可解,像个谜。当同伴以例证反驳苏格拉底的定义时,其知识来源却泄露了其中缘由。同伴的知识大多来源于所听到的,并非自己的认识和发现(参318e,悲剧诗人)。他提到听来的关于迦太基人的人祭和雅典人的葬礼等。他提到迦太基人、吕凯亚人、阿塔曼托斯的子孙、异邦人和希腊人、过去的和现在的雅典人,其中的主题是人祭、葬礼和诸神。这看起来像是史诗的叙述,苏格拉底把它看成是冗长的言说[μακρῷ λόγῳ]。"谁能说清这些个没完的事哩"。同伴自己没办法并认为谁也无法列举所有证据,看来法是无限可变的(参立法者给每个灵魂分配的问题,317d—318a),但无法完全证明,可他相信这些足够证明苏格拉底的定义是错的,即法或习俗是可变的。

一则,同伴的说辞像是听来的荷马史诗的故事(对比后头苏格拉底最长段的说辞——解释荷马史诗的片段),其中包含不知其来源的知识,特别是关于诸神、诸神对人的要求、人的死,即人的灵魂的知识。这些是最重要也是最高的知识,也是希腊人与异邦人的灵魂最高的存在物。这些知识是诗人最高的知识,即神话诗人和悲剧诗人的知识。过去神话诗人是希腊人的教育者(《理想国》卷十),现在悲剧诗人是希腊人的教育者(318d—e、320e—321a)。祭祀、埋葬是史诗和悲剧最重要的主题之一,这些主题包含诸神、人与诸神的关系、人的生死问题,而生死问题想必是法最重要的主题之一。

在这一点上,同伴其实在某种程度上证实苏格拉底的定义,祭祀和葬礼所包含的神圣事物可能是人对于自我、城邦和诸神最高意义上存在的发现,这尤其是诗人的知识,诗人关于人及其灵魂存在最高的发现(参《礼法》卷十的诸神与自然神之争)。但这种对人之存在的最高发现的知识是真是假需要检验,并构成《米诺斯》的逻辑结构以及其联结《礼法》的根本线索。

而会不会有这样的可能,诗人关于人之存在的发现,虽然已经很高妙,但仍在变化中,即神义论时刻变迁(关于生死因时因地而变,在时空中变化,参《斐多》苏格拉底所谓哲学即学会死亡;霍布斯改变对于死的看法而重新定义人性,从而为现代生活立法);哲人则试图发现其最恒久不变的基石(自然)。但两者拥有共同的线索,即对人的灵魂的理解。如此,也构成多与一的变换,即同伴的例证仍然可能包含着一与多的矛盾,但他几乎无法发现其中的堂奥。诗人关于人的灵魂存在的知识看似一,其实是多。哲人从诗人那儿受到教育,时时刻刻从诗人的多出发,以通于一①。还可以这么看,柏拉图模仿诗人的笔法,写作诸多对话,每个作品、每个主题都试图通向整全,不断地尝试。总的来看,柏拉图的作品看似多,其实是一;每个作品看似一,其实是一中的多,即整体中的部分。

苏格拉底这个时候的定义无意中为同伴的疑问留下了证明的空间[πολλὴ εὐρυχωρία,315d3]。同伴的疑问给出了更多的线索,即法的可变性,这些问题恰恰是苏格拉底进一步思考法是什么的前提。接下来,经过两番辩护,苏格拉底修正且确证了自己的定义——法是存在的发现(317d)。

---

① 参《庄子·齐物论》:其分也,成也;其成也,毁也。凡物无成与毁,复通为一。唯达者知通为一,为是不用而寓诸庸。庸也者,用也;用也者,通也;通也者,得也。适得而几矣。因是已,已而不知其然,谓之道。劳神明为一,而不知其同也,谓之"朝三"。何谓"朝三"?狙公赋芧,曰:"朝三而暮四。"众狙皆怒。曰:"然则朝四而暮三。"众狙皆悦。名实未亏,而喜怒为用,亦因是也。是以圣人和之以是非,而休乎天钧,是之谓两行。

同伴为什么会以此为证呢？因为关于人祭和葬礼的习俗（或者法）多种多样吗？或者这些东西在他看来也是包含最明显差异且最重要的习俗（或者法）？

不管如何，这里同伴提到人祭，提到克洛诺斯，暗中为后来苏格拉底提及米诺斯和宙斯做了铺垫，或者说提供了线索。为了米诺斯的儿子雅典人给克里特人贡献人祭；并且米诺斯是宙斯的儿子；宙斯则是克洛诺斯的儿子。

其中还有隐含着一条线索，在人祭问题上，雅典人不仅区别于迦太基人，即异邦人，而且区别于希腊人中的吕凯亚人和阿塔曼托斯的子孙（空间）；从祭礼上看，现在的雅典人区别于过去的雅典人（时间），同伴似乎在赞美当下的雅典民主政治，雅典的民主文明最特殊最文雅，从而证明雅典人的优越性。

有意思的是，同伴没有提到克里特人，没有提到米诺斯。雅典人被迫给克里特送去少男少女做人祭。他记不起米诺斯，是苏格拉底提醒了他（318c—d）。如此，虽然雅典人自己不做人祭，却被迫给克里特人当人祭，使得雅典人的文明和文雅颇为可疑。

这样看来，同伴的此番言说颇具反讽意味，但其自身几乎完全没有意识到。这种反讽在某种意义上构成了整个对话的内在张力，可能跟苏格拉底的意图有关，因为随后苏格拉底就会提到被同伴遗忘的米诺斯——克里特的立法者——雅典人的敌人。如果说，克里特的法是最古老最神圣的法，而雅典人献给克里特的人祭，隐含着某种不变的法。雅典人和迦太基人、吕凯亚人，还有阿塔曼托斯的子孙，即不管异邦人还是希腊人都举行人祭，进而，这打破了法的空间限制。同伴无意中证明了法的某种不变特征。

苏格拉底后来突然提到米诺斯不知道是否与同伴提到人祭有关。苏格拉底提到米诺斯揭示了同伴言说的反讽意味，同时，苏格拉底借助米诺斯继续编造自己的反讽故事（寓言），隐含其更深的意图。

同伴提到人祭在雅典人看来既不合法也不虔敬，而迦太基人还包括吕凯亚人和阿塔曼托斯的子孙则认为是合法和虔敬的（参色诺芬《回忆苏格拉底》4.6.2—4）。他没有提到正义，没提到正义与虔敬的关系（314d1—2），为什么（苏格拉底与虔敬问题，参《游叙弗伦》），因为这里他提到了诸神吗？

此外，同伴的长段演说言说又像是法庭的辩护词。苏格拉底接下来只得证明并为自己的定义辩护。

苏：这真一点儿也不奇怪[θαυμαστόν，令人惊异的；可钦佩的，卓越的]，最亲爱的朋友[ὦ βέλτιστε，you excellent one，不得了的伙计哦]，如果你说得对[注意假设从句]，则它逃脱于我的注意[ἐμὲ δὲ τοῦτο λέληθεν，它没被我注意到，或我没有注意到它]。不过，要是你按自己的方式[κατὰ σαυτὸν]来讲述你对这些事情的看法[σοι δοκεῖ]，长篇大论[μακρῷ λόγῳ]，而我再来一番[πάλιν ἐγώ]，[315e]我们就绝不会在什么时候[ποτε]走到一块[συμβῶμεν，同意，和好，言归于好]，依我看[ὡς ἐγὼ οἶμαι]。相反，若是提出共同探讨的问题①，或许我们就能达成一致[ὁμολογήσαιμεν]。因此，如果你愿意[βούλει]，你问我些东西[πυνθανόμενός τι παρ᾽ ἐμοῦ]以和我一道[κοινῇ μετ᾽ ἐμοῦ]探究②；而或者如果你愿意[βούλει]，你回答[ἀποκρινόμενος]。

[e5]伴：那么我乐于[Ἀλλ᾽ ἐθέλω，乐意，惯于]——苏格拉底啊[ὦ Σώκρατες，第四次]——回答你想[问]③的。

苏：你且来吧[Φέρε，或开始吧，参315b2]，你认为[νομίζεις，参313b6—7，法的同根词]正义之物不义、不义之物正义，抑或正义之物正义，而不义之物不义？

伴：我当真[认为]正义之物正义、不义之物[316a]不义。

苏：难道人人[παρὰ πᾶσιν]不也都像这儿[ἐνθάδε 可能指雅典]这样认为[νομίζεται]吗？

伴：是的。

苏：在波斯不也如此吗？

[ET.Καὶ ἐν Πέρσαις][空缺，在波斯亦如此]

苏：此外，想必总如此吧？[Ἀλλὰ ἀεὶ δήπου]

---

① 若是提出共同探讨的问题：ἐὰν δὲ κοινὸν τεθῇ τὸ σκέμμα，注意τεθῇ这个词另有义项如下：取得一致意见、同意；分配，给予，颁布法律、制定法律。
② 探究：σκόπει，现在时命令式，第二人称单数，参313a4、313c7，注意这个词与τὸ σκέμμα的关联。
③ 回答你想[问]：βούλῃ，参315a2、315a7，注意βούλῃ和先前两个βούλει的关联，以及ἐθέλω和βούλῃ的差别。

伴：总如此[ἀεί，不是回答"是的"，强调了总是如此]。

苏：进而，把天平压下来多些的东西在这儿被认为重些[Πότερον δὲ τὰ πλεῖον ἕλκοντα βαρύτερα νομίζεται ἐνθάδε]，[a5]而[压下来]少些的东西轻些[τὰ δὲ ἔλαττον κουφότερα]，抑或相反（参《游叙弗伦》7c7—d5）？

伴：不，而是压下来多些的东西重些，压下来少的东西轻些。

苏：在迦太基和吕凯亚① 不也如此吗？

伴：是的。

苏：高贵之物[或美丽之物]，看来，被一切地方认为[πανταχου νομίζεται][是][316b]高贵而低贱之物[或丑陋之物]低贱，而非低贱之物高贵，或高贵之物低贱。

伴：[是]这样。

苏：因此，总体而言[ὡς κατὰ πάντων εἰπεῖν]，各种存在之物被认为[νομίζεται][是]存在②，而非各种非存在之物[τὰ μὴ ὄντα][是存在]，且被我们还有其他所有人[ἅπασιν][认为]。

伴：至少我以为。

[b5]苏：所以，在存在上犯错[ἁμαρτάνῃ]的人，就会在法律上[τοῦ νομίμου，习惯、惯例，法律程序，（葬仪的）常规]犯错[ἁμαρτάνει]。

伴：这样地[οὕτω μέν，指上文，前文所说的情况]，苏格拉底啊[ὦ Σώκρατες，第五次]，如你所言，在我们还有其他人总如此看来似乎是这法则[不清楚指的是不是葬礼]。但我一想到[ἐννοήσω]，[316c]法[各种法，复数]被我们修改③，不停歇地变来变去，我无法信服了[πεισθῆναι，被说服]。

这是苏格拉底对其关于法的定义的第二次证明，也是其为自己的定义三次

---

① 在迦太基和吕凯亚：参315b5—c5，苏格拉底自己提到迦太基和吕凯亚，但是不区分异邦人和希腊人。
② 各种存在之物[τὰ ὄντα，复数，参315a6]被认为[是][νομίζεται]存在[εἶναι，或译为是，参315b2]：句型和上一句相应，存在可能对应于重、轻、高贵、低贱[βαρύτερα, κουφότερα, καλὰ, αἰσχρά]；不知道是单数或者复数。
③ 法被我们修改：注意μετατιθέμενοι与τεθῇ[315e1，提出共同探讨的问题]的关联；μετατιθέμενοι，放在……之间，置于……之中；修改，改换（地点），改成（相反的结论）；(中动)撤销，改变。

辩护中的第一次。苏格拉底三次辩护构成整个对话的中间部分。

对话至此的线索为：苏格拉底提出什么是法的疑问，同伴先后给出了两次定义均被苏格拉底质疑；随后，苏格拉底自己给出了定义，不完整、或者说有所限制的定义，也遭到同伴质疑；关于法的理解一直在争议中，两人至此还没有一致的看法。

通过第一次证明苏格拉底给出定义，同伴立即质疑；经过第二次证明苏格拉底仍然没能说服同伴，仍受其质疑。第一次辩护，法与存在的关系仍然没有确定；第二次辩护，苏格拉底和同伴确定了法与存在的关系，取得共同的认识——法是存在的发现；第三次辩护，也是进一步探究，探究法的分配问题，法的分配与人的灵魂相关，最有益于人的灵魂的是王法。这一次辩护其实阐明法是存在的发现这个定义的内涵，把法的存在论和目的论结合起来，是两人问答的顶点——最好的法即王法，是对人的灵魂最有益的法。因为它给每个人的灵魂分配最有益的东西，所以最好的法认识并分配给每个灵魂最有益的东西，法是存在的发现即是对灵魂的发现，认识灵魂并分配给灵魂最有益的东西。

或许，两次证明、三次辩护过后，仍然有一个更重要的问题悬而未决——谁来认识和分配给每个灵魂最有益的东西，即立法者是谁。而对立法者的认知却是极其困难的事情，并且在某种程度上是更高的辩护。

不管怎样，不仅仅得认识灵魂并且还得分配给每个灵魂最有益的东西，使得立法者的身位非常复杂且费解。

回到对话的这个时刻，这次证明与第一次相比有所不同，它具有辩护色彩，更重要的是它看起来是个新的起点，即开始起步并逐步趋于共同的看法。也就是说苏格拉底和同伴有了共同的起点和线索，尽管暂时还是可疑的起点和线索。

新的起点和线索在某种程度上源于同伴深深的质疑，可以说这个时候可能是整个对话中他俩分歧最为深刻的地方之一（随后就是关于认识米诺斯的身位的分歧，两种分歧的东西都是苏格拉底提出来的）。不过，恰恰正因为分歧最为深刻，他俩可能有机会获得更高的共同的看法①。

---

① 参《道德经》六十六章：江海所以能为百谷王者，以其善下之，故能为百谷王。是以欲上民，必以言下之。欲先民，必以身后之。是以圣人处上而民不重，处前而民不害。是以天下乐推而不厌，以其不争，故天下莫能与之争。

苏格拉底第一次称呼其"不得了的伙计哦（ὦ βέλτιστε，参318d11，320e2）"。这不是个名字，是带点反讽意味的称呼——最好的、最优秀的、最不得了的。苏格拉底之反讽的两面：其一，同伴的证明并没那么好；其二，证明很好。当苏格拉底随后说要改变其讨论方式时，说明同伴的证明至少在修辞上有缺陷，即难以达成共同的看法，其修辞和例证一样冗长且没有生命力。更重要的是两人分歧将加剧，恰如荷马卷数浩繁的《伊利亚特》，人群、城邦甚至诸神都处于冲突中，几乎看不清这些事物共同的基础。诗歌穷尽人类灵魂的多样性以及万事万物的变化，柏拉图对话结合诗歌的修辞术（变）和苏格拉底的辩证法（不变）试图找寻、发现事物共同的基础（参《理想国》卷二、卷三，苏格拉底与其同伴改造荷马诸神为善神）。如此看来，同伴的修辞性言说被暗中贬低（参后来苏格拉底长篇言说的修辞特性），即没那么好，亦即看似好实质不好。

但苏格拉底并不直接地浇灭同伴一块探讨问题的热情，他意图保存其这份热情并转化它，使得其修辞中保有的些微底气转化到辩证法上来，并重新加以调整。如果苏格拉底完全打消其热情，那么同伴有可能就没有信心也没有兴趣再讨论（参《斐多》89d，厌辩症）。苏格拉底叫了声"不得了的伙计哦"，某种程度上引导其信心，并且引至较清醒而理性的境地。如此，苏格拉底的反讽包含对人的灵魂脉动的极度敏感，对人的生存的极深体认，并在此基础上实现高妙的教导、教育。进而，苏格拉底像赫尔墨斯一样，是个灵魂的接引者（参荷马《奥德赛》第二十四卷，并参第十卷赫尔墨斯与奥德修斯），引导同伴的自我发现。

苏格拉底说如果你说的都是真实的，那么我有所未及，没有留心到，也没有什么令人惊奇的。反过来，值得让人惊奇的是什么呢，想必就是同伴并没有真正涉及的东西。同伴涉及的是法的变化特性，没有涉及的是法有不变的特性。如果法的变化特性并不真实，那么令人惊奇就是法的不变特性，法的永恒性质，这才是真实的知识。法的变化特性主要来自诗人的教诲，其表现人群和诸神的冲突，这些知识由来已久，它似乎并不令人惊奇。所以，诗人的灵魂学并不令人惊奇（或令人惊异）吗？苏格拉底当真有意或无意遗漏法的这些可变的特性吗？注意苏格拉底用的是假设从句，其暗含的意思可能是苏格拉底确实有意忽略法的变化特性。

苏格拉底拒绝同伴的长段言说，进而试图改变讨论的方式，从同伴的修辞性言说（类似于诗歌）转向辩证法（问答法，更关键的是苏格拉底将提问）。某种意义上，苏格拉底挽救了对话的深刻危机。讨论方式的改变，表面看来是为了推进讨论，实质上另有其功能：其一，是消解同伴关于法的多变特征的疑惑、魅惑，某种程度上使得其灵魂转向（参《理想国》卷六、卷七苏格拉底提及的辩证法；又参《斐德若》的前后两部分，三篇讲辞和后半部分的对话，使得斐德若改变对爱欲和写作的理解，从吕西阿斯一定程度上转向苏格拉底，变换其灵魂的时空维度），这是苏格拉底对话最大的益处之一。辩证法将改变同伴知识的来源（听说），而达到自我发现，即自我观看，亦即反观、反思。其二，关于法的定义的证明，它也像是立法的过程（即劝说）；但不采用长段言说，而用辩证法来证明，因为其试图达到对法的根本认识，而非只是劝服而已。

问题是：同伴为什么采用长段言说？而苏格拉底为什么拒绝这种修辞方式？为什么以这种方式他俩不知什么时候才能走到一块，即难以达成共识？

一个人的言说方式与其教育状况、习俗等有关，当然更与其性情相关；对于柏拉图来说，这也跟人群有关，人以群分，即跟友谊、共同生活有关。我们几乎不清楚同伴的所有情况，不清楚他的朋友是谁，但这段言说至少透露了其知识来源，其对人世事物的看法——法变化不已，还有其热爱雅典城邦的情感等①。这些东西可能都跟其言说方式相关，这些将有可能被改变，被苏格拉底的问答法改变，调节其性情的律动，改变其知识的来源，吐故纳新，产生新的言说方式及内容②。

苏格拉底拒绝这种言说方式，等于拒绝与这种言说方式相关的意见、看法、思考方法。这是智术师式的言说方式、法庭辩护词的言说方式，其根本的难题就是人云亦云，意见纷纷，无力枚举数不清的例证，却又以为有限的例证足以说明

---

① 参《易经·系辞下》：八卦以象告，爻彖以情言，刚柔杂居，而吉凶可见矣。变动以利言，吉凶以情迁。是故爱恶相攻而吉凶生，远近相取而悔吝生，情伪相感而利害生。凡《易》之情，近而不相得则凶，或害之，悔且吝。将叛者其辞惭，中心疑者其辞枝，吉人之辞寡，躁人之辞多，诬善之人其辞游，失其守者其辞屈。另参《庄子·齐物论》：大知闲闲，小知间间。大言炎炎，小言詹詹。
② 参《道德经》第十章：载营魄抱一，能无离乎？专气致柔，能如婴儿乎？涤除玄览，能无疵乎？爱民治国，能无为乎？天门开阖，能为雌乎？明白四达，能无知乎？生之、畜之、生而不有，为而不恃，长而不宰，是谓玄德。

无限的事物，根本上无法看透万事万物的共同基础①。

同伴觉得很容易就能认识到苏格拉底定义的错误。可是，他用于证明其认识的证据却几乎都是听来的。"谁能说清这些个没完的事哩；由此，充分证明，我们没有为我们自己一直保持相同的[习俗或法]，各种人也没有为自己[始终如此]"。他无法言说完整其证据，但他认为已经得到充分证明了——法是可变的。

万事万物不变是个谜，变化多端也是个谜。同伴自以为自己的长段言说能够把握确定的知识——法的可变特征。其言辞的长度与其试图把握的事物的长度看起来协调，其实似是而非；事物在无尽的时间流中变化，不知哪一刻停留，"万物皆流"（赫拉克利特）。苏格拉底的问答法试图破除这种魅惑，破除同伴所受教育的束缚，以变观不变，以不变观变，万化自在②。

进而，言说方式的改变其实暗含人的德性的变化和完善，而背后更深处潜藏的是苏格拉底的形而上学，即存在论和目的论的结合（即人的形而上学），其中主要线索是人的灵魂学，意指人的德性完善。

不管怎样，苏格拉底试图找寻共同探讨的问题，一起观察、思考，以引导至共同的认识。为什么苏格拉底意欲如此，而同伴似乎没有这样的意图呢？另外，什么样的讨论方式可以达到这样的目的？

苏格拉底为了共同生活的改善与同伴一块追问最好的共同生活；而最好的共同生活始终在追问中，在共同的思考中，在言辞和思想中，而在行动上想必难以实现，或许一块追问这一行动本身就是最好的共同生活。因此，苏格拉底试图转变讨论的方式，拒绝同伴的长篇言说，变成问答法。苏格拉底并且先问同伴的意愿——可以问可以答，一道探究。

同伴更乐于答苏格拉底所想问的（参315a1、315a7，意欲这个词可能与法意欲是存在的发现相关）。同伴想必仍然信心满满，但是其心中似乎没有更高

---

① 参《庄子·秋水》：河伯："今我睹子之难穷也，吾非至于子之门，则殆矣，吾长见笑于大方之家。"北海若曰："井蛙不可以语于海者，拘于虚也；夏虫不可以语于冰者，笃于时也；曲士不可以语于道者，束于教也。尔出于崖涘，观于大海，乃知尔丑，尔将可与语大理矣。"
② 参赫拉克利特：不可能两次踏进同一条河；我们踏入且没有踏入同一条河；我们在又不在。另参《易经·系辞上》：是故君子居则观其象而玩其辞，动则观其变而玩其占，是以自天佑之，吉无不利；易与天地准，故能弥纶天地之道。仰以观于天文，俯以察于地理，是故知幽明之故，原始反终，故知死生之说。精气为物，游魂为变，是故知鬼神之情状。与天地相似，故不违。知周乎万物而道济天下，故不过。旁行而不流，乐天知命，故不忧。安土敦乎仁，故能爱。范围天地之化而不过，曲成万物而不遗，通乎昼夜之道而知，故神无方而易无体。

的意欲,他乐于回答苏格拉底所意欲的,看起来苏格拉底似乎就是法。其中也可能包含这样的意思——法就在问答中;而苏格拉底在问答、苏格拉底也在问答中"认识你自己",不断地自我提问;苏格拉底强调亦对我提问、和我一道探讨[πυνϑανόμενός τι παρ᾽ ἐμοῦ, κοινῇ μετ᾽ ἐμοῦ σκόπει],这是苏格拉底独特的生活方式——自知其无知(参《论语·先进》子曰:回也其庶乎。屡空。赐不受命,而货殖焉,亿则屡中)。

同伴再次叫唤了声"苏格拉底啊",这声叫唤既表达了两人的对立,同时又表示了两人初步的浅层的和解,亦即对话新的开端。当然,这也突出了苏格拉底的身位(问者)——对别人提问,而同伴这个时候乐意是个答者,即被问的人,乐于被提问,至少说明同伴有信心,心中能解疑答惑,也就是说有所准备,有所理解,当然某种程度上他也还很固执①。同伴的信心可能是盲目的,其实是无知,却自以为完满。从中可察其德性的难题,即德性与知识的难题,此即人之自然之极的难题。

接下来苏格拉底提问。苏格拉底再次说了声"来吧[或开始吧]"。他的第一声"开始吧"后,同伴发表了长段的言说,表达了深深的质疑。但若以长段言说的方式苏格拉底以为无法走到一起,无法达到共识。苏格拉底再次提出"开始吧",这是个新的起点,苏格拉底式问答的开始。

苏格拉底这一系列问答的主旨不仅是为自己的定义辩护,也为了说明同伴关于法是可变的、多变的例证的来由。苏格拉底的这次问答让人想起此前他辩驳同伴认为法是城邦的信条、意见。不过,这里苏格拉底不再像第一次证明那样涉及意见。他提到关于正义之物、不义之物、重的东西、轻的东西、高贵之物、低贱之物,最后是存在之物、非存在之物。这里他所提到的关键词是法的这个语词的同根动词认识、认为、被认识、被认为,苏格拉底自己关于法的定义的三次辩护起始于此,这让人联想到同伴的第一次定义——法是被视为合法的东西。所以,苏格拉底辩护的起点和线索是法是某种认识——人的灵魂的自觉,关于事物的认识和自觉,亦即人的灵魂行为。某种程度上这种认识和自觉也是意见。

相应于他辩驳同伴的定义而证明自己的定义,有两样东西是相关的:正义、不义,

---

① 参《论语·子罕》:子绝四——毋意,毋必,毋固,毋我。另参《庄子·逍遥游》"有待"。

高贵、低贱。但是问答的东西不同,那里问的是四种人,这里是四种物。这次辩护以对物的认识起始,引向对人的认识,"在存在上犯错人,就会在法律上［习惯、惯例、法律程序,(葬仪的)常规］犯错"①。开始和结束的问题也不同,那里开始于聪明之人,这里开始于正义之物;那里结束于对法的品性的提升,区分意见——有用的、有害的,法与有用的意见相联系;这里结束于对存在之物的认识,区分存在之物与非存在之物,指向对存在认识犯错的人,对法的认识犯错的人,这又让人想起前头苏格拉底关于法的定义的第一次证明开始于聪明之人。

　　苏格拉底的意思似乎是各种存在之物被我们和其他所有人认识为存在,是单一的存在,而各种非存在之物无法被认识为单一的存在。奇怪的是,如果我们和所有其他人关于存在之物有可能达成共同的认识,何以还有人对存在认识出错,对法认识出错?而哪些人犯错呢,什么原因导致他们犯错?

　　或许可以回过头去看。"正义之物正义,而不义之物不义",正义之物与不义之物相对立并不能保证对正义和不义内涵认识的一致,这儿的人(可能指雅典人,可能指我俩,也可能指同伴一个人)、波斯人以及所有人对正义和不义的内涵的认识永远一致吗?

　　波斯人和雅典人长期是敌人,敌人对正义和不义认识一致吗?

　　再者,"把天平压下来多些的东西在这儿被认为重些,而［压下来］少些的东西轻些"。认为人祭虔敬、合法的迦太基人和吕凯亚人也一致这般认识轻重的东西。但没有具体提到这儿的人,也没提到永远如此认识。

　　可是,对正义之物、不义之物、高贵之物、低贱之物的认识与对轻重之物的认识一样吗?轻重之物的度量可以衡量、换算,正义之物、不义之物、高贵低贱之物也能衡量、换算吗,这让人想到对话开始时苏格拉底以黄金、石头与法作对比。另外,对正义与不义之物、高贵与低贱之物的认识想必比对轻重之物的认识分歧更广泛而深刻。

　　苏格拉底在对这四对事物的提问过程中,试图弥合时间和空间上的分歧,达成同一的时空,即对事物认识的普遍化,亦即哲学化。可以说他试图消弭被分割的小时空的界限,扩展成更大的时空,以人的心灵自觉即在灵魂学上变换时空。但是,最后同伴并没有根本上同意这次证明,其疑惑仍然存在。

---

① 参《中庸》:唯天下之至诚,为能尽其性,能尽其性,则能尽人之性;能尽人之性,则能尽物之性;能尽物之性,则可以赞天地之化育;可以赞天地之化育,则可以与天地参矣。

"但我一想到法[各种法,复数]不停地变来变去,我无法信服了"。同伴不再只是以听说来质疑,因为苏格拉底引导他认识人们对这四对事物的认识。同伴这时候仍然充满疑惑并开始思考,他思考法为什么不断被变来变去,即不断被修改、改变法。同伴的疑惑引出了线索,法被谁变来变去,被谁修改、改变。看来法不是灵魂行为的结果而是灵魂行为本身,并且是某类人的灵魂行为。同伴认识的更新即对灵魂行为的认识,想必与苏格拉底引导他认识人们对这四对事物的认识相关。

如此,在此番问答中,苏格拉底的问题尽管漏洞颇多,但是仍然带同伴走出了一段路。当然又因为同伴自己的疑惑(其灵魂行为即自我思考),带动了问答的前进。虽然苏格拉底一直在问,却又因同伴的疑惑即同伴在问,实则他俩共同疑思,共同提问。

苏:或许因为你没有想想这些[ἐννοεῖς,参316c1,ἐννοήσω]——正如跳棋的走动①——是同一的[ταὐτά ἐστιν]。还是这样②和我一道[μετ' ἐμοῦ,参315e3]来探究[或细看,思量]它本身吧③:你曾[316c5]见过[或读过,ἐνέτυχες,碰上、遇上、阅读]关于治愈疾病[περὶ ὑγιείας,参314b3, τῶν καμνόντων]的著作[或著述,συγγράμματι,写下来的东西:文件、文稿、条例、(法律)条款、法令、规则]吗?

伴:我[Ἔγωγε]的确[见过的]。

苏:那么,你知道这种著作属于哪种技艺[τίνος τέχνης,参314b5]吗?

伴:我知道④——[是]医术[ὅτι ἰατρικῆς,参314b4]。

---

① 正如跳棋的走动:ταῦτα μεταπεττευόμενα,在棋盘中运动,参316c1—2,μετατιθέμενοι τοὺς νόμους,注意 μετα 这个前缀,在中间,在当中,在……之间,是不是正如棋盘,法也有其局,有其限定,比如法只是人世事物? 又参《礼法》739a—b,立法与玩跳棋相似乎[τύχῃ ἄνω καὶ κάτω τὰ ἀνθρώπεια πεττεύει,命运(或偶然)拿人间之事来赌博,有升有降;《礼法》又提及人是诸神的玩偶];亦参赫拉克利特:人生在世是一个玩耍的孩童,在跳棋盘上推棋子;王权在这孩童手中。
② 还是这样:ἀλλ' ὧδε,指下文即后面所说的事情,参316b6,οὕτω μέν。
③ 来探究它本身吧:αὐτά,所指不明确,指法与跳棋都一样的东西吗? 参ταὐτά;ἄθρει,现在时命令式、第二人称单数,细看、观察、考虑、思量,参315e3,σκόπει,观看、观望、观察(星辰等)、考虑、注视、注意;询问、探知、查明。
④ 我知道:οἶδα,语气停顿,似乎强调"我知道",承接上头的 Ἔγωγε。

苏：拥有这些方面知识的人[τοὺς ἐπιστήμονας，参314b2]，你不管称他为"医生"① 吗？

伴：我声称[φημί，再次强调我的看法]。

苏：[316d]那么，是有知识的人认为同一样东西是同一的，还是其他人认为同一样东西是不同的②？

伴：是同一的，至少在我看来[Ταὐτὰ ἔμοιγε δοκοῦσι，再次强调自己的看法]。

苏：是仅仅希腊人与希腊人之间，还是异邦人与他们自己且和希腊人一起，认为他们能够知道的事物是同一的③？

[d5]伴：那些知道的人④ 认同⑤ 同一东西自身无疑地必定是同一的[东西]——无论希腊人还是异邦人⑥。

苏：答得真好耶⑦。难道不一向如此吗？

伴：是的，一向如此。

苏：而难道医生们写下有关健康的东西不也就是[316e]他们认为是的那些东西吗⑧？

---

① 你不管称他为"医生"：ἰατροὺς，参314b4—5，那里提到占卜术、占卜者，提到医术，但没提到医生；另外，这里把作为显现的知识与作为发现的技艺联系在一起，然而着重强调的是掌握技艺的人——医生，没提到显现，也没提到发现。
② 还是其他人认为同一样东西是不同的：Πότερον οὖν οἱ ἐπιστήμονες ταὐτὰ περὶ τῶν αὐτῶν νομίζουσιν ἢ ἄλλοι ἄλλα，再次用到"认为"这个与法相关的词，参315e7以下，这个地方的用法有所不同，"认为"的主语是有知识的人，那边"认为"的事物相对具体；另外，这个时候，与有知识的人相对的其他人是谁，文中没说。
③ 是仅仅希腊人与希腊人之间，还是异邦人与他们自己且和希腊人一起，认为他们能够知道的事物是同一的：Πότερον οἱ Ἕλληνες μόνοι τοῖς Ἕλλησιν ἢ καὶ οἱ βάρβαροι αὐτοῖς (μόνοι) τε καὶ τοῖς Ἕλλησι, περὶ ὧν ἂν εἰδῶσι [虚拟式，注意不同于上一句的περὶ τῶν αὐτῶν]，ταὐτὰ νομίζουσι；这里再次出现希腊人和异邦人，第一次辩护时没有直接说到，参315c2—5，关于人祭。
④ 那些知道的人：τοὺς εἰδότας，来自上一句苏格拉底的εἰδῶσι，但是不同于τοὺς ἐπιστήμονας，316c8—d1。
⑤ 认同：συννομίζειν，不同于之前的νομίζουσιν（316d2），多了前缀συν-。
⑥ 同一东西自身无疑地必定是同一的[东西]——无论希腊人还是异邦人：Ταὐτὰ δήπου πολλὴ ἀνάγκη ἐστὶν τοὺς εἰδότας αὐτοὺς αὑτοῖς συννομίζειν καὶ Ἕλληνας καὶ βαρβάρους，在这一段问答中注意Ταὐτὰ（同一东西）出现了五次，显然和"认为"一样是重要的语词，即认为是同一的，亦即知识的普遍化、同一性。另外把καὶ Ἕλληνας καὶ βαρβάρους和τοὺς εἰδότας并举，而不是τοὺς ἐπιστήμονας，似乎希腊人和异邦人有别于有知识的人，不管怎么样其中有变化，医生即有知识的人，希腊人、异邦人即知道的人。
⑦ 答得真好耶：Καλῶς γε ἀπεκρίνω，苏格拉底第二次赞扬了同伴，参314c4、315e5—6，注意其反讽意味。
⑧ 而难道医生们写下有关健康的东西不也就是他们认为是的那些东西吗：Οὐκοῦν καὶ οἱ ἰατροὶ συγγράφουσι περὶ ὑγιείας ἅπερ καὶ νομίζουσιν εἶναι，参316b3，注意写的和认为的是一样东西。

伴：是的。

苏：所以，医术和医术的法律是这些著作——医生们的［著作］①。

伴：医术，确实［是］。

苏：那么农业的［γεωργικὰ］著作也是农业的法律吗②？

伴：是的。

苏：［e5］那么，有关园艺的著作和法则［νόμιμα］出自谁呢③？

伴：［出自］园丁［或者园丁的，κηπουρῶν］。

苏：所以，对我们来说［ἡμῖν，多出来的］，园艺的法律是这些［Κηπουρικοὶ ἄρα νόμοι ἡμῖν εἰσιν οὗτοι］。

伴：是的。

苏：出自那些在管理花园上有知识的人吗④？

伴：怎能不是呢［Πῶς δ᾽ οὔ］？

苏：正是园丁拥有这种知识［精通（管理），知道如何管理］［Ἐπίστανται δ᾽ οἱ κηπουροί］。

伴：是的。

苏：而关于配制菜肴的著作和法则出自谁呢［Τίνων δὲ τὰ περὶ ὄψου σκευασίας συγγράμματά τε καὶ νόμιμα］？

［e10］伴：［出自］厨师［或厨师的，Μαγείρων］。

苏：所以，这些是烹调的法律吗⑤？

伴：烹调的［法律］［Μαγειρικοί，同伴不回答"是"］。

---

① 医术和医术的法律是这些著作——医生们的［著作］：Ἰατρικὰ ἄρα καὶ ἰατρικοὶ νόμοι ταῦτα τὰ συγγράμματά ἐστιν τὰ τῶν ἰατρῶν，著作就是技艺和技艺的法，言下之意 logos 就是技艺和技艺的法。
② 那么，农业的［γεωργικὰ］著作也是农业的法律吗：Ἆρ᾽ οὖν καὶ τὰ γεωργικὰ συγγράμματα γεωργικοὶ νόμοι εἰσίν，注意没提到农民的著作、谁的农书，直接说农书就是农业的法，而非农业和农业的法。
③ 有关园艺的著作和法则［νόμιμα］出自谁呢：Τίνων οὖν ἐστιν τὰ περὶ κήπων ἐργασίας συγγράμματα καὶ νόμιμα，注意这句问的就是谁的著作，但是把著作和法并列。
④ 出自那些在管理花园上有知识的人吗：或精通管理花园的人，Τῶν ἐπισταμένων κήπων ἄρχειν，注意 ἄρχειν 又有统治、治理之义。
⑤ 这些是烹调的法律吗：参柏拉图《会饮》187e 以下，医生厄里克希马库斯说："至于属民的爱欲，与之相伴的则是属众的缪斯；对于这种爱欲得非常小心，不要陷进去，它虽然给人带来快感，但会使人变得没有节制。所以，我们的术很重视运用烹调术来正确调配食欲，让人享受美味又不致害病。"

苏：似乎出自［317a］那些对配制菜肴有知识的人①？

伴：是的。

苏：如他们所说②，正是厨师拥有这种知识吧［或他们精通——如人们所言——厨师们，Ἐπίστανται δέ, ὥς φασιν, οἱ μάγειροι］？

伴：因为他们拥有知识③。

苏：很好④，而关于治理城邦的著作以及法则实际上出自谁呢？难道不是出自那些［a5］统治城邦有知识的人⑤？

伴：至少在我看来［是］［Ἔμοιγε δοκεῖ，参316d2］。

苏：而是其他有谁还是治邦者［πολιτικοί］⑥以及君王［βασιλικοί］拥有这种知识⑦？

伴：正是这些人［Οὗτοι μὲν οὖν］。

苏：所以，这些治邦的著作，人们称之为法律［νόμους，复数］的那些，即君王以及好人的［317b］著作⑧。

伴：你说得对［Ἀληθῆ λέγεις］。

苏：此外，关于相同的事物，那些真有知识的人［οἵ γε ἐπιστάμενοι，参

---

① 似乎出自那些对配制菜肴有知识的人：或精通于——看来——配制佳肴的人，ὡς ἔοικεν，注意这句插入语是多出来的；ὄψου σκευασίας ἄρχειν，注意园艺和厨艺都用到 ἄρχειν 这个词。
② 如他们所说：ὥς φασιν，参314b4，占卜者与占卜术，苏格拉底用了同样的插入语。
③ 因为他们拥有知识：或精通于此，Ἐπίστανται γάρ，同伴不是简单回答"是的"，似乎以为厨师当然拥有知识，厨师拥有知识吗？
④ 很好：Εἶεν，感叹词，好的！正是这样！就这样吧！至此，苏格拉底的问题推进到暂时做结论的时候，所以他来了个感叹。注意其中思考与感叹的结合以及苏格拉底可能的犹疑。
⑤ 难道不是出自那些统治城邦有知识的人：或精通、精于治理城邦的人。τίνων δὲ δὴ τὰ περὶ πόλεως，什么时候开始出现"城邦"一词呢，同伴的第二次定义（参314c1—2、314d5、314d9、314e5）；苏格拉底的第一次辩护没出现，第二次辩护再度出现；διοικήσεως，家务管理、城邦的治理；ἆρ' οὐ τῶν ἐπισταμένων πόλεων ἄρχειν，注意关于城邦的治理也出现 ἄρχειν 这个词，与园艺和厨艺相同，而与医术和农作术不同；并且，苏格拉底两个问题一块问，不像之前分开问。
⑥ 治邦者：πολιτικοί，这个词与城邦和技艺都相关，注意其中城邦、技艺与人的结合。
⑦ 而是其他有谁还是治邦者以及君王拥有这种知识：或精于、善于（统治），Ἐπίστανται δὲ ἄλλοι τινὲς ἢ οἱ πολιτικοί τε καὶ οἱ βασιλικοί，这里治邦者与君王的并列，有点含混。① 君王也是治邦者吧，并列是为了突出君王吗，即君王是特殊的治邦者；② 治邦者是拥有技艺（治术的人），君王也拥有技艺；③ 治邦者可与智术师、哲人相对，都是人的类型，君王呢，像是王的类型，一般认为是王者中最高的类型；④ 君王是最好的治邦者吗，参柏拉图《理想国》卷八、卷九，王者类型的对比。
⑧ 这些治邦的著作，人们称之为法律的那些，即君王和好人的著作：注意这里用好人替代之前的治邦者，为什么？好人是治邦者吗；并且因为君王与好人并列，君王与好人的关系如何呢，君王不是好人吗，或君王是好人吗？参318d5以下，米诺斯这个君王是好人吗，对于雅典人来说是个问题，这是整篇对话最后一部分的主题；治邦者有知识，但不撰写著作，不订立成文法吗？参《斐德若》257e以下、278b以下。

316c8]，无疑不会在不同时期写出不同的东西来吧①？

伴：不会［οὔ］。

苏：关于相同事物，他们也不会在某些时候将这一法则改变为另一［法则］②？

［b5］伴：肯定不会［οὐ δῆτα］。

苏：因而，要是我们看到［ὁρῶμεν，虚拟语气，假设从句］有人不论在哪里［ὁπουοῦν，参317b2，ἄλλοτε，时间］做这，我们会宣称那些做这的人为有知识的人还是无知的人③［这个词第一次出现］？

伴：［我们宣称他们为］无知的人。

苏：且若是［虚拟语气］正确的［ὀρθὸν］，难道我们不将宣称每一个［ἑκάστῳ］为法则本身［νόμιμον αὐτὸ］吗，或医术或烹调或园艺④？

［317c］伴：是［这样］。

苏：而若是［虚拟语气］不正确的东西，我们不再称其为法则吗⑤？

伴：不再［οὐκέτι］。

苏：从而变成非法⑥。

---

① 无疑不会在不同时期写出不同的东西来吧：Ἄλλο τι，还有别的吗；ἄλλοτε，别的时候，其他时候；ἄλλα συγγράψουσι περὶ τῶν αὐτῶν，注意这一段接续316d8的论证线索。
② 他们也不会在某些时候将这一法则改变为另一［法则］：οὐδὲ μεταθήσονταί，参316c1，同伴的疑虑，注意μετατιθέμενοι与τεθῇ的关联；μετατιθέμενοι，放在……之间，置于……之中；修改，改换地点，改成相反的结论；撤销，改变。此前因为法被不停歇地修改，同伴自认为无法被说服，这个时候苏格拉底似乎将成功说服他。想想一个人怎么可能被说服，参《斐德若》中言辞与灵魂的隐秘关系(修辞术，知识与德性)；又参《理想国》忒拉绪马霍斯，《高尔吉亚》卡利克勒斯，以及《礼法》两位长老；苏格拉底自己希望被说服，参《游叙弗伦》5c、6e、9a、12e、15c—d。ποτε περὶ τῶν αὐτῶν ἕτερα καὶ ἕτερα νόμιμα，注意这类人，即君王和好人，就同一事物，不会订立不同的法则、法令。
③ 无知的人：Ἀνεπιστήμονας，同伴直接地、选择性地回答，而不是简单地肯定或否定，其中包含强调与区分意味（即某种发现）。
④ 且若是正确的，难道我们不将宣称每一个为法则本身吗，或医术或烹调或园艺：οὐκοῦν καὶ ὁ μὲν ἂν ὀρθὸν ᾖ, νόμιμον αὐτὸ φήσομεν ἑκάστῳ εἶναι, ἢ τὸ ἰατρικὸν ἢ τὸ μαγειρικὸν ἢ τὸ κηπουρικόν，注意这是第二次宣称，第一次关乎人，有知识的人，第二次关乎法则，两次都用虚拟语气。有知识的人即拥有知识的人，而哲人的古义是追求知识的人，而不拥有知识；另外，法则若是正确的东西，即法则就是知识。为什么这里用虚拟语气，有可能是因为医术、烹调和园艺三者是否都是正确的东西即知识是个疑问？苏格拉底没提到农艺，为什么？参色诺芬《齐家》中伊斯阔马库斯教授苏格拉底农艺。
⑤ 而若是不正确的东西，我们不再称其为法则 Ὃ δ' ἂν μὴ ὀρθὸν ᾖ, οὐκέτι φήσομεν τοῦτο νόμιμον εἶναι，注意这是第三次宣称，但没提到什么是不正确的东西。
⑥ 从而变成非法：Ἄνομον ἄρα γίγνεται，注意这里把εἶναι换成了γίγνεται，εἶναι是之所是，γίγνεται则指的是生成、变化，暗指变化的东西为非法吗？另外，法与非法的对比，法与正义的关系，参314c7—d1。

伴：必定①。

苏：进而，在那些关于正义与不义之事［参314c6—d1、315e7—316a1］，并且一般而言在那些关于城邦的［c5］秩序安排②以及应当如何治理③城邦的著作中，正确的才是王法④，不正确的则不是——对于不知道的人［τοῖς μὴ εἰδόσιν，参316d5、316c8］看来是法律——因而是非法。

伴：是的。

［317d］苏：所以，我们正确地一致同意⑤：法是存在的发现⑥。

伴：显然如此⑦。

我们再次回到整个对话的线索，第一、第二部分是同伴和苏格拉底关于法是什么的辩驳，即法的eidos；第三部分是苏格拉底带领同伴探究最古老最好的法，讨论米诺斯的法，米诺斯法的来源——宙斯，即法的genesis。两部分仍然有互相包含的东西。前面至少有一处地方，即同伴对苏格拉底的反驳，他认为法从时间和空间上看变化不已，其中包括人祭和葬仪；他提到宙斯的父亲——克洛诺斯，似乎在追溯法的起源，背后则隐藏着雅典人的法相对于异邦人及其他希腊城邦的优越性，即也包含法的好坏问题。而第三部分，即法的起源问题，米诺斯的法是最古老最好的法，并且宙斯教授米

---

① 必定：Ἀνάγκη，至此同伴做出很肯定的回答，参316d5，两处对照，前一处强调希腊人与异邦人必定认同同一的东西，这里强调法与非法的必然区分。参照苏格拉底辩证法的两面，统观与拆分，区分与结合，参《斐德若》265d—266c；又参《蒂迈欧》48a，"这个世界是理智与必然的共同产物。理智是通过说服来驾驭必然的。理智是统治力量，它说服了必然而把大多数被造物引向了完善。因着它的说服，理性带领着必然而把宇宙按照模式制造了出来"。
② 秩序安排：διακοσμήσεως，包含κόσμος的意思：秩序、整体、形式、宇宙，参柏拉图《蒂迈欧》23e、24c；又参荷马《伊利亚特》十九卷阿喀琉斯的盾。
③ 以及应当如何治理：διοικεῖν，包含οἶκος，住处、家庭、家政；注意πόλεως διακοσμήσεως 与 ὡς χρὴ πόλιν διοικεῖν 有何差别；进而，城邦的秩序安排、治理城邦与正义、不义的关系如何。
④ 正确的才是王法：再次把法与正义联系在一起，多了样东西，即"正确的"。βασιλικός νόμος，相对应于医术、园艺、厨艺的法。
⑤ 我们正确地一致同意：ὡμολογήσαμεν，参315e2，苏格拉底说要转变谈论方式，以达到一致看法，至此似乎完成，这是苏格拉底第一、第二次辩护的实质性变化。
⑥ 法是存在的发现：Ὀρθῶς ἄρα ὡμολογήσαμεν νόμον εἶναι τοῦ ὄντος εὕρεσιν，参315a2、315a4—5，苏格拉底在两次辩护过后，修正了自己对法的定义，取消了限制，而这时候的定义恰恰与同伴修正苏格拉底的定义相同。
⑦ 显然如此：或似乎如此，Φαίνεται，同伴似乎仍没有完全肯定，不清楚是否完全被说服了，参316b6。

诺斯法，隐含的意思是宙斯知道法是什么。如此，法的eidos和genesis分不开，其中的奥妙值得深究。

如果说，从文本表面来看第一、第二部分与第三部分，苏格拉底主动问同伴法是什么和最好的法，同伴给出的都是习俗、意见、礼俗之类的看法，当然他还提到诸神。这些就像米诺斯向宙斯求教法，苏格拉底像是米诺斯，同伴像是宙斯。——我们不知道同伴是谁，就如我们不知道宙斯是谁。但是，同伴的两次定义被苏格拉底辩驳后，苏格拉底给出自己的定义，使得内在的戏剧情节突转，同伴像米诺斯，苏格拉底像宙斯，苏格拉底对法的理解似乎就如宙斯知道法是什么，苏格拉底与同伴共同探讨法，就如宙斯教授米诺斯法。看起来，前面两部分的剧情是对后面的双重模仿。进而，我们还得注意到，第三部分仍然是苏格拉底与同伴的讨论，关于最好的法是什么的讨论，所以，从表面来看，苏格拉底与同伴在模仿宙斯与米诺斯，同时亦包含宙斯与米诺斯。或者说，苏格拉底与同伴一起观看米诺斯与宙斯这出悲剧。最表面的才是中心。最后，在第三部分中，一定得留意苏格拉底与米诺斯、宙斯的关系。我们刚刚猜度的是，苏格拉底既像是米诺斯又像是宙斯，又是米诺斯与宙斯的观者。

需要补充的是，苏格拉底认为米诺斯的法是最古老最好的法，米诺斯向宙斯学习法，似乎指向了神学目的论。而在《礼法》第十卷雅典人处理自然目的论，并与神学目的论关联在一起，或者说取代了神学目的论。如此，有一个难题是，第一、第二部分的法的eidos即法的存在论，如何与法的genesis即法的目的论相关联，是与神学目的论还是与自然目的论相关呢？《圣经》关涉法的genesis，《圣经》有没有法的eidos呢，想必其在上帝的奥妙中（即神学目的论）？

不管如何，在柏拉图那里法的eidos与法的genesis，以及神学目的论与自然目的论都与理解人的灵魂相关。我们将在对话的中心的第三部分（即苏格拉底的第三次辩护）看到这条论证线索。

同伴说没被苏格拉底的第一次辩护说服，心中仍然满是疑惑，关于不断地修改法律的困惑，这似乎是民主时代雅典人的可疑作为（参阿里斯托芬《鸟》《女城邦民大会》《地母节妇女》）。这让我们再次想起开头苏格拉底的第一个问题"法对于我们来说是什么"中的"我们",同伴的疑惑似乎都源于当下雅典人的难题,或者说他无法超出雅典人的视野,他的身心都在雅典城邦中。如果说,此刻的雅典是民主的雅典,那么同伴的视野就局限于民主文化的视野中。

苏格拉底似乎认为带他走出民主文化的困境并非易事。同伴的疑惑更多源于其自身的思考,开始思考时同伴有疑惑,说明其心灵的自觉,对自己所见所闻的自觉;进而,可以说他已经开始心灵呼吸。苏格拉底顺着同伴的思考引导其向前更进一步,"或许因为你没有想想这些",巧妙地用了同一个词"想想",顺着这口气、这呼吸……同伴用的是将来时,苏格拉底用的是现在时。同伴以为将来自己会再思考法的变化,他似乎看到法无穷无尽的变化特性,他思绪就会在这河流中(参荷马《伊利亚特》诸神和万物之源即大洋神俄克阿诺斯)。苏格拉底提醒他现在就思考,并且,两人都用了相同的介词前缀ἐν(在里面,在……里,在……内),ἐν想必也对应于μετατιθέμενοι的前缀μετά(在中间,在当中,在……之间),并且也对应于随后的μεταπεττευόμενα的前缀μετά。同伴将来的思考被苏格拉底拉到现在、此刻,让我们感受其间生活和生命感觉的不同、差异。苏格拉底的疑惑和思考是永恒的现在时,或者说这恰恰是人的本性,时时刻刻在信息流中,人时时刻刻都在与自然、人群交换信息,"呼噏精神"(庄子《引声歌》,参《道德经》三十六章:将欲噏之,必固张之),人在封闭自己的同时时刻开放自己,生生不息,天地化育。如此,柏拉图笔下的苏格拉底本身恰恰就是人本身的eidos,人的完美的形式、样子,人的形而上学,它就是这个苏格拉底,它又不是这个苏格拉底——因为苏格拉底总在与人的交谈中,总在变化中。

苏格拉底此时意欲使得同伴减少或者摆脱困惑,他采用了三个办法,都来自其言辞的精微之处:① 现在就思考;② 以跳棋做比喻;③ 与苏格拉底一同探究,同时改变讨论的主题。

苏格拉底提醒同伴现在就想想,想想跳棋的走动。苏格拉底这时候用了一个比喻,让同伴摆脱不解的疑虑。同伴深陷于雅典人不断修改法律之现实的困惑中,当然这种困惑是因为思考而来,因为与苏格拉底一同思考而来。法律是政治生活中的重要事物却纷争不断，这有可能使得现实生活手足无措、混乱不堪。苏格拉底以跳棋做比喻，使得立法与修改法律就像游戏，游戏可能使得人们暂时脱离现实的困惑，进入较纯粹的心智活动、心智游戏，变换时空。再者，玩跳棋某种程度上就像在剧场看戏，人们获得一个观看的视角，人们既在其中又不在其中，"我们踏入且没有踏入同一条河流，我们在又不在"。（赫拉克利特）如此，苏格拉底使得同伴既在雅典又离开雅典，在出世入世之间。

跳棋得有两人以上一起玩，玩的时候事先设定共同认可的游戏规则，棋局千变万化，但万变不离其宗。因为时空，因为玩游戏的人，想必有成千上万的玩法和棋局，不清楚是否能穷尽。但所有变化可能都是我们能明白的，都来源于共同的游戏规则（法），来源于棋盘的设计、划分、玩法的设定，来源于人们共同的认知。苏格拉底以为跳棋的玩法与法律的制定、修改是同一的。这个同一想必有一层含义来自ἐννοεῖς（想想），玩跳棋与立法都是人的灵魂行为、心智活动。人是一个eidos，作为自然中的一类、同类，必有其共同的、普遍的、可理解的东西，当然也有其局限①。而关于人的eidos，人的共同的东西与局限，恰恰也是心智活动的对象，即思考的对象。所以，苏格拉底关于思考的提醒是双重的，恰如在雅典与出雅典，出世入世之间。

苏格拉底再次让同伴一同探究，"探究它本身吧"，探究同一的、共同的、普遍的东西，也是不容易看透的东西。ἄθρει一词既有观看也有思考之义（参柏拉图《蒂迈欧》对眼睛、视觉的分析45a—48c，又参33c）。共同的东西恰恰难以看透，就如万有引力（事物与事物之间）与电磁力（事物自身）；又如人是一个eidos，但恰恰难以看透这个eidos，虽然我们对这个eidos也必然有一定的知觉，就如我们不会混淆人与动物（参索福克勒斯《埃阿斯》一剧开场中的埃阿斯）。人的心智划分、区分自然事物，同时其

---

① 参柏拉图《蒂迈欧》两次说明火水土气，一次与宇宙产生有关，一次与灵魂的理解有关；另参《庄子·应帝王》，蒲衣子曰："而乃今知之乎？有虞氏不及泰氏。有虞氏犹藏仁以要人，亦得人矣，而未始出于非人。泰氏其卧徐徐，其觉于于。一以己为马，一以己为牛。其知情信，其德甚真，而未始入于非人。"

本身也是一种自然事物。这是柏拉图笔下的苏格拉底对话的自然意义,它是对人的灵魂的自然思考,因为灵魂是自然事物。进而,苏格拉底探究属人事物的共同基础、共同样式比如法的自然面貌、形式与基础。这种对自然事物的探究和发现被认为是知识。

第一次辩护时苏格拉底以对习俗事物的共同认识引导对存在与非存在的区分,以及法与存在的关联,但并不能成功地说服同伴。习俗是我们不知其起源的事物。这个时候苏格拉底试图引导同伴对成文著作、技艺、知识与人的认识。之前,苏格拉底在区分灵魂行为与灵魂行为的结果,试图理解同伴第一次定义所牵引出来的线索中提到的知识或技艺,在当时是作为选择项,而这个时候苏格拉底似乎把它们等同了。那么法既是显现也是发现吗?

这里,苏格拉底认定法是一种技艺,恰如医术、农艺、园艺、烹调术。这些技艺都有其拥有相关知识之人撰写的著作,而成文著作包含着同一且普遍的知识。此前,苏格拉底提到对于我们来说技艺兴许是对诸多事儿的发现。其中诸多事儿想必是指属于人的各种活动。那么,法就是属人的事情、活动,法是关于属人的活动的知识,更准确地说是关于治理城邦这一属人活动的知识。各种属人的活动有各种法,治理城邦的法是王法。最后,苏格拉底与同伴达成共同的认识:法是存在的发现。

在这一论证过程中,关键的似乎是拥有知识以掌握技艺的人,而有知识的人对于相同的事物都会在著作中表述同一的不变的知识。而掌握技艺、撰写著作的这一类有知识的人是各种技艺的立法者。无知的人无法认识同一的事物,且随时改变法则,所立的是非法。从苏格拉底第一次辩护的存在与非存在的区分,到这里有知识的人与无知的人的区分,法与非法的区分,占据论证情节的中心的是人。苏格拉底上一次的推论,"所以,在存在上犯错的人,就会在法律上犯错"。第二次辩护中苏格拉底着手于理解犯错的人会是谁。第三次辩护讨论法的分配问题时,人就成为最重要的主题。进而,对话的第三部分讨论立法者米诺斯是谁。当然,最后也包含着这样的疑问:米诺斯是掌握技艺的人吗?他撰写关于法的著述吗?他是有知识的人吗?

所以,如果说整个对话是关于法的eidos与法的genesis,也可以转换成知识与人,即拥有关于法的知识的是谁,还包括这类人其知识的来源与类型。因为最古老最好的法律来自米诺斯、来自宙斯,需要探究的是米诺斯是谁,米诺斯知识的来源,以及宙斯的知识是什么(参柏拉图《礼法》的开篇)?如果说,法使人成为人,拥有关于法的正确知识使人成为人,那么,那些无知的人、没有拥有关于法的正确知识的人还是人吗?如果说,米诺斯从宙斯那儿得到的是关于人的知识、人的灵魂的知识,宙斯就像是人的知识、人的灵魂知识、甚至人的灵魂的源头,那么宙斯又是谁呢(参柏拉图《会饮》阿里斯托芬的圆球人与宙斯,宙斯与人)?

宙斯是神话诗人和悲剧诗人最高的神,是诗人们最高的知识——关于人的灵魂的最高知识,同时是关于政治事物的最高知识。如果说法是最重要的政治事物,那么宙斯即是关于法的最高知识,关于生活秩序的最高知识。苏格拉底与同伴共同探究法是什么,即最后必然探究宙斯是谁(quid sit deus)。可是,宙斯包括诸神看来是诗人的技艺(参希罗多德《原史》2.53),诗人的知识。而苏格拉底看来则是柏拉图的技艺(辩证法),是关于人的最高知识、关于人的灵魂的最高知识。如此,值得对比的是苏格拉底与宙斯,而这个意旨就包含在本篇对话第三部分苏格拉底重新解释米诺斯故事的意蕴里。柏拉图并不直接说明苏格拉底是谁,似乎也无法直接说明。其中可能因为人的灵魂无法看见,这还得借助于诗人的技艺,因为诗歌或者言辞包含人的灵魂的知识,包含着人的灵魂的影子与真相。苏格拉底在对话的过程中显现自己,也在阐释诗人的知识时发现自己。不管对话还是释诗,柏拉图都在模仿诗人,柏拉图理解诗人的知识到达什么样的高度,他对于人的理解就达到什么样的高度。柏拉图与诗人们在玩跳棋游戏,在关于人的灵魂的理解上不断地扩展视野,不断地打破棋局,以使得人的灵魂接通万事万物。正如哲人赫拉克利特所言:"一个人即使穿越了所有的道路,也无法找到灵魂的边界,因为灵魂有着极其深广的逻各斯。"

苏:进而,关于此[ἐν αὐτῷ,可能指这个定义本身]我们来往下仔细看看、观察① 它。谁② 具有给土地③ 分配④ 种子⑤ 的知识⑥ ？

伴：农民⑦。

---

① 仔细看看、观察：διαϑεώμεϑα，现在时虚拟语气，第一人称复数，意指劝勉或邀请同伴一块观察、细看，参313c7，ἐπισκεψώμεϑ'，不定过去时虚拟语气，察看，观察，注视；考虑，思考；又参313a4、315e2、316c4；注意这里苏格拉底不再用命令语气，你该怎么样……而是我们一同怎么样……这会不会与两人已达成共同的理解相关。
② 谁：τίς，注意苏格拉底第一次辩护开始于对物的看法，终于对存在以及对存在与法的关系的认识；第二次辩护开始的论证情节则是：著作、技艺、人；第三次辩护一上来就提问人，看来关于人的问题越来越重要——立法者将出现。注意三次辩护情节线索的变化和沟通。对存在的认识的深入，等于对法的认识的深入，而其中最重要的线索却可能是认识存在与法的人是谁。参《庄子·大宗师》："知天之所为，知人之所为者，至矣。知天之所为者，天而生也；知人之所为者，以其知之所知，以养其知之所不知，终其天年而不中道夭者，是知之盛也。虽然，有患。夫知有所待而后当，其所待者特未定也。庸讵知吾所谓天之非人乎？所谓人之非天乎？且有真人，而后有真知。"
③ 土地：注意接下来的对比，土地、曲调、人的身体、羊群、牛群、人的灵魂。
④ 分配：διανεῖμαι，首先注意这个词与διαϑεώμεϑα相同的前缀δια（语感、语义的连接、相通，要细看、观察的可能就是分配问题），表示通过、穿过；在……之间、在……之中；因为，由于，凭借；διανεῖμαι，分配，分成一份一份；治理（城邦）；νεῖμαι，1. 分配、分发，分给，给以（惩罚）；瓜分，占有，据有；居住，住在；控制，统治；2. 放牧牛羊；（牛羊到牧场）吃草；人吃东西。这个词在这里包含了关于法的重要内涵的另一层意思——从整体中分配给每个部分。参柏拉图《蒂迈欧》35b，"混合起来后，造物主根据需要又把这个包含三者的混合体再分割为许多部分，每个部分都包含有存在、同和异。他是这样分割的：先从整体分出一部分，然后分割出两倍于它的另一部分"。——这相对应前两次辩护法的另一重要词汇νομίζω：保持习惯、奉行某种习俗（第一次辩护关于习俗之物）；认识，认为，相信（第二次辩护关于技艺、知识）。第三次关于分配问题的辩护，主旨上可以看成是前两次辩护的延续、深化；就这儿的文本位置，也可以看成是对法是存在的发现这个定义的深化，进入到最深处。而三次辩护中的这两个重要词汇都与法的词根相同。
⑤ 种子：τὰ σπέρματα，（植物的）种子、籽、（动物的）胚种；任何东西的萌芽、胚种、根源；元素（哲学上尤指水火土风）。先来注意一条线索，农民分配种子给每一块土地；而谁分配每一个人的灵魂什么呢？参柏拉图《斐德若》260c—d、276b—277a，苏格拉底："但我以为，比这还要美好得多的是，在这些事情上变得非常严肃，靠辩证法的技艺拽住一颗合宜的灵魂来耕耘，用有见识的言辞把种子播撒在[灵魂]里面，这种言辞有能力帮自己和耕耘它的人，而且不会不结果实；毋宁说，这种言辞使得种子在别的土壤中生出别的言辞，从而使得那种子永久不死，也使得分享这种子的人得到人所可能得到的最大幸福。"
⑥ 知识：第三次辩护一开始的知识问题紧接的是上一次辩护的知识主题，但是接下来转向分配问题，分配也是一种知识吗？注意就第一个例子提到知识，接下去的都没有提到，为什么？难道吹箫手、竖琴师、训练师、牧羊人、牧牛者都不具有知识吗？他们的分配不是知识吗？最后一种没提到人，提到的是王法（参317a3—6）？
⑦ 农民：Γεωργός，注意苏格拉底第一次辩护时提到的是各个城邦、部族的人对习俗之物的看法；第二次辩护时苏格拉底提到的几类拥有知识的人，这里第三次辩护其余几类人都没被提到，难道医生、园丁、厨师都不需要分配东西，都没有关于分配的知识吗？第二次辩护提到农艺，没提到农民。第二次辩护提到王法，而第三次辩护治邦者、君王、好人都没有被提到，难道他们不是王法的分配者吗？另外，第二次辩护时苏格拉底谈知识与技艺，以医生为起点，为什么？第三次辩护时苏格拉底谈分配问题以农民为起点，又为什么？两次辩护的终点都是王法。如此，谈论王法可以有两个起点，两条讨论线索。随之，第三部以吹箫术（马尔苏亚、奥林普斯）为起点，终点是米诺斯的法。如此，有三条线索，依次为：医生—医术，农民—农艺，马尔苏亚、奥林普斯—吹箫术，注意其间的线索与差异。另外，参色诺芬《齐家》中苏格拉底讲述一位贤人教授其农作术，然而苏格拉底并不是农民。

苏：而是这种人［317d5］给每块土地① 分配合宜的② 种子③ 吗？

伴：是的。

苏：所以，农民是种子的好分配者④，而对于它［种子］，他［农民］的法律和分配⑤ 是正确的⑥ 吗？

伴：是的。

苏：而谁是给歌曲⑦ 音调⑧ 的好分配者，且分配⑨ 合宜的［音调］⑩？并且谁的法律是正确的？

伴：那些［317e］吹箫手和竖琴师［的法律］⑪。

苏：所以，最精通这些事物⑫ 的法律的人⑬，就是最精通吹箫术

---

① 而是这种人给每块土地：ἑκάστῃ γῇ，注意分配问题的要害之一，农民得认知、熟悉每一块土地土壤的品性，具有关于部分的完整知识。参317b8—9，"且若是正确的［ὀρθὸν］东西，难道我们不将宣称每一个［ἑκάστῳ］为法则本身［νόμιμον αὐτό］吗，或医术或烹调或园艺"。
② 分配合宜的：ἄξια，值（多少）的；有价值的；配得上的，合适的。农民还得认知种子，各种各样的种子，以及种子与土壤的适配，参柏拉图《希普帕库斯》225a。
③ 种子：σπέρματα，对于法来说，往下看就能察觉分配合宜是最关键的。
④ 农民是种子的好分配者：ἀγαθὸς，参314d6—8；另参317a7—b1，"所以，这些治邦的著作，人们称之为的法律的那些，即君王和好人的著作"。至此，对话中三次提到ἀγαθὸς都与法直接相关，其顺序如下：法，即好；法，即好人的著作；法，即好的分配者；以及好—好人—好的分配者。

分配者：νομεύς，注意这个词与διανεῖμαι的关联，来自同样的动词词干νέμω；另外，这个词包含牧人、牧羊人和分配者的双重含义，这次辩护苏格拉底先谈到分配者，后谈到牧羊人、牧牛人。
⑤ 他［农民］的法律和分配：διανομαί，参317e3—4，第二次辩护时，提到农业的著作就是农业的法律，著作就是法律；这里提到农民的法律；并且把法律与分配并列，法律就是分配吗？注意法律这个词与διανεῖμαι、νομεύς关联。
⑥ 是正确的：参317b8—317d2，正确的才是法，才是存在的发现，如此，存在的发现是关于给每一块土地分配合宜的种子。
⑦ 歌曲：μέλη，四肢、歌声、歌曲；乐声、曲调。从语法位置看这个词相对应于土地ἐπὶ γῇ。
⑧ 音调：κρουμάτων，这个词相对应于种子，但没提到这类分配是一种知识。
⑨ 分配：νεῖμαι，注意用的不再是διανεῖμαι。
⑩ 合宜的：没提到分配什么，是音调吗？如果是，那么音调在这里的语法位置既相对应于种子［τὰ ἄξια σπέρματα］。
⑪ 那些吹箫手和竖琴师［的法律］：Οἱ τοῦ αὐλητοῦ καὶ τοῦ κιθαριστοῦ。注意这两类人看起来是拥有技艺的人，但是在第二次辩护时苏格拉底没有提到他们。他们并不撰写著作，也不是有知识的人吗？另外能给歌曲分配音调的就这两类人吗？注意接下来对话的第三部分即以吹箫术开头，它是一种技艺，我们不知道它是不是一种知识。这种技艺与诸神相关，与人的灵魂相关，是神圣的事物。这种技艺似乎最类似于希腊人最古老的法律——米诺斯的法律。这类技艺与占卜术相似吗？一类直接指向诸神，一类指向需要诸神的人？参314b4。
⑫ 这些事物：τούτις，指什么呢，音调吗？
⑬ 最精通这些事物的法律的人：νομικώτατος，从νόμος变来的形容词最高级形式，如此，使得这个对话意在穷尽有关法的各种语词变形及其相关含义，类似于古典语文学的音韵、训诂、义理，这样看来，柏拉图是个语文学家。参考塞涅卡所说：philosophia facta est quae philologia fuit（语文学之所是就是哲学已成就的）。

的人①？

伴：是的。

苏：而谁最擅长②把食物③分配④给人的身体⑤呢？不就是那位［分配］合宜［食物］的［人］？⑥

伴：是的。

苏：所以，这种人的分配［e5］和法律最好［βέλτιστοι］，而凡是对这方面的法律最精通的人［νομικώτατος］，也是最好的分配者⑦。

伴：的确如此⑧。

苏：这种人［是］谁？

［318a］伴：训练师⑨。

---

① 就是最精通吹箫术的人：Ὁ νομικώτατος ἄρα ἐν τούτις, οὗτος αὐλητικώτατος，注意这里用了两个形容词最高级形式，为随后一系列最高级形式的形容词及第三部分的最古老的、最神圣的、最好的等语词的出现做铺垫。另外，先前农民给土地分配种子没有提到他最精通法律，为什么？再者，这里暗中把技艺与法律等同。还需注意是不是有不太精通吹箫术的人不那么精通这方面的法律，即吹箫手这类人看来有品级差别，而农民没有差别吗？最后，这里没提到竖琴术。另外，这里论证的结论紧接的是"所以，农民是种子的好分配者"以及歌曲的好分配者，即吹箫术技艺最高的亦是最好的分配者。

② 最擅长：ἄριστος，或最好的，最高贵的（出身或地位）；最优秀的；最有道德的，最贤良的；最有用的。

③ 食物：τὴν τροφήν，或滋养品，相对应于种子、音调。

④ 分配：διανεῖμαι，苏格拉底又用回这个词，让我们联想到土地与身体的相似性，想到这两者与歌曲的差异，想到前缀δια，穿过，分离，相距。歌曲中似乎没有音调分离的问题。当然也可以说相比较而言，歌曲是某种更接近于灵魂的事物。参柏拉图《斐多》的主题即论灵魂：哲学——学习死亡——最高的音乐。

⑤ 给人的身体：ἐπὶ τὰ τῶν ἀνθρώπων σώματα，第一次出现人的身体，相对应于土地、歌曲。

⑥ 不就是那位［分配］合宜［食物］的［人］：Τίς δὲ τὴν τροφὴν ἐπὶ τὰ τῶν ἀνθρώπων σώματα διανεῖμαι ἄριστος;οὐχ ὅσπερ τὴν ἀξίαν,ὅσπερ，就是那个人他，这句的句型相比较于农民给土地分配种子多出了ἄριστος，是不是暗指也有给身体分配食物没那么好的人，即这类人有差别，类似于吹箫手，但吹箫术没有直接提到"最好"一词，提到是最精通技艺的人。这句话的基本意思是：谁是……最好的，或者谁分配……最好，但没有提及这种分配是一种知识。

⑦ 所以，这种人的分配和法律最好［βέλτιστοι］，而凡是对这方面的法律最精通的人［νομικώτατος］，也是最好的分配者：Αἱ τούτου ἄρα διανομαὶ καὶ οἱ νόμοι βέλτιστοι, καὶ ὅστις περὶ ταῦτα νομικώτατος, καὶ νομεὺς ἄριστος，这里苏格拉底进而提到最好的法律、最好的分配者，关于农民、吹箫手问题都没提及最好的分配、法律和分配者，如此可见情节的论证在一步一步上升。διανομαί、νόμοι、νομικώτατος、νομεύς四个词相关，此时分配与法律等同，当然其中的关键是人（分配者）。

⑧ 的确如此：Πάνυ γε，或完全是，同伴十分肯定的答话，第一次出现。

⑨ 训练师：Παιδοτρίβης，体育教练，泛指教师、教员，参苏格拉底第二次辩护时提到的医生和厨师，参柏拉图《高尔吉亚》504a，安排、调养身体：训练师与医生。训练师类似于现在的健身教练加上营养师。

苏：这种人最擅长① 饲养② ［有］身体的人群③（the human herd of the body）吗④？

伴：是的。

苏：而谁最擅长⑤ 饲养⑥ 羊群⑦？他的名称是什么？

伴：牧羊人［Ποιμήν，词源 ποία, πόα，草、草地、割草季节、夏季］。

苏：所以，对于羊群牧羊人的法律是最好的⑧。

［a5］伴：是的。

苏：而对于牛群是牧牛者的［法律］⑨。

伴：是的。

---

① 最擅长：κράτιστος，最强的、最强大的、最强有力的；最好的、最卓越的。这里用了有关于好＝ἀγαθὸς 的三个最高级形式 ἄριστος、βέλτιστοι。κράτιστος 相应于人群，想必与统治有关，从前头的 ἄριστος 变成 κράτιστος；ἄριστος 更多地包含自然本性、能力或德性的意义，这个两个词在这里都用于形容人；而 βέλτιστοι 用于形容法和分配，形容事物，但参 315d6、318d11、320e2，苏格拉底则用于称呼同伴。

② 饲养：νέμειν，或译为保养、调养、养育，甚至分配，注意各种义项的差别与联系。对于人群的统治来说，为什么饲养即分配？参柏拉图《理想国》第二卷 369d，城邦建立的基本事物——粮食、住房、衣物，以及其他等，相应地得有农民、瓦匠、纺织工人，以及鞋匠或者别的照料身体所需要的人；参《圣经》的用法——神与人即牧人与牧群；又参中国古典的养民、牧民的说法，《尚书·大禹谟》："禹曰：'於，帝念哉！德惟善政，政在养民。'"参《汉书·郦食其传》："王者以民为天，而民以食为天。"另外，注意苏格拉底没提到饲养每一个人的身体，似乎对于人的身体的饲养是作为群、群体来看的。当然，我们还得注意人群中特殊的人——赫拉克利特的离群出世，靠吃山间的各种植物为生（《名哲言行录》9.3）；颜渊——子曰："贤哉！回也。一箪食，一瓢饮，在陋巷。人不堪其忧，回也不改其乐。贤哉！回也。"（《论语·雍也》）苏格拉底说他离神最近，因为所需最少（《名哲言行录》2.27）。

③ 人群：τὴν ἀνθρωπείαν ἀγέλην，译为"民众"太政治化了，相对于前一句多出了 ἀγέλην（牛或马的一群，泛指一群，人群），从人变成了人群，为后面羊群的出现做铺垫。人群、羊群、牛群作为生物或动物的一类过群居生活，有关于人群、羊群、牛群的法律想必与群居有关。有只关于一个人的法吗，一只羊、一头牛呢？参《奥德赛》卷九巨人族（9.112—115），没有法律。

④ 这种人最擅长饲养［有］身体的人群吗：Οὗτος τὴν ἀνθρωπείαν ἀγέλην τοῦ σώματος νέμειν κράτιστος；这句的表达法颇受争议。此处关于训练师这类人的问答或者论证最多。苏格拉底共提到六类人，前三类是农民、吹箫手与竖琴师、训练师；后两类为牧羊人、牧牛人，还有最后一类未明言的，看来，训练师对应于未明言的这一类（其实就是立法者），即身体与灵魂对应，这也就是对话第三部分主要论及的对象，所以情节的论证也相应繁复，也更难以理解。所以第三部分明显地在情节的论证上接的是第二部分这里的论证。

⑤ 而谁最擅长：κράτιστος，用的是与训练师饲养有身体的人群的同一个词，还包含管理、统治的意义。

⑥ 饲养：νέμειν，与人群的饲养作比较，至少对于羊群来说可能没有关于灵魂问题的这一难题。

⑦ 羊群：或羊的群 τῶν προβάτων，在前面行走的动物：牲畜、畜群；没提到羊群的身体。羊的语法位置相对应于上头的身体，想必对于羊群来说不好区分身体与灵魂，而为什么人必得区分身体与灵魂？

⑧ 法律是最好的：νόμοι ἄριστοι，比较上面训练师最好的法律，οἱ νόμοι βέλτιστοι。

⑨ 对于牛群是牧牛者的［法律］：Οἱ δὲ τοῦ βουκόλου τοῖς βουσι，没具体提到最好的；βουκόλου 词源上来自 βουσι。

苏：进而对于人的灵魂①，谁的法律最好②？不是王[法]③吗？你宣称吧[φάθι, φημί 的现在时命令式第二人称单数]。

伴：我这么宣称[Φημὶ δή，参316c8]。

这是苏格拉底的第三次辩护也是最后一次辩护。苏格拉底的三次辩护其实也是关于法是什么的阐释。那么，为什么说是辩护呢，可能因为苏格拉底对于法的理解不同于同伴的理解，并受其致疑。如果说同伴关于法的两次定义相当于常人的理解，那么就可能是城邦中大多数人的理解。而此时，苏格拉底与同伴达到的共同理解，却可能是不一般的理解、少数人的理解，甚至可能就是哲人的理解。注意苏格拉底关于法的理解是在问答中（即辩证法）显现出来的，即在其辩护中显现，所以它可能是心灵最高的自觉。而同伴的两次定义：法是被认为合法的东西和法是城邦的信条，表面看来都有习俗事物不言而喻的正当性，某种程度上也包含心灵自觉。苏格拉底的定义显然与这种自觉有联系又有区别。苏格拉底的第一次辩护基于各邦人对习俗事物的共同认识（相当于同伴的第一次、第二次定义）；第二次辩护基于著作、技艺、知识和有知识的人（源于反驳同伴第一个定义，而得来的推衍——法是显现或发现、知识或技艺，看来法既是显现又是发现），同时包含着少数人与多数人（各邦人）的共同知识；第三次辩护承接第二次辩护的知识问题，并基于法的目的论——而第二次辩护像是法的存在论的说明，谁的法是正确的法，有知识之人的法——阐明少数人或者说某类人是某类事物的好分配者，其间结合法的存在论——分配者具有分配的知识。

其简明的线索是从第一次辩护逐渐引导至法的存在论，第二次辩护主要处理法的存在论问题，第三次辩护结合法的存在论与目的论。如此，苏格拉底和同伴达致对法的较完整的认识。

首先，我们有个问题，在第二次辩护时出现农艺，没提及农民，为什么第三次辩护则开始于农民分配种子的问题，而第二次开始于医生的著作及技艺？我们知

---

① 对于人的灵魂：ταῖς ψυχαῖς τῶν ἀνθρώπων，两个名词都是复数，ταῖς ψυχαῖς，就如身体刚刚第一次出现，灵魂随即第一次出现，随后成为主题。苏格拉底的定义——法是存在的发现，着落于人的灵魂。再者，这里用的不是人群一词；人群的身体与人的灵魂有区别。身体与灵魂的区别，参柏拉图《斐德若》271a，灵魂与身体的一或多的问题，以及身体、灵魂的同与异问题。另外，现代政治基于身体感受的同一，古典政治则基于人的灵魂的差异；进而，人的政治本性是与人的身体的群性相关，还是与人的灵魂的特性相关是个重大问题。
② 最好：用的也是 ἄριστοι，最好的。
③ 王[法]：οἱ τοῦ βασιλέως，直接提及王者、君王，参317c6。

道两次辩护都结束于王法。可能的原因是农民给土地分配种子这一种人类的活动相对于医术、园艺、厨艺更具有政治特性。我们可以说农民的劳作包含了医术、厨艺对于人的身体而言的目的,也包含了园艺对于植物甚至身体来说所具有的更多的自然含义,它似乎具有更宽广的普遍性。但是,农民给土地分配种子的问题却可能天生具有更强的政治意味。医术可能很接近于此,两者具有相似性。并且,从这一次辩护且从古典政治来看,理解身体的重要性可能远远低于理解灵魂的重要性(参柏拉图《理想国》的抽掉身体爱欲问题,《斐德若》《礼法》卷十的灵魂优先性问题)。如此,第二次辩护起于医术,第三次辩护起于农民,是一条递进线索。农民的劳作、分配问题可能包含身体与灵魂的双重理解,它至少是一个作为过渡的起点,接下来苏格拉底提及吹箫手给歌曲分配曲调,就已经触及灵魂问题。对话的第三部分就起于吹箫手的法律与人的灵魂以及诸神的关系问题。所以,这里有条理解关于法的问题线索:医生—农民—吹箫手,即从对身体的理解到对灵魂的理解。

如此,对于法的理解就会触及其根本问题——对人的灵魂的理解,这是古典政治的基本问题、基本思路。

法是什么——法是存在的发现,关于这个定义苏格拉底引导同伴继续观察、思考。对于这个问题理解的深入关涉分配问题,给不同人的灵魂分配不同的东西,这也是法的重要内涵。当然也可能包含这样的含义:法是存在的发现,法就是对人的灵魂的发现。如此,从人的灵魂来看,法是存在的发现可能包含一和多的问题,既得有对人的灵魂整体的发现,又得有对每一个体灵魂的发现,因为人的灵魂品性存在差异,不同的人有不同的欲望,不同的人有不同的人生目的。

在苏格拉底的第二次辩护中,从成文著作来看似乎存有普遍的、固定不变的知识。第二次辩护没有直接提及灵魂问题。而治邦者、君王拥有知识——关于正义与不义,城邦的秩序安排,以及如何治理城邦的知识。如此,治邦者与君王的知识已经似乎隐含了灵魂知识、灵魂秩序的知识。问题是这种知识果真是普遍且固定不变的吗?农民给每一块土地分配合宜的种子,而君王和治邦者给每一个人的灵魂分配合宜的东西吗?如果说法的最重要问题关涉灵魂的正义、不义问题,那么什么样的灵魂是正义的,进而给每一个灵魂分配什么是正义的(参柏拉图《斐德若》270c—271a;又参柏拉图《理想国》一人一种工作,《礼法》卷一的美德整体与每一种美德的关系)?

从第二次辩护看,法是不变的;从第三次辩护看,法难免可变,甚至无限可变。

如此,法是存在的发现同时包含着变与不变的因素;甚且,这个定义本身就是辩证法本身,即法就是辩证法(参《易经》系辞上第一至第四章——易简、易、不易和周易)。因而,苏格拉底关于法是什么的问答,其实仍是其探究万事万物的线索,具有开放的线索和视野。我们首先得明白其着意于并基于对人的灵魂的理解。

我们还可以注意到这样的线索。苏格拉底的第二次、第三次辩护先后提及多种技艺,这些技艺都是人类的各种活动,他们与治邦技艺即立法技艺的关系是什么,它们是具有并列且平等的关系还是包含高低差异?而各种技艺都有自己的法,治邦的法是王法,各种法与王法的关系又是什么?

各种技艺、各种法均属于人的活动,是对相应的各种人类活动的发现。如果从第三次辩护所处理的法的存在论与目的论的结合来看,各种技艺、各种人类活动都有其目的甚至有目的的等级(参亚里士多德《尼各马可伦理学》的开端),正如各种人的灵魂品级有差异,其人生目的有差等。而人的活动的目的必然关涉正义问题,如此法的问题与正义问题、人的目的问题关联在一块。追问法是什么,必然要追问正义是什么(参柏拉图《理想国》),以及人的目的是什么(即柏拉图的作品整体)。

四、立法者的悲剧形象及其重塑（318b1—321d10）

[318b] 苏：那么你说得好①。回过头来，你能否②说说③，谁成为（或是）④古人中⑤有关吹箫术法律的好立法

---

① 那么你说得好：Καλῶς τοίνυν λέγεις，苏格拉底再次赞扬同伴的答话。苏格拉底对同伴提问，同伴回答。尽管问题的线索和题旨主要由苏格拉底提供，因为同伴一起推进问答的进程，两人逐步取得共识；尽管同伴仅仅是简单地认同苏格拉底的问题，还是得到苏格拉底的赞扬。同伴的答话和认同，表明了其心灵的自觉，并且这个时候已经达到较高的程度；再者与苏格拉底一起达到较高程度的共识。苏格拉底的赞扬似乎是在生活感觉和理解层面上加强这份共识，稳固生活的共同基础；也肯定同伴已达致灵魂自觉的水平。同伴先自我肯定，随之苏格拉底肯定其肯定，双重肯定——人的理解水平在问答中体现出来。
② 你能否：ἔχοις ἄν，现在时祈愿语气第二人称单数，参317d3，διαδεώμεθα，现在时虚拟语气。这是一个新起点，苏格拉底的语气又改变了，体会其戏剧感觉，即生活感觉。接下来谈论都是神圣的事物，所以苏格拉底这里运用祈愿语气。313a4（对话开头，对关于法是什么这个问题的阐明）、315e3（第一次辩护）、316c4（第二次辩护）的命令语气在某种意义上包含着劝说的意味，如此法的定义恰如法的作用之一即劝说、劝导。看来，苏格拉底与同伴关于法所达成的共同看法——法是存在的发现——也并非纯粹哲学的自由探讨，这个看似很哲学式的定义某种程度上是劝导性的。它过渡到317d3（第三次辩护）的虚拟语气，随即降低其哲学品位，富含更多的政治意味，即分配问题；当然也可能隐含更深的哲学含义，即试图认识每个人、每类人的灵魂品性，穷尽人事万物。这里的祈愿语气使得苏格拉底关于法的定义变得含混了，因为接下来的主题是立法者，而其中的中心主题是神圣事物，如何理解苏格拉底关于法的定义与神圣事物的联结呢？法的定义的哲学含义如何遭遇神学问题？注意吹箫术是其中的联结线索。
③ 说说：εἰπεῖν，注意苏格拉底不再要求同伴探究，而是说说。难道第三部分都不再探究问题吗？关于法是什么的谈论已经结束了吗？
④ 成为（或是）：γέγονεν，注意用的不是εἶναι，参313a1、315a3、315a4、315a7、316b3、317d2，法是什么与立法者是谁，the eidetic 与 the genetic，一个探究事物的面貌、形式、特征和理念，一个阐明事物的起源和品性；一个像是哲学方式，一个则像是诗歌方式；而理解两样东西如何结合起来则是个难题。这个动词既有系词又有实义动词的性质，它的基本意思是：生、出生、诞生；是、成为；发生、出现；变成。参伯纳特《希腊、罗马与海上的陌生人》："对人类精神的考古是古代诗歌的一项专有事业。它尝试以人们对最初事物的现时体验为前提去考究那些事物的原始起源。把起源与现时并列、把生根与花开对观，这将揭露出'合法性'的不法出身，亦即其罪恶出身。"接下来，整个对话似乎转向诗歌方式。参318c2，又参315b3、317c2、320d3、321d1，这个动词在这几处文本位置都含有变化的意思，如此the eidetic 更类似于不变的东西，而the genetic 则可能是变化的，而变与不变结合。
⑤ 古人中：τῶν παλαιῶν，为什么是古人？可能包含诗歌与人类灵魂的历史时间品性问题。梵蒂冈博物馆中有座古希腊雕塑，有四层雕像，宙斯居于最上层，斜躺着；旁边站着记忆女神；中间两层是阿波罗与记忆女神的女儿们缪斯；最下层主角是坐着的荷马，荷马正接受一群人的崇拜，荷马背后则是χρόνος[时间]与οἰκουμένη[暗含γῆ，有人居住的大地，指空间]，这引人联想到海德格尔的《存在与时间》以及其诗歌阐释。

者①?② 或许③你想不起来④,那么你愿意我提醒你吗⑤?

伴:务必[提醒]⑥。

苏:这样地⑦,有人说⑧[是]马尔苏亚⑨[318b5]还有他的情伴⑩ 弗里吉亚人[Φρύξ]奥林普斯[Ὄλυμπος]?

---

① 有关吹箫术法律的好立法者:ἀγαθὸς νομοθέτης,之前已出现好人、好分配者,参317a8—b1、317d6、317d8、317e6,好人—好分配者—好立法者,注意其间情节论证上的联系。还得留意γέγονεν与ἀγαθὸς的紧密连接,法的目的论与立法者是谁息息相关,说得更明白些与立法者的德性或者灵魂品性相关。另外,νομοθέτης这个词仍然是法的词源变化,从之前的分配、饲养含义转变到立法者,从人的行动、事情(参314b5)转到人的类型,哪类人做哪些事。参亚里士多德《诗术》1448a1—5,"既然那些模仿者所模仿的是行为着的人(πράττοντας,对观《理想国》603c4),那么,这些人必然要么高尚,要么鄙屑,因为性情总是在这种或那种情形中显露出来,所有人的性情都在善与恶上见出差别——因此,被模仿的行为者比我们要么更好、要么更坏,要么像我们如此这般"。悲剧模仿不同人的品性,等于模仿其行动,反之亦然。注意接下来米诺斯形象的悲剧意味。
② 谁成为……好立法者:τίς...ἀγαθὸς γέγονεν...νομοθέτης,直接提问谁是好立法者,立法者问题紧跟着法的分配问题,是否暗含着好立法者是好的分配者;当然还可以这么理解,立法者问题紧接的是法是存在的发现这个问题;进而得注意这两个问题的关系,其中实质的联结线索是人的灵魂问题。
③ 或许:ἴσως与ἂν为关联小品词。
④ 你想不起来:或译为你想想,包含思考、理解的意思;ἐννοεῖς,参318c3,又参316c1,ἐννοήσω……μετατιθέμενοι,注意μετατιθέμενοι与这里νομοθέτης,在词源(相同的动词词干)与义理上的关联,同伴想到法律被不断地变来变去,苏格拉底似乎对应地在情节论证上把同伴引向对立法者的思考,思考法律被不断修改的根本缘由——立法者;又参316c3,ἐννοεῖς,在那里苏格拉底第一次辩护后,同伴没被说服,苏格拉底提醒同伴对比玩跳棋游戏,跳棋变来变去,万变不离其宗,万事万物再怎么变化仍有不变的东西。接下去苏格拉底与同伴探讨著作、有技艺的人、有知识的人与法律,法律包含的固定不变的知识品性。这里苏格拉底将提醒同伴记起最古老最神圣最好的法律。注意这两次情节论证上(316c3)的对应与联结,包括语义的联结。
⑤ 你愿意我提醒你吗:ὑπομνήσω,使记起、使想起、提醒;暗示、启发;ἐγὼ βούλει σε ὑπομνήσω,首先留意βούλει,参315e2—4,那里苏格拉底试图改变谈论的方式,把同伴的长篇言说改为问答,苏格拉底问他愿意答还是问;这里苏格拉底再次让同伴表达意愿,但是某种意义上其含义没有选择的意味。再者,ὑπομνήσω,得参考315d6—7,"这真一点儿也不奇怪,最亲爱的朋友,如果你说得对(注意假设从句),则它逃脱了我的注意(ἐμὲ δὲ τοῦτο λέληθεν,它没被我注意到,或我没有注意到它)"。ὑπομνήσω这个动词对应的就是λέληθεν(遗忘、忘记)。在那儿苏格拉底用的是假设从句,意谓同伴讲述的人祭和葬仪苏格拉底自己并没有遗忘。
⑥ 务必[提醒]:Πάνυ μὲν οὖν,同伴似乎乐于苏格拉底提醒他。
⑦ 这样地:Ἆρ᾽ οὖν,注意ἂν οὖν、Πάνυ μὲν οὖν与Ἆρ᾽ οὖν中οὖν的三次联结,一直在加强语气,以确信接下来的神话的确定性。
⑧ 有人说:λέγεται,据说、据称、听说,这是苏格拉底听来的,也可能是希腊人所知道的传说,所以接下来的故事看来都不是探讨得来的知识,而是听来的传闻。其实,苏格拉底可能在改编已有的神话故事,就如其在《斐多》(60c—61b)中所言,即作诗。所以,说是听来的其实包含自己的编造。表面看来,苏格拉底乐于接受神话故事,其实是苏格拉底在装样子——不随意破坏神话故事,又有意地破坏神话故事即故事新编(参柏拉图《会饮》苏格拉底转述第俄提玛的故事)。参315c2,ἀκήκοας,315c6,ἀκούων,听说、听来,同伴认为自己讲述的关于人祭和葬礼的故事,苏格拉底也该知道。
⑨ 马尔苏亚:Μαρσύας,参柏拉图《礼法》677d,克里特长老认为马尔苏亚和奥林普斯记住大洪水过后一两千年与音乐相关的事物;马尔苏亚与阿波罗的音乐竞赛最为出名,参希罗多德《原史》7.26、色诺芬《上行记》卷一第二章。
⑩ 还有他的情伴:παιδικὰ,注意这个词很重要,在随后苏格拉底处理米诺斯与宙斯的关系时是一个重要语词。参柏拉图《会饮》215c,阿尔喀比亚德"奥林普斯常吹的那些乐曲,我都算作马尔苏亚的——马尔苏亚是他的老师(τούτου διδάξαντος)"。阿尔喀比亚德没说马尔苏亚与奥林普斯是情人关系。

伴：你说得对①。

苏：他们的箫曲确实是最神圣的②，且唯有③[这些曲调]触动④并显明⑤那些需要⑥诸神⑦的存在⑧；[318c]并且唯有[它们]迄今还保留着[λοιπά，或译为是存留物]，因为[它们是]神圣的存在⑨。

伴：是这些⑩。

苏：而⑪古代王者中⑫谁据说[λέγεται]成为[或是，γεγονέναι，参318b2]好立法者，谁的法则因为[是]神圣的存在迄今仍保留⑬？

伴：我想不起来⑭。

---

① 你说得对：Ἀληϑῆ λέγεις，同伴肯定苏格拉底听来的说法，或许意味着他恢复了记忆。参317b1，苏格拉底"所以，这些治邦的著作，人们称之为法律的那些，即君王以及好人的著作"。同伴肯定苏格拉底的说法，肯定君王、好人关于治邦的著作、法律，肯定一种不变的知识。而这里同伴肯定的是苏格拉底关于传说的说法。同伴似乎无法区分其中的差别，认为都是真实的。
② 他们的箫曲[αὐλήματα]确实是最神圣的[ϑειότατά]：第一次出现"最神圣"一词，形容词最高级形式，之前出现最多的是"最好"这个词；但这里关于箫曲没提到下头关于克里特的法律"最好""最古老"的特性，似乎最神圣是马尔苏亚与奥林普斯箫曲最重要的特性——而克里特的法律是神圣的，却没提到其最神圣。
③ 唯有：μόνα，这里连续两次用到这个词，强调马尔苏亚与奥林普斯箫曲的独特性。
④ [这些曲调]触动：κινεῖ，使移动，推动，促动；发动，肇始；激发，激起。参柏拉图《斐德若》灵魂与运动的关系，证明灵魂的自然性质，凡灵魂都是不死的。"也就是说，唯有那自己动的，由于它不会舍弃自身，因而才永动不止；毋宁说，这才是其他一切动的东西动起来的本源和初始"；"倘若那自己动起来的动者确实不是别的而就是灵魂，结论必然是，灵魂既不生而不死。"另参柏拉图《礼法》卷十，对比柏拉图《蒂迈欧》35a—b；又参亚里士多德《论灵魂》卷一第三章；又参西塞罗《论共和国》卷六太阳即是心智（mens），其中包含太阳与诸神的隐秘关系。
⑤ 显明：ἐκφαίνει和κινεῖ，这两个词整个对话都只出现一次，正好对应于μόνα[唯一的]这个词，参316b6—7。因为诸神被触动而显明吗？反之，有没有不被他们的箫曲触动并显明的存在或人呢？
⑥ 那些需要：ἐν χρείᾳ，需要，匮乏、缺少，因为有需要而提出的要求，需要帮助；应用，使用；人与人之间的交往，交道，亲密。参318c4、318d3d，χρῶνται，应用、使用法律。
⑦ 诸神：τῶν ϑεῶν，诸神第二次出现，第一次与占卜术相关；第二次与吹箫术相关，似乎确定了吹箫术是一门技艺，一门与诸神有关的技艺；参314b4—5，苏格拉底"凭借过占卜术——恰如占卜者所说——诸神想什么[被发现]？"吹箫术与占卜术有关系吗？至少都与诸神相关，但有差别：占卜术发现诸神的想法，吹箫术显明的是需要诸神的存在（或人），即知道的是人的想法。而吹箫手知道哪些人需要诸神呢？参柏拉图《会饮》215c，阿尔喀比亚德：“只要能吹奥林普斯的乐曲，就能让人着迷，而且透露出哪些人在求神求签，因为，这些乐曲本身是通神灵的。"
⑧ 存在：或存在物，人，复数，这个词让人想起苏格拉底的定义，法是存在的发现。
⑨ 神圣的存在：ϑεῖα ὄντα，同样注意这个词与苏格拉底的定义——法是存在的发现——的关系，发现神圣的存在、神圣事物吗？
⑩ 是这些：同伴肯定似乎是箫曲是神圣的存在，注意Ἔστι、ὄντα这两个词的词源关联。
⑪ 而，δὲ，承接的含义，既可能是情节论证意义上的，也可能是义理性的。
⑫ 古代王者中：τῶν παλαιῶν βασιλέων，提问的不是古人而是古人中的王者。
⑬ 保留：μένει，参赫拉克利特：πάντα χωρεῖ καὶ οὐδὲν μένει（柏拉图《克拉提洛斯》502a）。
⑭ 我想不起来：Οὐκ ἐννοῶ，参318b3，前面苏格拉底提醒同伴；这里同伴自己不知道、记不得，但也是某种自觉，像是自知其无知。这种自觉可能源自之前苏格拉底的提醒。

苏：你不知道① 希腊人中谁使用最古老的法律？

［c5］伴：难道你说② 拉刻岱蒙人［Λακεδαιμονίους，与克里特人一样是雅典人的敌人］和立法者吕库古③ 吗？

苏：可［Ἀλλὰ］这些无论如何［ταῦτα，指拉刻岱蒙人和吕库古的法则吗？］兴许还没三百年或比这多了一点点［从苏格拉底的时代看，可能是晚于荷马、赫西俄德］。而④ 这些法则中［318d］最好的来自何方⑤ ？你知道吗？

伴：至少据称［Φασί，用的不是λέγεται］来自克里特⑥ 。

苏：那么希腊人中他们［克里特人］使用⑦ 最古老的⑧ 法律？

［d5］伴：是⑨ 。

苏：于是，你知道谁是⑩ 他们［克里特人］的好君王⑪ 吗？——米诺斯和剌达曼提斯⑫ ，宙斯和欧罗巴［Εὐρώπης］的儿子们，这些正是他们的法律。

这似乎是关于记忆或回忆的一段对话，苏格拉底和同伴一同回忆起古老、神圣、善的事物。同伴能记得最古老的神，但他似乎认为它并不好。苏格拉底提醒

---

① 你不知道：οἶσθα，接下来苏格拉底连续问了三次"你知道吗"——谁使用最古老的法，最好的法来自何方，谁是好君王，联结起来的线索似乎是最古老最好的法来自好君王。
② 难道你说：λέγεται变成了λέγεις，柏拉图的细腻笔法有意混淆听来的（即神话）与苏格拉底自己说的？
③ 立法者吕库古：Λυκοῦργο，吕库古与米诺斯不同柏拉图笔下的苏格拉底在其他对话中多次赞美他，且多次与雅典的立法者梭伦并提，甚而作为立法者吕库古、梭伦高于荷马这样的诗人，参柏拉图《理想国》599d—e，柏拉图《礼法》858e；又参荷马、赫西俄德与吕库古、梭伦并列，都得到赞美《会饮》209d—e；另参柏拉图《斐德若》258b，278c。
④ 而：ἀλλὰ，苏格拉底用了两次表示转折的语气词，否定了拉刻岱蒙人和吕库古。
⑤ 来自何方：πόθεν，前面是时间问题，这儿转向问空间问题。
⑥ 来自克里特：ἐκ Κρήτης，同伴似乎先记得最好，遗忘了最古老的，或者说在他看来最古老的与最好的有差别。
⑦ 希腊人中他们［克里特人］使用：参318b7ἐν χρείᾳ，不知道克里特是不是最早需要诸神的人。
⑧ 最古老的：παλαιοτάτοις，最古老的和最好的结合在克里特人的法律上。
⑨ 是：Ναί，至此同伴记起并联结最古老的和最好的。
⑩ 你知道谁是：ἦσαν，系动词过去时，参318b2，γέγονεν，318c2，γεγονέναι，两个完成时动词问的都是好立法者，这里问的是好君王，其中有差别。
⑪ 好君王：ἀγαθοὶ βασιλῆς，复数，前面问谁是古代君王中的好立法者，这里变成了好君王。另外，参317a8—9，君王和好人的著作，当时把君王和好人分开，这里变成好君王，君王就是好人吗？好君王结合君王与好人吗？另外，当时的君王和好人是著作家，而米诺斯是著作家吗？吕库古、梭伦是，米诺斯好像不是。君王和好人拥有立法技艺，米诺斯也拥有技艺吗？这里又是一处出入，即如果法是存在发现，法是著作中固定不变的知识，是成文法，而米诺斯的法律好像是不成文法，米诺斯的法可变吗？如果说米诺斯的法是最好的法，即最好的法是可变的。
⑫ 米诺斯和剌达曼提斯：这里把米诺斯与剌达曼提斯并称，接下来要分开即做出区分，这可能也是法的原义之一。

同伴注意联结事物的古老、神圣与善三种品性。同伴认同现在的雅典，他自己像是当时城邦的大多数被启蒙者，业已遗忘神圣的事物。然而，他无法理解现在雅典的法律变来变去的原因①。而苏格拉底的做法似乎意在模仿悲剧诗人的做法，恢复诸神的面貌和品性，即宗教启蒙甚而是哲学的宗教启蒙。此举似乎是为了恢复自然与神圣事物的原初冲突。

苏格拉底三次赞扬同伴，第一次是同伴给出了关于法的第二个定义被苏格拉底修改后，两人一起认同法是政治意见。第二次是苏格拉底关于其定义的第二次辩护，同伴认同关于同一事物希腊人和异邦人的认识同一，苏格拉底赞扬他。这是苏格拉底的第三次赞扬，同伴认同对于人的灵魂来说王法是最好的。苏格拉底对同伴的赞扬包含肯定。首先，苏格拉底三次肯定的内容都与城邦有关，即法是城邦的事物，为什么苏格拉底有意在这样的语境或主旨中赞扬同伴呢？有可能跟苏格拉底的第一次提问有关，即与"法对于我们来说是什么"中的"我们"有关，亦即法是属于我们的事物、属人的事物，法是城邦的事物、政治事物。其次，其暗含了古典政治见解——人是政治动物，即"我们"是政治动物。再者，恰恰因为法是政治事物，所以必然充满争议，也必得在共同提问中达致共同的认识。当然，也可以联想到法是政治意见与王法是最好的法的关系，王法有可能是著作中的稳固不变的知识；还有可能因为法为了给予每个灵魂分配最有益的东西，而必须不断地改变自己，变成各种各样流变不已的政治意见。如此，苏格拉底反过来在某种程度上肯定了同伴的第二次定义（参314c4、316d7）。

第三次辩护时苏格拉底提到吹箫术，为什么回头说起这个话题呢，并且有可能意味着本来该把吹箫术的话题继续下去的，却在中间插入了其他话题，插入的话题包括训练师、牧羊人、牧牛人和君王的关于分配的法律问题。我们知道吹箫术与人的灵魂及诸神相关，而插入的话题从人的身体、羊群、牛群过渡到人的灵魂，似乎无法直接谈论灵魂，就像灵魂是看不见的，得有身体与灵魂的比较才能显露灵魂本身；并且得与羊群、牛群的比较，才能显露人的身体与灵魂的对比以及人的灵魂的性质。显然，吹箫术直接诉诸人的灵魂，可它似乎无法直接谈论

---

① 参索福克勒斯《俄狄浦斯王》第二合唱歌对神法的唱颂；又参《安提戈涅》克瑞翁修改法律，以及《俄狄浦斯在科罗诺斯》俄狄浦斯看似为雅典而死以成就永恒法之存在。

灵魂①。

　　苏格拉底提醒同伴的恰恰可能是同伴遗忘的，他遗忘什么呢？苏格拉底没有遗忘的（315d6—7）与同伴遗忘的一致——有关诸神的事情。如此，苏格拉底一番哲学式的讨论过后又回到神圣事物，为什么？接下来，苏格拉底就几乎是在模仿同伴此前的长段言说，而为什么又回过头来采用同伴的言说方式呢？再者，注意这一句"那么你愿意我来提醒你吗"中的ἐγώ[我]和σε[你]，苏格拉底以人称代词强调"我"和"你"。在记忆中（即时间，缪斯的母亲——记忆女神，参赫西俄德《神谱》916—918）我们拥有身位，在神圣事物中我们拥有身位。或者，这反过来说明我们的身位只有在时间中才可能显现，在神圣事物中才可能显现——我们共同的记忆，即政治共同体共同的源头与面貌。而哲学却可能使我们模糊甚至丧失自己的身位（参看阿里斯托芬《云》中的苏格拉底）。进而，柏拉图的对话采用问答方式亦可能在其中保留我们的身位（即政治特性）。

　　如果说此前苏格拉底并没有遗忘同伴所讲述的故事；而这里苏格拉底提醒同伴记起古老的故事，苏格拉底似乎处身于完整的故事、完整的时间中。同伴则有些记住了，有些遗忘了，同伴的记忆是片段或破碎的——正如我们的记忆，苏格拉底的记忆却可能是完整的。柏拉图笔下的苏格拉底的言辞似乎在模仿完整的人世时间甚至宇宙时间。苏格拉底提醒同伴，使得苏格拉底看起来像是缪斯（参柏拉图《斐德若》蝉的故事与忒伍特的文字故事）。

　　在柏拉图《理想国》中苏格拉底建立城邦的过程中谈论音乐时选择阿波罗的七弦琴，放弃马尔苏亚的吹箫术，苏格拉底似乎更倾向于阿波罗的音乐（参柏拉图《斐多》84e—85a）。而这里苏格拉底在谈论法律的时候赞美马尔苏亚，要么《理想国》中他赞同阿波罗是假的，要么《米诺斯》中他赞美马尔苏亚是假的，当然也有可能都是假的——都是苏格拉底编造的故事。在柏拉图《会饮》中阿尔喀比亚德把苏格拉底比喻为马尔苏亚，说苏格拉底也是吹箫手，而且比马尔苏亚高明。如此，苏格拉底与马尔苏亚的关系含混不清。苏格拉底既靠近阿波罗，又靠近阿波罗的敌手——马尔苏亚。

---

① 参柏拉图《斐德若》246a3以下，苏格拉底："关于灵魂不死，说这些就够了。接下来得说说灵魂的样子。不过，[要说]灵魂是什么样的，只得靠神力之助，而且描述起来会很长；好在描述一下灵魂与什么相似，人还是力所能及，而且几句话就可以说完。我们不妨就用后一种方式来说。"

苏格拉底像马尔苏亚一样被阿波罗打败,被撕了皮,挂在树上——被判死刑?还是因为苏格拉底比马尔苏亚高明,跟阿波罗可以一较高下,不会栽倒,甚至胜过阿波罗?这都不得而知(参施特劳斯《论柏拉图的〈会饮〉》,中译本,页357)。不管怎样,苏格拉底在这里讲述马尔苏亚的故事,似乎意在赞美他,但是我们一定得注意其含混特性。

苏格拉底提到马尔苏亚与奥林普斯的情人关系。我们可能会想到《会饮》中(217b以下)阿尔喀比亚德把苏格拉底比喻为马尔苏亚,并且他认为自己与苏格拉底是有情人与情伴的关系,把自己勾引苏格拉底的私密之事公开。《会饮》218c中,苏格拉底是有情人,阿尔喀比亚德是情伴;219d中,则为父亲或哥哥;另外,"在他们面前,他装扮成有情人,带头来总是由有情人反过来成为情伴(222b)"。阿尔喀比亚德这些讲法的线索是老师与学生、教育与情爱的关系问题,其中的要害是美德问题。阿尔喀比亚德对苏格拉底说:"因为对我来说,最重要的事情莫过于尽可能让自己变得优秀:依我看,除了你,没有谁能胜任在这方面帮我";苏格拉底则说:"你不就是想用仅仅看起来美的东西换取实实在在美的东西(218e)。"① 而参考《米诺斯》320b3—4,苏格拉底提到米诺斯与宙斯的相会,"相反,如我所言,这是个通过讨论为了教育以养成美德的相会"。如此,因为法是存在的发现,是人的灵魂的发现,而最好的法的目的似乎意在使得灵魂完善。宙斯与米诺斯的教育关系似乎相应于哲人对于美德的思考(包括教育),即宙斯与米诺斯的法是否果真使得人的灵魂完善?又参考《礼法》677d,克里特人克勒尼阿斯也提到马尔苏亚和奥林普斯,但没说明他们的关系;提到他俩把过去一两千年与音乐相关的事物显现出来,而人们已经无法认识此前几千年的许多事物。克勒尼阿斯把他们的音乐看成一种技艺,且区别于俄尔甫斯的音乐。

苏格拉底提及马尔苏亚与奥林普斯的关系意在为后面联结宙斯与米诺斯的关系做铺垫。我们先留意其中的对比,马尔苏亚即宙斯,奥林普斯即米诺斯,其中马尔苏亚被阿波罗打败,宙斯也被阿波罗打败吗?还得想到马尔苏亚、阿波罗与苏格拉底的复杂关系,在多重隐喻线索中隐藏的似乎主要是苏格拉底与宙斯的关系。不仅对话中的问答是柏拉图的辩证法,苏格拉底讲故事采用重言、寓言

---

① 参色诺芬《回忆苏格拉底》第三卷第十一章苏格拉底与美女特娥朵忒的故事,即苏格拉底与美德的故事,包含哲人与美德的复杂关系——知识与德性,道与德的问题。

同样也可能隐藏柏拉图的辩证法并且更隐秘更费解。所以,我们得小心辨析接下来苏格拉底如何讲述宙斯与米诺斯的故事。

从作为吹箫术法律的好立法者马尔苏亚与奥林普斯的箫曲来看,有些存在或存在物与诸神相关,这些存在或存在物看来是有需要的、匮乏的存在或存在物。哪些是需要诸神的存在呢?动物抑或植物?想必是人(参阿里斯托芬《鸟》动物、人与诸神的关系)。进而,哪些人需要诸神,哪些人是有需要的、匮乏的人?当然还得想想,苏格拉底的定义——法是存在的发现,如果说存在指的就是人、人的灵魂,人的灵魂因匮乏而需要吗?灵魂是自然物抑或神圣事物?如果灵魂是自然物,它还需要诸神吗?或者还可以问,为什么有些灵魂需要诸神,有些灵魂可能不需要,后者是立法者即分配者吗,给其他匮乏的灵魂分配合宜的东西?如此他们像是诸神①。因而,法看来与诸神相关联。

许多事物已经在历史时间中消失,唯有马尔苏亚与奥林普斯的箫曲还保留着,因为其是神圣的存在。神圣的存在看起来是永恒的并且可能还是此时此刻的存在,那么是否非神圣的事物就是非永恒的呢?如此,这些箫曲似乎显明的是宗教形而上学问题——神圣的永恒存在。苏格拉底直面这个问题,或者说这个问题对于苏格拉底来说是条线索甚至可能是唯一的线索——思考 νόμος[礼法]与 φύσις[自然]这一重大问题的线索②。

这两样东西似乎都被同伴忘记了——谁成为古人中有关吹箫术法律的好立法者和古代王者中谁据说成为好立法者,并且他们的法律人都是神圣的存在。参考315b8以下同伴似乎并没有忘记神圣的事物——克洛诺斯与人祭,但是他分离神圣与善,并且可能认为古老的就是不好的、不善的。克洛诺斯

---

① 参柏拉图《会饮》爱若斯的出身,丰盈与贫乏之子,是之间者,居于诸神和会死的人之间。"他的[天性]既非不死的那类,也非会死的那类";"所以,爱若斯必定是爱智慧的人"。爱若斯若是哲人,哲人是有需要的、匮乏的人,是需要神的人?又参《庄子·大宗师》:"子舆与子桑友,而霖雨十日,子舆曰:'子桑殆病矣!'裹饭而往食之。至子桑之门,则若歌若哭,鼓琴曰:'父邪!母邪!天乎!人乎!'有不任其声而趋举其诗焉。子舆入,曰:'子之歌诗,何故若是?'曰:'吾思夫使我至此极者而弗得也。父母岂欲吾贫哉?天无私覆,地无私载,天地岂私贫我哉?求其为之者而不得也。然而至此极者,命也夫!'"
② 参施特劳斯给洛维特1967年1月6日、1970年3月12日的信,包含海德格尔存在论的宗教形而上学问题,施特劳斯等:《回归古典政治哲学:施特劳斯通信集》,朱雁冰、何鸿藻译,北京:华夏出版社,2006。

[Κρόνος]与时间[χρόνος]谐音，苏格拉底的提醒似乎意在指明古老（时间）与善、古老与神圣的联结。古老是神圣的原因。再者，古老与善的关系似乎是想当然的。而神圣与善似乎没有联系，但两者又有含混的关系，古老似乎是其中含混的原因。

在这个对话中，拉刻岱蒙的立法者吕库古被降低位置甚至被忽略；而米诺斯的地位被提升到最高——因为克里特人使用其所创立的最古老的法律，并且他得到荷马、赫西俄德的赞美，这使其地位显得特殊甚至可疑。拉刻岱蒙人的法律与阿波罗相关（参柏拉图《礼法》624a），可阿波罗的地位显然没宙斯高——宙斯最神圣，克里特人的最古老的法律源于其。

苏格拉底的问题的时空焦点最后聚合于米诺斯与宙斯。克里特人使用的最古老法律源于诸神无所不在的永恒品性，因为宙斯包含了时间、空间的最高品性，他就是法的来源和品性。然而他似乎无法看见且无法认知。而如果说宙斯是荷马、赫西俄德的灵魂学或灵魂之相，那么关于法的时空问题就与灵魂学联系在一起（参《易经》先天图与后天图）。

此外，苏格拉底把最古老最好法律的提问局限在希腊人中（参315b9—c5）。此前同伴认为雅典人的法最特殊，可能也最好，异邦包括其他希腊城邦的法都可能低于雅典人的法。在苏格拉底关于法是什么的第一次辩护中（316a2—b4），希腊人和异邦人对世俗之物看法一致；在第二次辩护中（316d3—6），希腊人和异邦人对著作中不变知识的看法一致。这使得苏格拉底此处的问题显得奇异，使得追问法是什么和追问最好的法这两个问题有差异。如果说希腊人中最好的法律来自米诺斯，来自宙斯，那么它是否是希腊人和异邦人中最古老最好的法律呢？还有，苏格拉底故意使得最好的法的问题局限于特定的时空，这是否暗示不同地方有不同的最好的法，如此法是可变的。再者，希腊人最好最古老的法律来自宙斯，而异邦人可能有不同于希腊人的诸神，他们最高的神并不是宙斯，等于暗示最好的法不是普遍的，且源自宙斯的法律可能不是最好的吗（参希罗多德《原史》不同部族不同的神祇，不同的习俗和生活习惯）。

作为宙斯与欧罗巴的儿子们表明了米诺斯出身的神圣特性，即米诺斯的神—人双重特性——米诺斯是个特殊的存在，其分有神性和人性。这也暗含了米诺斯法律的神圣源头和特性①。另外，关于米诺斯和剌达曼提斯的法律的重要特点是最古老，而马尔苏亚与奥林普斯的箫曲的重要特点是最神圣，苏格拉底似乎无意中分离了最古老与最神圣。这里他提到宙斯，不知道是否意在补充米诺斯与剌达曼提斯的最古老的法律的最神圣特性，苏格拉底并没有直接指明。

伴：至少有人宣称② 剌达曼提斯——苏格拉底噢③——是正义之人[δίκαιον ἄνδρα，或正义的男人]，而这个[τόνδε][318d10]米诺斯则是某种野蛮[ἄγριον，用来形容人或者动物]、残暴[χαλεπόν，参315b6，同伴第二次用到这个词]和不义[之人]。

苏：阿提卡的④，最亲爱的朋友[或不得的伙计哦]⑤，你说的是[阿提卡的]的神话尤其是悲剧的[神话，或故事]。

[318e]伴：什么呢？关于米诺斯人们说的不是这些吗⑥？

苏：无论如何真不是来自荷马与赫西俄德的[故事或说法]；他们可真比所有悲剧诗人还要可信哩⑦——你所说的那些，[是]你从他们

---

① 比较柏拉图《会饮》202d—e中第俄提玛的爱若斯的双重特性——既非不死的也非会死的，即精灵，它居于神和人之间，沟通神和人，"居于两者之间，精灵正好填充间隔，于是，整体自身自己就连成一气"。又参考柏拉图《斐德若》苏格拉底的两次祈祷——爱神和潘神；又参考阿里斯托芬《鸟》中聪明的雅典人，索福克勒斯《俄狄浦斯王》《安提戈涅》等悲剧中的先知。另参《庄子·天下》："以天为宗，以德为本，以道为门，兆于变化，谓之圣人。"

② 至少有人宣称：φασίν，用的不是λέγεται，注意其不同于苏格拉底的用法；参318d2，Φασί，前面宣称最好的法来自克里特，这里宣称剌达曼提斯与米诺斯的正义、不义之分。如此同伴的宣称似乎分解甚至否定克里特的法是最好的法，或者表明其似是而非的特点，当然这也可以说是传闻的矛盾特性。Stallbaum笺注，同伴再次困惑地说话，他更倾向于说唯有剌达曼提斯是正义之人。

③ 苏格拉底噢：ὦΣώκρατες，提到剌达曼提斯时，同伴随即有意唤了声苏格拉底，强调剌达曼提斯的正义——让我们想起柏拉图和色诺芬为自己的老师苏格拉底之正义的辩护（参柏拉图《斐多》118a，色诺芬《回忆苏格拉底》4.8.11），而关于米诺斯他就直接判断其恶德。

④ 阿提卡的：Ἀττικόν，强调阿提卡，苏格拉底可能有意强调克里特与雅典（阿提卡的首府）的敌对，参318d2，当然也可能有意让同伴超越雅典人的局限以看待最好的法。

⑤ 最亲爱的朋友[或不得了的伙计哦]：ὦβέλτιστε，参315d6，当时同伴列举法的可变性，最让人印象深刻的是人祭，雅典人不举行人祭，认为人祭不合法、不虔敬，于此雅典最特殊；这里同伴区分正义与不义。两处地方都关乎人的德性问题，即同伴时常处于德性的困惑中。苏格拉底两次适时地以特殊的称谓叫唤同伴，之前苏格拉底有意让同伴从雅典的法律中解脱出来，而这里则要让他从雅典神话中解脱。

⑥ 关于米诺斯人们说的不是这些吗：同伴可能认为关于米诺斯之不义是普遍看法。

⑦ 还要可信哩：πιθανώτεροι，参316c2，同伴说自己一想到雅典的法律变来变去就无法信服法是不变的。接下来就是著作中固定不变的知识（法），苏格拉底用论证的方法劝服过同伴，这里他提到诗人用故事使人信服。

[悲剧诗人]听来的①。

[e5]伴：然而，关于米诺斯他们（荷马与赫西俄德）当真说了些什么②？

苏：我哩将告诉[ἐρῶ]你③，以免[ἵνα μή]你也像多数人那样[καὶ σὺ ὥσπερ οἱ πολλοί]不虔敬[ἀσεβής，虚拟语气，表示劝诫]。因为④ 没有什么比这更不虔敬了，即没有什么应当畏惧⑤，除了言行上对诸神犯错，还对神样的人犯错⑥；再者⑦，[e10]而且你都[πάνυ]应当⑧ 总是⑨ 事先

---

① [是]你从他们[悲剧诗人]听来的：ἀκούων，参315c2、315c6，我们不知道同伴关于人祭的传闻是不是也从悲剧诗人那儿听来的。
② 然而，关于米诺斯他们（荷马与赫西俄德）当真说了些什么：参318e1,Ἀλλὰ τί μὴν οὗτοι περὶ Μίνω λέγουσιν，人们的说法变成了荷马和赫西俄德的说法，看来同伴对于荷马、赫西俄德关于米诺斯的说法已经遗忘，苏格拉底再次让他记起古老的说法，似乎有个古代的关于米诺斯的说法，还有个当代的关于米诺斯的说法。苏格拉底有意挑起古今诗人的对立。
③ 我哩（Ἐγὼ δὴ，唯独我，尤其是我，不是别人）将告诉（ἐρῶ）你（σοι，而参318b3）：这里苏格拉底再次对应地提到我和你，强调我们的身位、我们的意见，身位与意见都与古老诗歌及其神圣意蕴联系在一起；再者直接强调我和你，直接指称，你和我对位，信息对流，能达到说服的目的。如此，接下来的内容看起来不是在探究问题，而是由一个知道的人劝服一个无知的人，就像立法者就自己已知的事物劝说其民众信服。
④ 因为，γάρ，说明后面提起的事情的原因，即苏格拉底先说结果——不虔敬，以加强其效果，达到更强的劝诫作用。
⑤ 即没有什么应当畏惧：χρή，第一次出现这个情态动词，需要、必须（做）、应当、应该，在这里包含很强的劝诫意味。这是第一步，它直接与虔敬问题联结在一起，看来虔敬意味着受强制、被命令，表明人的灵魂的界限。畏法：εὐλαβεῖσθαι，当心、注意、留心、留意；畏惧、敬畏。这句οὐδ᾽ ἔσθ᾽ ὅτι… ἐστιν οὐδ᾽ ὅτι：奇怪地连接了两个含系动词的表语性主语从句（参313a3，苏格拉底，"ἔστιν ὅτι διαφέρει νόμος νόμου κατ᾽ αὐτὸ τοῦτο, κατὰ τὸ νόμος εἶναι,"），一个含形容词比较级，一个含表示必须、命令的语气的情态动词，ἀσεβέστερον和μᾶλλον关联，又和εὐλαβεῖσθαι对应——畏惧与虔敬，无所畏惧就不虔敬。看来，苏格拉底劝诫同伴是基于神学立场。参施特劳斯《回归古典政治哲学》，页300—301，友谊与神学、天意问题；又参《论语·季氏》"孔子曰：君子有三畏：畏天命，畏大人，畏圣人之言。小人不知天命而不畏也，狎大人，侮圣人之言"；《论语·尧曰》"子曰：不知命，无以为君子"。
⑥ 除了言行上对诸神犯错，还对神样的人[θείους ἀνθρώπους]犯错：1. πλήν……，δεύτερον δὲ……，似乎强调的是后者，即对神样的人犯错，强调的是米诺斯的双重性质——神性与人性，为什么更不应该对其犯错，是不是他沟通了诸神与人？没有他，诸神与人之间就失去纽带，诸神与人分离，如此神还是神，人还是人吗？看来诸神与人都缺乏独立品性，人需要诸神，反过来，似乎诸神也需要人，诸神也有欠缺吗（参阿里斯托芬《鸟》）？ 2. 神样的人[τοὺς θείους ἀνθρώπους]，这里可能就指米诺斯，前面苏格拉底说米诺斯是宙斯的儿子，这里提到他的神性身份，更凸显米诺斯的特性。据说这是个罕见的表达法，把神与人直接联结，指具有非凡品性（神性）的人，他具有双重特性，即神性和人性；还是沟通神、人的一类特殊存在，参柏拉图《礼法》951b5，《斐勒布》18b6—7，指忒伍特（参《庄子·天下》不离于精，谓之神人）。3. ἐξαμαρτάνειν，参316b5，苏格拉底，"所以，在存在上犯错的人，就会在法律上犯错"。两处对照看，让人联想到诸神、神样的人与存在的关联，诸神等于存在或者诸神是什么样的存在（参318b7、318c1）？
⑦ 再者：οὐ……ἀλλά，否定之后，有转折的意味；因为前一句否定中包含劝诫的意味，所以这里就还有递进的意思，什么事不该做，而该做什么……
⑧ 你都应当：χρή，再次出现，加强劝说的意味，前面应当畏惧，这里应当心里事先思考，从畏惧过渡到事先思考，似乎暗含着开放——对灵魂界限的突破，当然也有可能指思考灵魂的边界在哪儿。这时候就有这样的难题，仅仅具有虔敬的品性，我们能否虔敬？
⑨ 总是：ἀεί，时常、永远，永远在内心事先深思熟虑，这表明了苏格拉底—柏拉图—亚里士多德的一个基本看法——人是思考的动物，甚至可以说思考是人的基本特征，"但组成人之人性的既不是战争也不是劳动，而是思考。人的目标可能不是认可（对许多人来说，认可将丧失其力量，无法再满足从其普遍性中获得的东西）而是智慧（施特劳斯《重述色诺芬的〈希耶罗〉》）"。另参《论语·学而》："曾子曰：吾日三省乎吾身。为人谋而不忠乎？与朋友交而不信乎？传不习乎？"

深思熟虑①，每当你打算责难或赞扬某个人［或男人］时②，［319a］你才不会说错③。因此④，你还应当⑤ 学会分辨［或辨认］⑥ 好人与坏人［或男人］⑦。因为这位神⑧ 会愤怒⑨，一旦有谁⑩ 责难与他自己相

---

① 事先深思熟虑：ποιεῖσθαι πολλὴν προμήθειαν，预思、先知、先见，ποιεῖσθαι，中动态，为自己做……，整个词组可以翻译成在自己心里事先多番思考。文中指思考什么，并没有说，是正义或不义，还是诸神或神样的人？强调的是事先思考。诸神、神样的人好像不单单是敬畏的对象，还是思考的对象。对诸神有所思考、有所认识，我们才能虔敬吗？这里，苏格拉底似乎在批评同伴没有事先思考就妄加赞扬刺达曼提斯、责难米诺斯。因为同伴的赞扬、责难是听来的，来自悲剧故事，而不是自己的思考。
② 每当［ὅταν，后头用虚拟语气，带假设从句］你打算［μέλλης］责难或赞扬某个人［或男人］时：ἄνδρα ψέξειν ἢ ἐπαινέσεσθαι，因为这里出现了 ἄνδρα，从语感上来看，责难或赞扬的内容应该是不义或正义，即人的德性，参318d9—10；注意没提到诸神和神样的人，那么是不是有这样的线索：诸神—神样的人—人。当然这里的人，可能指刺达曼提斯或米诺斯。前面同伴刚刚赞扬刺达曼提斯，责难米诺斯。
③ 你才不会说错：μὴ οὐκ ὀρθῶς εἴπῃς，苏格拉底可能认为同伴赞扬刺达曼提斯、责难米诺斯是说错了。
④ 因此：τούτου ἕνεκα，由于这个缘故。学习区分好人与坏人是否是不会说错话的原因，如果是，τούτου 指代的就是上面的内容，那么学习区分好人与坏人就可能是深思熟虑的内容，即学习和思考是一回事，学习就是思考，思考就是学习。参《论语·为政》"子曰：学而不思，则罔；思而不学，则殆。"
⑤ 你还应当：χρή，第三次出现，这里的线索为：畏惧—事先深思熟虑—学习分辨。
⑥ 学会［μανθάνειν，学习，求问，理解，认识，学习就是认识和思考，参314b1—2］分辨［或辨认］：这里苏格拉底连用两个动词不定式，两个都包含思考、认识的含义，加强了思考的意味。διαγιγνώσκειν，分辨，区别，动词词干 γιγνώσκειν，认识、考虑，人的灵魂的区分、分辨能力源自认识、思考；δια 介词前缀，分裂开、分离，有所思考才能分离事物，或者分离也是思考本身。这里思考和分辨的事物是好人与坏人，所以是德性的认识和区分；还有可能指分辨本身就是一种德性。参《庄子·齐物论》："夫道未始有封，言未始有常，为是而有畛也。请言其畛：有左有右，有伦有义，有分有辩，有竞有争，此之谓八德。"
⑦ 好人与坏人［或男人］：χρηστούς καὶ πονηρούς ἄνδρας，或者译为有用的人与有害的人，前面同伴区分刺达曼提斯与米诺斯为正义之人、不义之人，好人、坏人对应于正义之人、不义之人吗？想必能分辨好人、坏人，才能责难或赞扬人。对人的区分先是思考、认识，然后是言辞上的责难或赞扬。另外，χρηστούς καὶ πονηρούς，参314d9—315a3，法是城邦有用的、好的信条，而非有害的、坏的信条，苏格拉底区分了信条的品性，接着得出法意欲是存在的发现。
⑧ 因为［γάρ，说明前面提起的事情的原因——居于虔敬，否则这位神会愤怒］这位神：ὁ θεός，特指这个神，可这个神是谁却并不清楚，而且是单数，是宙斯（参318e8，θεούς，复数）吗？
⑨ 会愤怒：νεμεσᾷ，1.动词虚拟式，假设性的；从句是假设性的，主句也是假设性的，即指可能发生，其中包含可能性，想想这种可能性、虚拟性与神的品性的关联（参《易经·系辞上》阴阳不测之谓神）。2.（神对人得到不配得到的幸运）感到气愤，感到妒忌［Νέμεσις，报复女神］。这个词与 νόμος 一样源自同样的动词词根 νέμειν，分配，给予（惩罚），分配赏罚。赏赐是一种分配，惩罚也是分配。如此，惩罚也是法的原义之一。3.想想前面同伴对苏格拉底不区分宙斯的两儿子刺达曼提斯与米诺斯之德性的不平之气，以及他对米诺斯的愤怒。苏格拉底看来转移了他的愤怒，转移到神身上，某种意义上也起到净化其心灵的作用，沉浸在愤怒中，想必无法无法思考，无法区分好人、坏人。
⑩ 一旦［ὅταν，跟虚拟语气动词，假设从句］有谁：τις，不定代词，某个人，不明确指谁，也带有某种假设意味；苏格拉底可能指向同伴，但是他也可能有意不直接指向同伴，否则劝诫就可能失败；再者，因同伴责难米诺斯源于悲剧故事，所以 τις 也可能指悲剧诗人。

似的［人］①，赞扬与他自己对立的［人］②；而前面的是［a5］好人③。因而④，你不该认为⑤石头⑥、树木、鸟和蛇⑦是神圣的，而人却不[神圣]⑧；相反，万物的这些中⑨好人最神圣⑩，而坏人最邪恶［μιαρώτατον，有（杀人的）血污的，有污染的；邪恶的］。

这是同伴第六次称呼苏格拉底，两人已经很长时间没有称呼对方了。参316b6，当时苏格拉底对自己的关于法的定义做第一次辩护后，同伴仍疑惑不解，没有完全赞同，同伴叫了声"苏格拉底噢"。之后的第二、第三次辩护——关于知识和分配的问答，经过一番较长的理性论证者后，关于法的定义（即法的存在论）两人达成较高的共识。这里，一进入关于最好的法（即论法的目的论）的讨论，同伴的疑惑就又来了。看来关于法的目的论的讨论也将争议纷纷。同伴的疑惑直接源于对米诺斯的德性的致疑，情节的论证上这联接的是此前关于克里特最好的法的讨论。因而，最好的法与立法者的德性两个问题紧密相关。至此，同伴两次较大的困惑均源于苏格拉底，苏格拉底关于法的定义和关于米诺斯的

---

① 责难与他自己相似的［人］: τὸν ἑαυτῷ ὅμοιον，或译为相同的，强调神自己，即应当赞扬与神自己相似的人，与神相似的是什么样的人，是神样的人 τοὺς θείους ἀνθρώπους 吗（参《旧约·创世记》1.26—27）？
② 赞扬与他自己对立的［人］: τὸν ἑαυτῷ ἐναντίως ἔχοντα，或译为相对着的，与前一句的表达方式不一样，不是 τὸν ἑαυτῷ ἐναντίον，而是 τὸν ἑαυτῷ ἐναντίως ἔχοντα。ἔχοντα，可以理解为处于某种状态，与神处于不同状态的，即异质的；前面一种说是相似的、相同的，即同质的（参柏拉图《理想国》382e8—9，神是单一的、真实的，不会变形）。
③ 而前面的［οὗτος，指前面谈到的事物，这里可能指与神相似的事物或人］是好人: ὁ ἀγαθός，参317a8—9，ἀνδρῶν ἀγαθῶν；参柏拉图《斐勒布》11b。
④ 因而: γάρ，再次说明前面事物的原因，进一步做深化，可能是为了说明什么与神自己相似，什么与神自己相对着。
⑤ 你不该认为: μὴ……οἴου……μή，μή这一段出现了四次，前两次联接虚拟语气的动词，以免不虔敬和以免说错；这里两个联接同一个命令语式动词，你才不会认识上犯错。线索可能是这样的：认识错了，就会说错，就会不虔敬，如此认识最根本。然而，这里动词用命令语式也具有强调劝诫虔敬的意味，似乎并不指纯粹的认识。参315e3，σκόπει，316c4，ἄδρει，苏格拉底第一、第二辩护用到的命令语式动词。
⑥ 石头: λίθους，复数；参313b1，οὔτε λίθος λίθου κατά γε τὸ λίθος εἶναι，单数，苏格拉底说，"因为想必没有黄金与黄金之分，也没有石头与石头之别——至少关于石头之为石头，关于黄金之为黄金方面"。
⑦ 树木［ξύλα，或译为木头］、鸟和蛇: τι，不定代词，是先行词，指代这四种事物，似乎不再指代更多，是不是只有这四种事物才不该被认为是神圣的。
⑧ 是神圣的［ἱερούς］，而人却不［神圣］: μὲν……δέ，既表示石头、树木、鸟和蛇与人组成万物、整全，又表示人区别于这些事物——人是神圣的。
⑨ 相反［ἀλλά，表示转折，并且也是进一步区分］，万物的这些中: πάντων τούτων，石头、树木、鸟、蛇和人，把好人放在万物中并区分出来好人，ἄνθρωπος ὁ ἀγαθός 与 ἔστι δ' οὗτος ὁ ἀγαθός 联接起来，进而在人中区分好人、坏人。
⑩ 最神圣: ἱερώτατόν，好人不仅神圣而且最神圣，好与神圣结合，参318b6，θειότατά；这里的好人，让我们想起柏拉图《理想国》的哲人（哲人—王与城邦的恶，473d—e）和《易经·系辞》的圣人。

德性的说法。如此看来，苏格拉底给人带来的首要的东西就是问题和疑惑，苏格拉底让同伴一起处于困惑中（ἀπορία），即无路可走，寻找出路①。就此，苏格拉底的问题模仿人生生存的本相，人时刻处在封闭、困境中，时刻渴望开放、自由，"条条大路通罗马"。同伴意在提醒苏格拉底宙斯的两个儿子德性有差异，似乎一番理性证明之后苏格拉底突然变得不理性了。不管怎么样，同伴根据传闻已懂得人的德性的区分，这是某种心灵的自觉。还得留意人的德性与传闻的关联，以及德性与诗歌的关系比如荷马《伊利亚特》阿喀琉斯的勇敢（参亚里士多德《诗术》之模仿论），此之谓诗教也。

同伴区分并强调米诺斯的品性、德性。参 314d2，苏格拉底提问守法者正义，而违法者不义吗，同伴强调地回答"不义"。看来，同伴关注人的德性，同时厌恶不义之人，说明其有较高的血气。当然，还可以联想到同伴提到异邦人与希腊人的其他城邦人祭的不虔敬不合法，而雅典人的城邦虔敬合法。对于米诺斯——雅典的敌人同伴因热爱自己的城邦自然充满义愤。一番清醒的理性论证之后，一提及米诺斯同伴的血气突然涌起。这是戏剧情节中对话者身心的剧烈脉动。显然，关于最好的法、关于立法者的品性的讨论也必然充满争议。苏格拉底似乎有意激起同伴的义愤，义愤之人对人的德性才可能足够敏感。而同伴血气的涌起恰好也和将要讨论的人的灵魂问题相关。理性论证难以区分你我；对神话进行解释时，人的身体感觉就会有变化（这与诗歌的作用相关，参亚里士多德《诗术》的净化说）。

首先，用来形容米诺斯的词汇更多，可见同伴内心的情绪波动；用 τινα（不定代词）指代米诺斯，而非 ἄνδρα[人或男人]，他似乎怀疑米诺斯的属人品性。前面苏格拉底刚刚提到米诺斯的属神身份，同伴则对米诺斯的品性降了又降。反过来看，米诺斯的身份似乎充满争议，其处于神、人、动物之间。而马尔苏亚混合了人和动物，但拼不过神。比较柏拉图《会饮》阿尔喀比亚德眼中的苏格拉底似乎也是神、人、动物的混合：萨提尔、马尔苏亚、塞壬、毒蛇、西勒诺斯、美德神像。苏格拉底似乎联结并沟通万物。又参柏拉图《斐德若》230a，苏格拉底，"我才不去

---

① 参《庄子·大宗师》："南伯子葵曰：'子独恶乎闻之？'女偊曰：'闻诸副墨之子，副墨之子闻诸洛诵之孙，洛诵之孙闻之瞻明，瞻明闻之聂许，聂许闻之需役，需役闻之于讴，于讴闻之玄冥，玄冥闻之参寥，参寥闻之疑始。'"

探究这些个东西——像我刚才已说过的——而是探究我自己,看看自己是不是个比提婓还要曲里拐弯、还要鼓胀胀的怪物,抑或是个天性较柔和、单纯、带几分神性且平平实实的人……"亦参培根《论古人的智慧》"潘神或自然"一章,"自然中的事物没有一种是纯种的,所有事物似乎都有两种构成成分。人有野兽的成分,野兽有植物的特性,植物又有无机物的特点,所以,所有事物实际上是双形体,由低一级和高一级两方面构成"。

其次,参荷马《奥德赛》9.173—176,奥德修斯,"我要带着我的那条船和船上的同伴们,前去探究那岛上居住的是些什么人,他们是强横、肆心、野蛮、不讲正义的族类,还是些尊重来客、敬畏神明的人们"。又参《奥德赛》17.494,蔑视诸神的且不义的巨人波吕斐摩斯——海神波塞冬之子受惩罚——被奥德修斯戳瞎眼睛。参柏拉图《会饮》中阿里斯托芬关于爱欲的讲辞中圆球人因傲慢受宙斯惩罚而成为文明人,从而在人的文明特性的形成中,诸神特别是宙斯起关键作用。另外,如果依据同伴的看法,雅典人才是文明人,那么宙斯的儿子米诺斯的品性可能低于人。

另外,正义与法的关系,参317c3—4,正义与不义是君王关于王法的著作中的首要内容。至此,同伴刚刚同意苏格拉底关于法的定义,这会儿又碰上君王、立法者米诺斯的正义或不义这个大难题。不过,关于最好的法,苏格拉底不再采用证明或辩护的方式,而是劝导、劝诫(参阿里斯托芬《云》中正理与歪理之争,苏格拉底并不参与其中,而是让学生在一旁自己观察、判断)。

随即,苏格拉底称呼同伴正对应于同伴称呼苏格拉底,两相对照,戏剧冲突增强,即关于人的德性问题的理解必然产生冲突。同伴让苏格拉底区分剌达曼提斯与米诺斯,苏格拉底让同伴区分雅典悲剧的神话故事与荷马、赫西俄德的故事,从当代神话的魅惑中解脱出来。这个称呼当然仍带有佯谬意味,既赞赏他从悲剧故事中学习区分正义与不义,又批评他陷于悲剧神话的迷惑中。可能还批评同伴关于人的德性的判断来源于有问题的悲剧故事而非自己的思考——直接指明其偏见的来源。

柏拉图批评悲剧,认为悲剧诗人是最大的对手(柏拉图《礼法》817b—c),可能因为悲剧恰如箫曲最能吸引人的灵魂;还可能因为悲剧中关于人的德性的教诲有问题,悲剧主人公最重要的灵魂品性是血气。而人身上血气恰恰阻碍人们弄清楚正义与不义,因为其是人身上最含混的灵魂基质。苏格拉底显然激起了同伴的道德义愤,激起其血气,苏格拉底有意净化他吗?参施特劳斯《苏格拉底问题》,"血气本身中立于两种欲望对象之间——身体的利好与心灵的善好之间的区别。因此这极其含混两可,因此能成为最极端混乱的根基。荷马是悲剧之父,因为其《伊利亚特》的主题是阿喀琉斯的愤怒,而《奥德赛》的主题则是奥德修斯充满障碍的归途。血气是一个含混两可的领域,在其中较高的东西与较低的东西联结在一起,在那里较低东西转化为较高的东西,反之亦然,没有可能清楚区分两者。血气就是通常意义的道德性所在之处","在有见识的人那里,血气作为对卓越的欲望,成了对被自由人承认的欲望。因此,血气在本质上与政治自由相关,于是与法相关,于是与正义相关。同样,作为本质上恭顺的东西,血气是羞耻感,它本身原本折服于祖传之物,后者是对善的最初表明。出于两个理由,血气在本质上与正义相关。血气的常态是对正义的热忱,或者道德义愤"。Stallbaum笺注,苏格拉底以为雅典的悲剧故事是大谎话。另外,我们得留意,苏格拉底区分两种诗人——史诗、神话诗诗人与悲剧诗人,没有提到喜剧诗人。史诗、神话诗全希腊流行,唯独悲剧属于雅典。

同伴显然不认为这单单是悲剧的说法,他把它看成是普遍说法。即因为阿提卡悲剧感人至深,以致成为城邦民众的普遍看法。而民众的意见在某种意义上等于法,即同伴的第二个定义——法是城邦的信条、政治意见。悲剧在形塑人的灵魂、德性方面影响极大,使得城邦民对德性的理解几乎都来自悲剧诗人的教诲(参阿里斯托芬《地母节妇女》和《蛙》)。反过来,正说明苏格拉底指摘悲剧的用意,即荷马、赫西俄德的故事教诲也可能是意见(法),可却是更高的意见,即苏格拉底对同伴第二次定义的反驳所包含的意旨。从而,这里苏格拉底似乎反过来肯定同伴的定义,即法是政治意见,并在人的德性层面上提升其定义的品性。

有关米诺斯的德性问题从悲剧故事到人们普遍的说法,再到荷马、赫西俄德的故事可能是种种说法。但苏格拉底有意对比悲剧诗人与荷马、赫西俄德,区分这两类诗人,并突出古代诗人的地位。苏格拉底似乎崇古抑今,而与同伴崇今抑古不同。Stallbaum笺注,让我们注意雅典人被迫给克里特的人祭(税收),这不得不让人怀疑米诺斯是否是正义,并且怀疑他对克里特的统治是否是文雅的?这不是没有理据的,荷马《奥德赛》十一卷321行,奥德修斯称呼米诺斯为ὀλοόφρονά〔有意害人的;狡诈的〕。留意这里的文本语境,奥德修斯讲述自己在冥府见到

"狡诈的米诺斯的美丽女儿阿里阿德涅",并提到雅典王忒修斯与米诺斯的女儿阿里阿德涅的故事。

至此有两种苏格拉底的教育方法。关于法是什么,苏格拉底采用问答、论证的方法;关于最好的法,关于人的德性,苏格拉底借助于诗人讲述故事的方法。参柏拉图《理想国》卷十,亚里士多德《诗术》都把荷马看成悲剧诗人甚至悲剧之父。这里苏格拉底却有意区分荷马与悲剧诗人,其意图可能指向最古老即最好这一情节论证。另外,关于德性的教诲是不是必然与诗歌故事的劝说相关,参柏拉图《理想国》卷二、卷三,苏格拉底却批评荷马,并指向人的德性——勇敢、节制而非正义、不义。

苏格拉底有意说明同伴关于米诺斯德性的看法来自悲剧诗人,即直接指明其意见的来源。有趣的是,同伴似乎不知道其看法的源头,看来悲剧对人的教诲可谓潜移默化。或许可以这么说我们其实常常并不晓得各种看法与各种知识的来源,它们似乎源于不可知的地方。我们不知其有多辽远多深广,即我们对自己的灵魂及其德性根本上是无知的。然而,这里苏格拉底却断定关于米诺斯德性的看法来自诗人、悲剧诗人,悲剧诗人掌握着最重要事物的知识,即灵魂的秘密知识(参柏拉图《苏格拉底的申辩》两次批判诗人影响雅典人对苏格拉底的看法)。另外,参313c以下,苏格拉底区分听和被听到的东西。如此,听觉作为人的自然德性与关于人的灵魂德性的教诲并无必然的对应关系,灵魂行为与灵魂行为的结果并不必然一致。

苏格拉底强调唯独自己知道荷马、赫西俄德关于米诺斯的说法,似乎只有苏格拉底还记得古老事物。苏格拉底很少提到自己,这里他为什么要强调自己呢?有种可能是下面关于米诺斯的说法实际上是苏格拉底自己编造的,所以唯独他知道。如果是他编造的,这就很像《奥德赛》十九卷中奥德修斯对其妻佩涅洛佩讲述涉及米诺斯的谎言、故事。

苏格拉底告诉同伴的似乎是同伴完全不知道的东西——虽然其来源是荷马、赫西俄德的诗歌,或者是看起来熟悉其实并不了解的东西。注意这里苏格拉底不再与同伴探究了,只是告知他留意两类诗人教诲的差别。更应该小心的是,苏格拉底虽然只是告知,但因为其讲述、解释的东西真假难辨,其中仍然包含着辩证法要素。苏格拉底用故事包含着哲学(即诗歌包裹哲学)。当然,还有种可能是因为接下来的主题是要理解立法者的德性,理解人的灵魂,而诗歌最迷人且诗人对人的灵魂也有高度的理解。通过辨析诗歌中对人的灵魂的含混理解,苏格拉底意欲达致对灵魂更清晰的理解——理性地理解(参海德格尔《林中路》,解释诗人和诗歌)。

苏格拉底直接道出其目的——劝说、警醒。表面看来,苏格拉底常常提醒甚至试图劝导别人,得留意的是这像是诗人的做法。苏格拉底的另一种方式则是通过问答使对话者达到灵魂的自觉,即自然地发现,以使心灵开放,开放出去以沟通万物。但关于人的灵魂的教诲似乎仍然需要诗歌以保守灵魂的此在——人的灵魂的相对封闭特性,以显明我们此世的身位。这亦是法的作用,以使得人在法中成人(即人的政治特性),并且不能破碎这些东西,否则将导致人的非人化。总而观之,这就是苏格拉底的辩证法——人的存在的辩证法,亦即人的存在论、人的形而上学(参柏拉图《苏格拉底的申辩》29d—30c,苏格拉底劝雅典人关注、关心美德,以使灵魂变好)。

苏格拉底的劝导直接指向同伴,并且意图把同伴与多数人区别并分离开来。显然,苏格拉底似乎无意劝导多数人。苏格拉底意图教育的是少数人——这是苏格拉底式的启蒙(认识你自己)。而对于被启蒙者来说果真能从多数人分离开来,以更清醒、理性与平和地生活,想必得费时经年。苏格拉底似乎亦在实践法的分配问题,分配对同伴灵魂有益的东西。而克里特的法源于宙斯,宙斯能否对每个人分配有益的东西?兴许宙斯无法认清每个人,就如人无法知道宙斯一样(参荷马《奥德赛》17.485—7,"神明们常常幻化成各种外乡来客,装扮成给各种模样,巡游许多城市,探察哪些人狂肆,哪些人遵守法度";参柏拉图《会饮》204a,第俄提玛,"可以这样讲:没有哪个神爱智慧,也没有欲望要成为有智慧的,因为神已经是有智慧的了"。另参柏拉图《泰阿泰德》151d1—2,《智术师》216b5—6,神可能也进行哲学思考;尼采《善恶的彼岸》倒数第二个格言,狄奥尼索斯神也进行哲学思考)?如果说本来同伴和多数人都信服的是悲剧诗人关于米诺斯的说法,这会儿苏格拉底让同伴转向荷马、赫西俄德,从熟悉的事物转向陌生的事物,以使灵魂获得一定程度的转向(参柏拉图《理想国》532b6—c3,)——因为有时候我们以为熟悉的事物恰恰可能最为无知①。

---

① 参《易经》系辞上第五章:"一阴一阳之谓道。继之者善也,成之者性也。仁者见之谓之仁,知者见之谓之知,百姓日用而不知,故君子之道鲜矣。显诸仁,藏诸用,鼓万物而不与圣人同忧,盛德大业至矣哉!富有之谓大业,日新之谓盛德。生生之谓易,成象之谓乾,效法之谓坤,极数知来之谓占,通变之谓事,阴阳不测之谓神。"

苏格拉底似乎说大多数人不虔敬,暗指信服荷马、赫西俄德的是少数人,而喜欢悲剧的是多数人。这是个看起来似是而非的说法。参315b8—c2,同伴提到人祭在雅典人看来是不虔敬、不合法的,而迦太基人认为是合法、虔敬的。对于神圣事物人们并非都是虔敬的,人们的看法分裂了神圣事物本身,或者说使神圣事物变得可疑,神圣事物似乎不是不变的。再者,苏格拉底的区分与同伴不同,一个是少数人与多数人——人的区分,一个是雅典人与异邦人——人群的区分。总之,苏格拉底意图告知同伴的东西,不只是让他知道,还要让他变得虔敬,而须虔敬的是与立法者的德性相关的事物。

犯错、敬畏与虔敬的关联,使得苏格拉底关于虔敬的劝诫仍然包含认识的要素,即在言行上正确对待诸神尤其是神样的人。那就得认识诸神是谁,还得认识神样的人,在这里就得认识立法者米诺斯的德性(言行上虔敬,参色诺芬《回忆苏格拉底》第一卷第一章)。

苏格拉底的劝诫就如悲剧所起的作用——认识人的悲剧性过错。悲剧中的主人公常常因为不虔敬而犯错,这里苏格拉底的说法反而是因为不事先思考,所以犯错,因而不虔敬。先思考而后说出来,先思后言,思言一体,即logos这个词的双重含义。参313b8—c1, λόγος[言]与τὰ λεγόμενα[被言说出来的]的关系,即灵魂行为与灵魂行为的结果的关系。苏格拉底先说在言行上犯错,随后只提到言语上犯错,想必言语更重要。

苏格拉底想告知同伴,以免他与大多数人一样不虔敬,等于想把同伴与多数人区分开来。其中的意图也可能是使同伴自己区分开来,这可能也是一种德性的区分,即首先认识你自己,才能区分自己与大多数人。所以,德性的区分就是一种认识能力。进而,区分虔敬之人、不虔敬之人与区分好人、坏人是否是一回事?而懂得区分好人、坏人想必也是νόμος[法]的含义之一。因为好人可能就是与神相似的人,坏人可能就是与神相对的人,而有谁区分错了,神就会愤怒。还得注意到,学会分辨好人、坏人是必须的,这样似乎才虔敬。所以,这里的思考、区分似乎仍然有所局限,使得思考、区分本身内含歧异德性的含义。

人与神有区别,而人群中又有人与神相似,有人与神相对,先区别神与人,再根据神区别人与人。如此,首要的好像就是认识神是什么。神会愤怒,源于我们弄错了人与人的差别,暗含的意思是神懂得区分人,我们因为不懂得区分人与人,所以犯错。然而,我们无从认识神,神自己又是人与人区分的根据、标准,依他（ἑαυτῷ）而分，我们也就无从区分人，所以我们必然无知，必然犯错。神心知肚明，我们却总是蒙在鼓里（参索福克勒斯《俄狄浦斯王》的情节结构；再有，如果悲剧的主题是阐明诸神的品性即哈德斯这一看不见的事物，亦即人的灵魂本身，则意指我们无法认识人的灵魂，因而无法区分人，就可能永远犯错。悲剧模仿的就是人群生活的这一根本难题）。

"而前面的是好"，ὁ ἀγαθός [好或善] 正好与 ὁ θεός [神] 对应，若联结起来的话可能意指神就是善、好（参314d7—8应当把法作为好来追寻，又参柏拉图《理想国》379b1、379c1—7，神就是善，就是善的事物的原因）。如果这么联结没有问题，那么特指这位神就是善而非宙斯——即根据善本身来区分人，从而学会分辨好人、坏人。只有根据善本身，即学习关于善本身是什么，对善本身、善的理念事先深思熟虑，沉思善是什么，才不会分辨错人，才不会说错话，才不会犯错（参319a2，另参柏拉图《理想国》505a2—4，苏格拉底，"善的理念是最高、最重要的知识，关于正义等等的知识只有从它演绎出来才是有用的和有益的"，又参519c8—d2）。再者，沉思善是什么才虔敬吗？注意，与这位神自己相对着的就是坏或恶吗？

石头是矿物，树木是植物，鸟和蛇是动物，一种天上飞的，一种地上爬的，这些事物区别于人①，似乎这些事物是与这位神自己相对着的。如果说这位神在这里就是善本身，那么这些事物就与善相对着的存在。参柏拉图《斐德若》230d，苏格拉底，"你晓得，我好学。田园树木不会让学到什么，倒是城里的人们让我学到东西"；亦参色诺芬《回忆苏格拉底》第一卷第一章11—14节，苏格拉底说自然哲人"有的对于庙宇、祭坛或任何献给神的东西都毫不尊重，而另一些则祭拜石头、木头和野兽"。

而想必"神圣的"指的就是与这位神自己相似的品性，即这里在说明什么东西与这位神自己相似或相对着。并且，这个时候似乎已经到达最重要的区分，即根据神区分万物，区分人与矿物、植物、动物，区分好人、坏人。

因此，上面与神自己相似的或相对着的，都不能译成"人"。至此，我们可以想想，什么时候人的神圣地位丧失了，而石头、树木、鸟和蛇却是神圣的，即人

---

① 参荷马《奥德赛》19.162—3，奥德修斯的妻子佩涅洛佩追问装扮成乞丐的奥德修斯的身世，"但请你告诉我你的氏族，来自何方，你定然不会出生于岩石或古老的橡树"；另参《旧约·创世记》上帝创造万物。

在万物中低于这些事物①；反过来，人又在什么意义上是神圣的，并高于这些事物？② 人的神圣地位似乎在于跟这位神自己的相似性[τὸν ἑαυτῷ ὅμοιον]。人分有的神圣性在于其与神的相似性③。

这里出现与 ἱερώτατόν[最神圣的]对应的品性是最邪恶的；ὁ πονηρός[恶，坏]对应的是 ὁ ἀγαθός[善，好]，而不再是 χρηστούς[有用的，有益的]，并且用以形容 ἄνθρωπος[人]，而非 ἄνδρας[男人]。令人奇怪的是 ἄνθρωπος 是单数，正对应于 ὁ θεός[神]，是指一个人，还是一类人呢？而坏人是谁，属于哪一类人？

如果说好人可能是哲人，那么坏人是谁呢？注意，这里好人、坏人的区分标准似乎是神，即与这位神自己相似或与这位神自己相对着的。与神相似的是人、好人，与神相对着的是石头、树木、鸟和蛇甚至坏人吗？那么，坏人与石头、树木、鸟和蛇有什么共同性质？但苏格拉底没说石头、树木、鸟和蛇是坏的，只说它们是不神圣的；想来，石头、树木、鸟和蛇没有好坏之分，可是为什么对于它们来说有神圣不神圣之分，这样一来，神圣与好不是又分开了吗？

---

① 参西塞罗，"由于前苏格拉底哲学关注数字和运动，探究事物来自何处、去向何方，苏格拉底是第一个将哲学从天上唤到尘世之人，他甚至将哲学引入寻常人家，迫使哲学追问生命和生活习惯，追问好与坏"，又参色诺芬《回忆苏格拉底》第四卷第七章4—8节；又参卢梭《孤独漫步者的遐思》"漫步之五"。
② 参色诺芬《回忆苏格拉底》第四卷第三章13—14节，苏格拉底谈到宇宙的神与人的灵魂的神性，"尤其是人的灵魂，比人的其他一切更具有神性，灵魂在我们里面统治一切是显然的，但它本身却是看不见的"；另参《旧约·出埃及记》20.1—4。
③ 参施特劳斯，"人或政治事物确实是通向所有事物的线索，是通向自然整体的线索，由于他们是最高或最低的连接点，或由于人是一个小宇宙，或由于人或政治事物和他们的推论是最高原则首先显现自身之形式，或由于对人事的错误估计是一个根本的或最严重的错误"；"人之统一性在于这样一个事实：他是向着整全敞开的整全之一部分，或用柏拉图的语言说，是观看万物之理念的整全之一部分。人对其向整全开放的关注，就是心灵的生活。既是一部分，又向着整全敞开，因此在某种意义上便是整全自身——人就是这样的双重性。进一步说，社会与素朴意义的整全有这样的共同点：两者都是通过运用个体以使其提升于个体之上、越过自身来超越个体的整全。一切高贵都在于这样提升于自身之上、越过自身，在于这样将自身奉献给某种比自身更伟大的东西(《苏格拉底问题》)"；又参《庄子·齐物论》子綦曰："偃，不亦善乎而问之也！今者吾丧我，汝知之乎？女闻人籁而未闻地籁，女闻地籁而不闻天籁夫！"又参《易经·说卦》第二章"昔者圣人之作易也，将以顺性命之理。是以立天之道，曰阴与阳；立地之道，曰柔与刚；立人之道，曰仁与义。兼三才而两之，故易六画而成卦。分阴分阳，迭用柔刚，故易六位而成章"；又参《易经·系辞下》"古者包羲氏之王天下也，仰则观象于天，俯则观法于地，观鸟兽之文，与地之宜，近取诸身，远取诸物，于是始作八卦，以通神明之德，以类万物之情"；又参《庄子·秋水》北海若，"故曰：'天在内，人在外，德在乎天。'知天人之行，本乎天，位乎德，蹢躅而屈伸，反要而语极"；又参《说文》"人，天地之性最贵者也"；又参《礼记·礼运》"故人者，天地之德，阴阳之交，鬼神之会，五行之秀气也。故人者，天地之心也，五行之端也，食味，别声，被色，而生者也"，段玉裁《说文注》："按禽兽草木皆天地所生，而不得为天地之心。惟人为天地之心，故天之生此为极贵。天地之心谓之人，能与天地合德。果实之心亦谓之人，能生草木而成果实，皆至微而其全体也。"又参张文江《〈引声歌〉讲记》："'天地之道，近在胸臆'。天地之道，完完全全在于人，就在人的身体上，就在人的心中。这句诗气派非常大，天地的关系就在人，这是中国的思想。你要研究天地，就要研究人。现代学科的研究方式，往往从天地人中切割一块下来，整体性没有了。"

人是神圣的，好人最神圣——是不是只有在人身上，神圣与好才结合——那么坏人也神圣吗？神圣是人共同的性质吗？而如果坏人根本不神圣且不是人，那么坏人又会是谁？①

另外，这里有一条线索：神——与这位神自己相似的、相对着的——石头、树木、鸟和蛇与人——好人与坏人。这里我们注意几点：a. 神和人没有直截分离；b. 从神至好人中间包含其他的区分，似乎必得经过一番论证；c. 没有直接提及神与石头、树木、鸟和蛇的分别，神似乎只与人相关。

最后，苏格拉底谈及好人和坏人，但还没有涉及正义和法的问题。

立即回过头来② 尤其关于米诺斯③，荷马与赫西俄德如何[319b]颂扬④他，为此我将解释[φράσω, 宣告, 宣称, 表示, 解释]⑤, 以免⑥生为人之子的人⑦——你——在言辞上[λόγῳ,

---

① 参施特劳斯《重述〈希耶罗〉》，或按色诺芬的说法，哲人是唯一真正有雄心的人。由于哲人主要关注永恒事物或"理念"乃人的"理念"，他就毫不关心单个有死的人，还有他自己的"个体性"或他的身体以及所有单个人的总和及其"历史"进程。关于通向市场的路，哲人一无所知，更不要说市场本身，他几乎闹不清他的邻居是个人，还是其他的动物（柏拉图《泰阿泰德》173c8—d1、174b1—6）"；又参《庄子·秋水》北海若曰："以道观之，物无贵贱；以物观之，自贵而相贱；以俗观之，贵贱不在己。以差观之，因其所大而大之，则万物莫不大；因其所小而小之，则万物莫不小。知天地之为稊米也，知毫末之为丘山也，则差数睹矣。以功观之，因其所有而有之，则万物莫不有；因其所无而无之，则万物莫无。知东西之相反而不可以相无，则功分定矣。以趣观之，因其所然而然之，则万物莫不然；因其所非而非之，则万物莫不非。知尧、桀之自然而相非，则趣操睹矣。昔者尧、舜让而帝，之哙让而绝；汤、武争而王，白公争而灭。由此观之，争让之礼，尧、桀之行，贵贱有时，未可以为常也。"
② 立即[ἤδη]回过头来：οὖν,（中断以后继续讲下去）却说、回头说，话题转回米诺斯的德性受到质疑的问题（参318b1），苏格拉底前面关于虔敬的劝诫为这里说明米诺斯的德性做准备。
③ 尤其关于米诺斯：καὶ περὶ Μίνω, 参318e、1318e5，苏格拉底显然承接的是同伴的两次"περὶ Μίνω"[关于米诺斯]，在同伴提到的两次"περὶ Μίνω"与苏格拉底提到的"περὶ Μίνω"之间是关于虔敬的说明。
④ 如何[ὡς = ὅτι, 连词]颂扬：ἐγκωμιάζουσι, 赞美、赞扬，复合动词，动词词干κωμάζω，参加节日狂欢游行，狂欢作乐，κῶμος,（举行游行狂欢时所唱的）颂歌，κωμῳδία, 狂欢歌舞，喜剧。苏格拉底用这个词而不用319a1的ἐπαινέσεσθαι和319a4的ἐπαινῇ，是不是暗含着接下来关于米诺斯故事的解释有点喜剧味？苏格拉底有意对付悲剧诗人的说法，实质上随后他的解释充满戏谑味道（即喜剧）。参319c1 ἐγκώμιον, 319d6 ἐγκεκωμιάσθω；参320e6 εὐλογοῦντες.
⑤ 为此[τούτου ἕνεκα, 参319a1—2, 说明接下来解释的出于什么目的]我将解释[φράσω, 宣告, 宣称, 表示, 解释]: 接下来，苏格拉底主要解释的是荷马的诗句。
⑥ 以免[ἵνα μή, 参318e6—7，表明劝诫的目的，看来不虔敬和犯错有关联，犯错就是不虔敬吗？犯错表明某种无知，无知就不虔敬吗（参柏拉图《苏格拉底的申辩》苏格拉底与阿波罗关于智慧的问题）？当然这里指对宙斯之子英雄米诺斯德性的无知，米诺斯的德性来自宙斯的教导，即对宙斯所教导内容的无知，即不虔敬吗？
⑦ 生为人之子的人：ἄνθρωπος ὢν ἀνθρώπου, 据Stallbaum笺注，从柏拉图的说辞习惯看，这个表达法显得特殊。它似乎强调宙斯与人的对比，即神与人的差异；强调ἄνθρωπος与英雄ἥρω的对比，即英雄与人的差异，当然更重要的是强调两者出身的差异——神之子或人之子，即源于神性或者人性的差异。

参318e8〕对英雄①——宙斯的儿子犯错②。这样地〔γὰρ，说明前面提起的事情的原因，即开始解释说明〕，荷马谈到③关于克里特，在那里人丁旺盛，"并有九十座城邦"④，"而其中"⑤他指称⑥：

〔b5〕在〔其中〕有座伟大的城邦克诺索斯，在那儿米诺斯⑦九岁⑧为王〔βασίλευε，当王，统治〕——伟大宙斯的密友⑨。

〔319c〕因此〔οὖν，这个表结果的小品词对应于319a9的οὖν〕，这

---

① 英雄：ἥρω，把米诺斯看成英雄，苏格拉底把雅典人的敌人说成是英雄。显然是为了强调米诺斯的身份，并且把英雄与宙斯的儿子——这一神性身位连在一起。
② 对宙斯的儿子〔Διὸς ἰών〕犯错：ἐξαμαρτάνης，现在时虚拟式，主语是第二人称"你"，对应于318e7ἀσεβῆς〔不虔敬〕，同样的句式、语气和人称，均指向同伴，把同伴与多数人区分开来，以免其不虔敬和犯错。
③ 荷马谈到：λέγων，分词，并非主要动词，带了连接词ὅτι，等于一个从句，从句中前半部分是间接引语，后半部分是直接引语；主句由主要动词φησίν（指称）带，都是直接引语。从句前部分说明克里特人口众多，后半部分说明有九十座城邦，即人与城邦。这里苏格拉底用间接引语与直接引语把它们（人与城邦）分开，以便"并有九十座城邦"与主要动词带的直接引语联接。如此，"并有九十座城邦"既与联接分词带的从句又与主要动词带的主句相关联，这使得"九十座城邦"位置突出。如此，会不会使得下面说米诺斯的城邦克诺索斯只是九十座城邦中的一座，而说它很伟大，则显得有点俳谬意味（参《奥德赛》原文ἐν δ' ἄνθρωποι πολλοί, ἀπειρέσιοι, καὶ ἐννήκοντα πόληες，居民众多，多得可以胜计，共有城邦九十座）。
④ 关于克里特〔περὶ Κρήτης，参319a9，περὶ Μίνω〕，在那里〔ἐν αὐτῇ〕人丁旺盛〔πολλοὶ ἄνθρωποι〕，"并有九十座城邦"：καὶ ἐνενήκοντα πόληες，人与城邦本来并列，这里苏格拉底用间接引语和直接引语两种不同方式把它们分开，似乎为了强调城邦，并强调其政治—礼法意味。
⑤ "而其中"：τῇσι δέ，这两个词在《奥德赛》中本来应该是与下面的直接引文一块的，被插入语φησίν（他指称）分开了，使得这段话似乎真是荷马说的。"而其中"指九十座城邦中的一座。
⑥ 他指称：φησίν，主要动词，参320d1，赫西俄德指称；又参318d2、318d9。注意λέγων与φησίν的差别。φησίν，说、讲、表示自己的意见或思想；相信，认为，假定；叙述；肯定、承认，这个词似乎比λέγων多几分主观色彩。当然这里可能是借助于奥德修斯的谎话而伪装成荷马的苏格拉底所宣称、假定的，似乎是苏格拉底的个人看法，但因为它的语文含义的复杂性也多少抵消了其个人意味。并且似乎λέγων与περὶ Κρήτης，而φησίν与米诺斯相关，这似乎使得米诺斯与克里特分离，转向与宙斯产生更重要的关联。
⑦ 在〔其中〕ἔνι，在史诗中有时ἐν置于与格名词之后，常用ἐνί，亦用ἔνι〕有座伟大的城邦克诺索斯〔ἔνι Κνωσὸς μεγάλη πόλις〕，在那里〔ἔνθα，对应于τῇσι δέ ἔνι〕米诺斯：Μίνως，在奥德修斯的叙述中他自己是米诺斯的孙子，奥德修斯以此谎称自己的身世。这里苏格拉底把奥德修斯的谎言当成是荷马的叙述，叙述米诺斯的身世。
⑧ 九岁：ἐννέωρος，ἐννέα ὥρη，季节、季候、节气；年；一天中的时间、时候；（适合或应当做某事的）时候、时期、时辰、时刻；人生的青春期、青年期、壮年期，nine years old or in the ninth season or during nine years or for nine years or in each ninth year，参柏拉图《礼法》624a，雅典人问"μῶν οὖν καθ' Ὅμηρον λέγεις ὡς τοῦ Μίνω φοιτῶντος πρὸς τὴν τοῦ πατρὸς ἑκάστοτε συνουσίαν δι' ἐνάτου ἔτους καὶ κατὰ τὰς παρ' ἐκείνου φήμας ταῖς πόλεσιν ὑμῖν θέντος τοὺς νόμους;" 这个词不仅充满歧义，而且到底与βασίλευε或ὀαριστής搭配也充满争议。
⑨ 伟大宙斯的密友：Διὸς μεγάλου ὀαριστής，城邦和宙斯都是伟大的，没有说米诺斯伟大；ὀαριστής，亲密的朋友、知己，源自动词ὀαρίζω，谈话，（男女、夫妻间）亲切交谈。

是用简短言说给予米诺斯的荷马颂辞①，荷马②未曾给予英雄们中唯一的一位创作③这样的[οἷον，对应于τοῦτο ἐγκώμιον][颂辞]。就因④宙斯是智者[σοφιστής，宙斯看起来像个智术师或哲人]。且技艺自身⑤无比高贵[παγκάλη，πᾶς和καλός的复合形容词，极美的、极好的]，在其他许多地方很明显⑥，且特别是这里⑦。[c5]因而[γάρ，解释前面事情的原因]他说⑧米诺斯第九年⑨与宙斯相会⑩与其交谈[ἐν λόγοις，

---

① 这是[ἔστιν，肯定性地概括前面的诗句，使得这一段直接引文被确认为是荷马所说的]用简短言说[διὰ βραχέων εἰρημένον，我们一眼就能看出接下来这段简短的诗句引文与苏格拉底接下来长段释诗的长短对比]给予米诺斯的[εἰς Μίνων，参319a9 περὶ Μίνω]荷马的颂辞：Ὁμήρου，荷马的，属格，直接指明是属于或来自荷马的颂辞 ἐγκώμιον，参319b1 ἐγκωμιάζουσι，加强其戏谑谐意味。奥德修斯的妻子听完这一段泪流满面，我们听苏格拉底转引荷马的诗句却以为他在逗乐，苏格拉底拿同伴或荷马逗乐。
② 荷马：Ὅμηρος，对应于Ὁμήρου，荷马的，荷马创作、撰作，参柏拉图《会饮》205b7—c9 209c—d，其实这里苏格拉底模仿荷马作诗，亦即释诗，其中苏格拉底隐藏了自己的身份，恰如奥德修斯隐藏了自己——说谎。
③ 未曾给予英雄们中唯一的一位[εἰς ἕνα τῶν ἡρώων，对应于εἰς Μίνων]创作：ἐποίησεν，主语是荷马，当然也可能是奥德修斯，甚至苏格拉底，参319d2、319d4，又参320e以下。
④ 就因：ὅτι μὲν γάρ，ὅτι，因为……，就因……，表示原因的小品词；γάρ，说明前面事情的原因。荷马赞颂米诺斯缘于宙斯，缘于米诺斯受教于宙斯，而非米诺斯自己。如此，虽然荷马赞颂的是米诺斯，但米诺斯并非最高的原因，宙斯才是。μέν……ἀτάρ[就因……特别]，关联词，某种意义上表示对原因的进一步说明。
⑤ 且技艺自身：ἡ τέχνη αὕτη，智术与技艺分开或者说并列，智术与技艺的关系相当费解。这种关系还与教育相关联，让我们想起荷马高妙的诗术与其作为希腊人的老师的关联。
⑥ 在其他许多地方[πολλαχοῦ καὶ ἄλλοθι，不确指什么地方，这里之外的地方]很明显：δηλοῖ，明显，显然，这里应该是不及物动词，顺着319c2 ἐποίησεν Ὅμηρος的语文线索，主语有可能是荷马；可因为是不及物动词，所以更有可能指的是前面整个句子，即宙斯是智者、技艺无比高贵是明显的、显然的，其他许多地方如此，这里也是，即是普遍的看法。所以，在这里它是个无人称动词，是个巧妙的动词。
⑦ 且特别[ἀτάρ与μέν对应]是这里：ἐνταῦθα，καὶ ἐνταῦθα对应于καὶ ἄλλοθι，强调这里，这里可能指克诺索斯、甚至克里特，也可能强调这里释诗的文本语境，甚至可能强调米诺斯与宙斯的立法技艺与智慧的关系。不管如何是这个含混的小品词，它还可以指这时，即包含了时间和空间，让我们想到了宙斯的品性。参柏拉图《克拉提洛斯》396b，苏格拉底说，"因而这个神(指宙斯)正确地被命名而意指为：一切生物永由此而生"，宙斯像是时间和空间的源头。又因为米诺斯与宙斯的关系，从而把人带进了时间和空间，立法技艺想必是发现和调整人世生活中时间和空间的关系——律历相生。
⑧ 他说：λέγει，参319b3，λέγων；319b4，φησίν，319c2，ἐποίησεν，似乎又变成荷马的叙述，参《礼法》624a7，λέγεις。这个动词的主语有可能是荷马，也可能是苏格拉底，这一段在《奥德赛》中并没有，所以它表面看来是荷马说的，其实可能是苏格拉底说的，即苏格拉底让荷马替自己说话。如此，米诺斯是奥德修斯的角色，进而，米诺斯和奥德修斯都是荷马的角色；此时，米诺斯和宙斯是荷马的角色，而荷马是苏格拉底的角色，当然也可以说米诺斯、宙斯和荷马都是苏格拉底的角色；再往外一层，到最最表面看，米诺斯、宙斯、荷马和苏格拉底都是柏拉图的角色，所谓事物的表面才是事物的核心。
⑨ 第九年：ἐνάτῳ ἔτει，参319e3，又参柏拉图《礼法》624b1—2，δι' ἐνάτου ἔτους，似乎是周期性时间。
⑩ 与宙斯相会：συγγίγνεσθαι，和……一起诞生；和(某人)在一起、和(某人)交往、和(某人)交谈，(学生对老师)说话，(学生向老师)请教，来相助，来协助(某人)，来到一起，和……相遇，熟悉(某事)，参柏拉图《礼法》624b，τὴν συνουσίαν，又参318b2，γέγονεν，318c2，γεγονέναι。

参319e1—2，又参313b8—c1，313c7—8]，且常常去受教于宙斯①——好像宙斯是智者[或智术师]②。因此，荷马没有给予③英雄们中的任何一位这项特权④——受教于宙斯[ὑπὸ Διὸς πεπαιδεῦσθαι，参319c6，παιδευθησόμενον ὡς ὑπὸ σοφιστοῦ ὄντος τοῦ Διός]，除了给米诺斯外[ἄλλῳ ἢ Μίνῳ，对应于ὅτῳ]，[319d]这是令人惊异的赞颂[τοῦτ᾽ ἔστιν ἔπαινος θαυμαστός]。并且[καί]，他创作《奥德赛》亡灵[那一幕]中米诺斯手执黄金权杖宣判，而非剌达曼提斯⑤；他没有创作过剌达曼提斯在这儿审判，也不曾创作剌达曼提斯在什么地方与宙斯相会。由于[d5]这些我宣称所有[人]中米诺斯尤其受到荷马称颂。因为身为宙斯之子唯一受教于宙斯，这是个无与伦比的颂扬⑥——因而[γάρ，说明

---

① 且常常去受教于宙斯：φοιτᾶν，常到某人那里听课，到学校去，上学，παιδευθησόμενον，将来时被动态分词。一个动词带两个动词不定式，用连接小品词καί分开，使得συγγίγνεσθαι这个词意指米诺斯与宙斯仅仅是相会、交谈，而φοιτᾶν παιδευθησόμενον则直接说明去受教育。后头苏格拉底解释米诺斯与宙斯关系的歧义就是在συγγίγνεσθαι这个不定式上，似乎米诺斯与宙斯只是相会而不受教于宙斯，即隐去了第二个不定式动词所言明的东西。
② 好像宙斯是智者[或智术师]：ὡς ὑπὸ σοφιστοῦ ὄντος τοῦ Διός，前面319c3刚刚用肯定性的叙述句说明宙斯是智者，这会儿的说法就有点含糊了。句子含糊可能是米诺斯与宙斯的教育关系，宙斯教育米诺斯，所以是智者，智者是教育者（参柏拉图《苏格拉底的申辩》19e）。苏格拉底的这种含糊的语气可能是因为智者在当时的雅典名声不好。如此使得宙斯的身份变得含糊，不知道这是贬低了还是抬升了其地位。而智术师看起来像神，参柏拉图《智术师》216a—c。
③ 荷马没有给予：ἀπένειμεν，ἀπό介词，出于，从……而来。νέμω，分配，统治，放牧。ἀπένειμεν，分配，喂养，分开，分成一部分又一部分。这又是一个与法有关的词汇，但分配者不是农民、吹箫手之类，而是诗人荷马。荷马说米诺斯是英雄中唯一受教于宙斯的一位，这个说法（颂辞）来自荷马，荷马看起来是分配者，通过颂辞（诗句）分配，即荷马作为诗人也是分配者，分配英雄与诸神的关系；如果说诸神和人群有完整的秩序，那么这个秩序就是由诗人一部分一部分地分配而完成的（参荷马《伊利亚特》15.187—193，宙斯、波塞冬、哈德斯三分天下）。
④ 英雄们中的任何一位这项特权：τὸ γέρας，奖品，特权，相对应于319d2。χρυσοῦν σκῆπτρον，可以译成特权，或者对于英雄来说，奖品即特权；若译成特权，荷马作为诗人的权威、威严就显示出来了，荷马俨然是个立法者，背后的意涵可能是英雄与诸神的关系是诗人创造出来的；米诺斯作为好立法者受教于最高神宙斯，这是诗人创造出来的——受教于宙斯是一项特权。ὅτι οὖν τοῦτο τὸ γέρας οὐκ ἔστιν ὅτῳ ἀπένειμεν Ὅμηρος τῶν ἡρώων，这句话对应于319c1—2，强调米诺斯作为英雄的独特性，他受教于宙斯，所以是好的立法者，即大多数英雄都不是立法者。
⑤ 他创作[πεποίηκε，参319c2]《奥德赛》亡灵[那一幕]中米诺斯手执黄金权杖宣判，而非剌达曼提斯：καὶ Ὀδυσσείας ἐν Νεκυίᾳ δικάζοντα χρυσοῦν σκῆπτρον ἔχοντα πεποίηκε τὸν Μίνων, οὐ τὸν Ῥαδάμανθυν. 参柏拉图《高尔吉亚》523e—526d。其一，这段话也是奥德修斯说的，说给费埃克斯人听，主要听众是国王阿尔基诺奥斯和王后阿瑞塔。奥德修斯讲述自己下到冥府见着米诺斯正在审判亡灵们；其二，这里苏格拉底改述为荷马的创作，使得诗人与立法者的关系显现出来，某种意义上提升或者说凸显诗人的地位。
⑥ 因为身为宙斯之子唯一受教于宙斯，这是个无与伦比的颂扬：τὸ γὰρ Διὸς ὄντα παῖδα μόνον ὑπὸ Διὸς πεπαιδεῦσθαι οὐκ ἔχει ὑπερβολὴν ἐπαίνου，这里再次强调米诺斯作为宙斯儿子的特殊性——受教于宙斯。想想前一句米诺斯在万物中的特殊性，作为立法者其拥有这两种特殊性、特质，而它们之间的关系是个难以理解的秘密。这种特殊性、特质受到诗人的颂扬。上头一段像是说明原因，接下来一段则解释结果。也有可能前一段是肯定，后一段是否定，在否定中重新肯定。接下来苏格拉底解释其中一句诗来说明米诺斯与宙斯之关系的歧义性。

前面提起的事情的原因］这诗句表明这一点［τοῦτο，先行词，τοῦτο γὰρ σημαίνει τὸ ἔπος τὸ］——

上头一番劝诫后，苏格拉底当即转回对话的目标——米诺斯；为了使同伴不会与多数人一样不虔敬，苏格拉底显得有些急迫。苏格拉底表达急迫语气以使得劝诫效果更好，而同伴的内心能迅速跟上来，沟通这急切的信息流。这是两个人心理层面的戏剧性动作，看不见的动作变化与节奏调整。当然也可以怀疑苏格拉底真的有那么急吗？苏格拉底有可能佯装着急，真正该着急的是同伴的虔敬问题。另外，前段劝诫的内容有些抽象，还没有具体指称谁。

苏格拉底把米诺斯的德性问题与虔敬问题联结，即苏格拉底出于虔敬的理由为米诺斯的可疑德性辩护，如此虔敬看来不是一种德性，而是德性的理由或基础吗？可这时候苏格拉底看起来是在解释荷马、赫西俄德"关于米诺斯"的德性的说法，而非直接谈论虔敬问题。

苏格拉底将解释荷马、赫西俄德的诗句——解释古传诗歌是苏格拉底惯常的举动。苏格拉底劝诫同伴以免他不虔敬，他用的是 ἐρῶ［告诉、告知］，而这里用的是 φράσω 像是在 ἐρῶ 的前提下的解释，同为将来时，同带目的从句 ἵνα，一处以免同伴不虔敬［ἀσεβῆς］，一处以免他犯错［ἐξαμαρτάνῃς］，都是动词的虚拟语式，起劝导、劝诫作用。而劝导、劝诫作用能否起效某种意义上都只是可能性。不管如何，苏格拉底只告知、解释并不指令或命令，他像是立法者在解释，但并不解释法是什么，而解释或宣称立法者的德性问题。

这里以免犯错、不虔敬的知识似乎主要来自古代诗人（尤其是荷马）的教导。

前面苏格拉底提到在言辞和行动上犯错，这里只提及言辞，言辞和行动有什么差别，为什么故意漏掉行动？只提到言辞，可能是因为接下来要解释荷马的诗句——言辞，更可能要批评的是悲剧——言辞。当然还有可能暗讽雅典人打不过米诺斯，只能嘴巴上说说、骂骂——言辞。

首先，注意犯错与不虔敬的联结。人之子犯错，而作为英雄——宙斯的儿子会犯错吗（参荷马《奥德赛》1.32—4）？如果说，这里英雄——宙斯的儿子指的就是米诺斯，那么之前同伴义愤的不恰恰是米诺斯对雅典人犯错、行不义吗？参318e8—9，言辞、行动上对诸神、神样的人犯错。这里没提到对宙斯犯错，提到对宙斯的儿子英雄米诺斯犯错,宙斯的儿子英雄米诺斯就是神样的人吗?

对宙斯的儿子犯错是否就是对宙斯犯错、不虔敬?这里同时漏掉了宙斯与行动,两者是否有什么关联?参色诺芬《回忆苏格拉底》1.1.2—4,苏格拉底的献祭和占卜,"大多数人表面上都说,他们之所以避开或趋向某一件事情,是由于受到了异鸟或遇到它们的人们的启示,但苏格拉底照着心中的思想说话,因为他说,神明是他的劝告者"。

其次,以人之子与宙斯的儿子英雄米诺斯对比,这里强调米诺斯的身份,暗含着强调其德性,强调其德性与神的关联。而英雄的行动、英雄的德性与诸神的隐秘关系想必是荷马《伊利亚特》最重要的主题之一。这样的对比也可能隐含着人之子的德性与神之子有差别、差异,甚至于神之子有更高的德性,可同伴不容易看清楚其中的差异,所以犯错,犯错即降低米诺斯的德性等级,即视其为野蛮、残暴和不义之人。同伴似乎并不否认米诺斯是宙斯的儿子,但他认为宙斯的儿子们的德性有差异,剌达曼提斯与米诺斯就不同。苏格拉底的解决办法似乎只能基于悲剧与史诗、神话诗的区别,史诗有不同于悲剧的说法,史诗的教诲似乎高于悲剧的,而教诲的重点在于米诺斯与宙斯的关系非同一般。但是,缘何对神之子的德性就容易弄错,并因此不虔敬?神之子有神性和人性,同伴是否因为忽略其神性而贬低了其德性?反过来,同伴赞扬剌达曼提斯的德性又出于什么理据,也是因其神性吗?且德性与神性什么关系?同伴似乎责难米诺斯的德性低于人性,那么同伴理解的人性又是什么?若米诺斯的德性低于人性,那么指的是其动物性吗?但动物似乎不存在德性的问题。可诸神存有德性问题吗?如果没有,那么神性为何高于人性?另外,从德性上看,神性是否是人性的更高目标,亦即神性是人性的完善(即德性)?① 不管如何,苏格拉底强调米诺斯的神性。他为什么强调其神性,神与人的区别到底在哪儿,不弄清其区别我们容易犯错?② 苏格拉底有意借助荷马、赫西俄德的说法,借助于古老诗人的说法,似乎是为了恢复诸神的存在和面貌,以区别于人。表面看来似乎如此,我们还得仔细琢磨其根本

---

① 参施特劳斯《自然权利与历史》,彭刚译,北京:生活·读书·新知三联书店,2003,页147—148。
② 参柏拉图《苏格拉底的申辩》27d—28a,"哪怕那些心灵闭塞的人,你也没办法说服他们,一个信精灵之事又信神之事的人,却不信精灵、神、英雄"。

意图①。

这是苏格拉底整段解释荷马诗歌时歧义丛生的起点。这段话在《奥德赛》原文中是装扮成乞丐回到家里的奥德修斯所说的,是伪装的奥德修斯说给妻子佩涅洛佩听的——关于自己身世的谎话。有趣的是,当佩涅洛佩开口问奥德修斯身世时,荷马用了 περίφρων Πηνελόπεια,即周密考虑的、谨慎的佩涅洛佩;而当奥德修斯开始编谎话时,对应于 περίφρων Πηνελόπεια,荷马用了 πολύμητις Ὀδυσσεύς,即足智多谋的奥德修斯。奥德修斯向妻子佩涅洛佩叙述虚假身世,称自己是米诺斯的孙子。这里,苏格拉底把奥德修斯的谎话当成荷马说的真话,把假话当真话解释。苏格拉底为什么要这么做?因为苏格拉底宣称作为诗人荷马的话更可信(318e3)?难道同伴无法区分荷马与奥德修斯,或是苏格拉底使得他无法做区分,苏格拉底做了什么手脚?从表面上看,难道关于虔敬的劝谕就得把谎话当真话吗?这里的虔敬指向立法者米诺斯,指向其神性。苏格拉底和同伴争论的是米诺斯的德性,苏格拉底指明米诺斯的神性以为其德性辩护,是否因为其神性确证了其德性。如此,苏格拉底解释荷马的这段诗句时,其关键就是米诺斯的德性与神性问题。进而,有这样的问题——为何讨论立法者的德性得把谎话当真话?苏格拉底解释荷马的诗句可能也是作诗(即编造米诺斯与宙斯的故事),而诗歌展现人的德性总在虚实之间,其根本原因是我们无法直接看见人的德性。

这里转而谈论克里特。其实不是荷马谈论克里特,而是奥德修斯撒谎说自己来自克里特,这是奥德修斯第二次撒谎说自己是克里特人(参荷马《奥德赛》十四卷199行以下)。不管怎么样,苏格拉底在这里把克里特当成荷马谈论、叙述的对象和内容,使得表面上看来它是真实的,同时处理掉奥德修斯撒谎时虚拟的自得和骄傲的语气(对其妻佩涅洛佩显耀家世),而像是史家的冷静叙述。如此,在《奥德赛》中真实的奥德修斯装扮成乞丐,撒谎编造自己的身世,真的奥德修斯隐藏着,假的克里特人米诺斯之孙显露着,以便试探其妻佩涅洛佩。这里,说这番话的奥德修斯被苏格拉底装扮成荷马,假的奥德修斯隐藏着,假的荷马显露着;当然也可以这么说,借助假奥德修斯的这段假话,真的苏格拉底隐藏着,使得假的荷马看

---

① 参亚里士多德《诗术》1451a36—b7看似如此与必然如此,"根据前面所述,显而易见,诗人的作为不在于言述曾经发生的事,而在于(言述)要发生的事,亦即按看似如此或必然如此要可能发生的事"。

起来像是真的。一段是奥德修斯编造的,一段是苏格拉底编造的,据色诺芬称苏格拉底和奥德修斯一样是荷马所称的"稳健的修辞家(ἔφη δὲ καὶ Ὅμηρον τῷ Ὀδυσσεῖ ἀναθεῖναι τὸ ἀσφαλῆ ῥήτορα εἶναι,《回忆苏格拉底》4.6.15)"。一段是奥德修斯装扮成别人对其妻说话,主题是米诺斯之孙见过真奥德修斯,其实是他在叙述自己以探察其妻,奥德修斯分离了自己,一分为二,让自己和别人一起观看那个自己;一段是苏格拉底对同伴所说,其中荷马替换了奥德修斯,隐去了奥德修斯的身世,变成了荷马在讲述米诺斯的身世,主题是米诺斯与宙斯的关系。实际上苏格拉底替换了奥德修斯,把他装扮成荷马。其中暗含的意思可能是有关米诺斯的身世和教育甚至德性有可能是假的,因为它实质上就是一段谎话。但是,苏格拉底使得它像是真的,所以反过来也可以说荷马代替苏格拉底,诗人巧使技艺,虚实难辨。苏格拉底和奥德修斯都像是诗人——编造人生故事(讲述或探究生命的时空)。奥德修斯以别人的身份讲述自己的过去,包含自己真实经历的时间、空间;之前,佩涅洛佩讲述自己在伊塔卡王宫中的遭遇,两个人都讲述了自己的过去,两人二十年生命时间中分离又叠合的过去,你讲闻我的过去,我听闻你的过去,空间隔开了,生命时间却隐然地交叠在一起。当然,这时候奥德修斯探询其妻佩涅洛佩。《奥德赛》二十三卷奥德修斯与佩涅洛佩夫妻相认,即指认婚床(即男人、女人的结合之所在)为证。两人继而又讲述和倾听彼此的过去和未来。

而这里苏格拉底改述了奥德修斯的故事,主旨变成是米诺斯与宙斯。米诺斯的克里特与宙斯的洞府,米诺斯在克里特的九年,米诺斯与宙斯相会的九年,其中时间似乎把空间联结在一起。克里特似乎是个现实空间,宙斯的洞府则是个神圣空间(参柏拉图《礼法》625b),九年联系了这两个空间,一个有限的空间与一个无限的空间。这不禁让人猜想米诺斯与九年的关系,即人与时间的关系。或许,从政治—道德意义看,人是有限的生命体,人在时间、空间中,时空构成性命、规矩、仪礼和功业的基本要素[①]。米诺斯与宙斯的关系似乎既与克里特的礼法相关,又超出于此,因为他在两个空间出入,就如奥德修斯与雅典娜的神人关

[①] 参《庄子·大宗师》女偊曰:"吾犹守而告之,参日而后能外天下;已外天下矣,吾又守之,七日而后能外物;已外物矣,吾又守之,九日而后能外生;已外生矣,而后能朝彻;朝彻而后能见独;见独而后能无古今;无古今而后能入于不死不生。杀生者不死,生生者不生。"

系①。当然，这些都是苏格拉底假借荷马而虚构的，奥德修斯的谎话亦是这种性质。人与时间空间甚且多维时空的关系，似乎是诗人的首要主题。而奥德修斯、苏格拉底的讲述都是诗人的作为。且"九"据说是个神秘的数字，也许与九位缪斯相关②。荷马、赫西俄德两位诗人都称自己的关于神事和人事的知识来自缪斯③。

克里特的许多城邦中有座城邦叫克诺索斯，在克诺索斯城邦中有个王叫米诺斯。如此看来，米诺斯只是克诺索斯的王，而非整个克里特的王。τε作为连接词，可能不仅具有语法功能，还是起语义上的联接作用，联结城邦[πόλις]与王[βασιλευε]，即意指米诺斯为城邦的王；参317a6, οἱ πολιτικοί τε καί οἱ βασιλικοί[治邦者以及君王]。

接着，ὁαριστής这个词可以说是苏格拉底解释、改述荷马《奥德赛》的关键词，其重要内涵是米诺斯与宙斯的关系。米诺斯是宙斯的儿子还不能显示米诺斯的身位——立法者。米诺斯作为立法者源自他与宙斯非同一般的关系，即米诺斯的立法源自他与最高神的关系，简单地说，即法源自人与神的关系，尤其是立法者与最高神的关系④。

这一段中苏格拉底则首先强调米诺斯的英雄身份，英雄想必自然地与美德相关；他是荷马赞颂过的英雄中唯一的这一位，最特殊的一位，就像荷马《伊利亚特》的主人公英雄阿喀琉斯，尤其像《奥德赛》的主人公英雄奥德修斯。可这简单的两行诗与《伊利亚特》和《奥德赛》各二十四卷的浩繁长诗对比，可以看出 διὰ βραχέων εἰρημένον[用简短言说]对应于长诗《奥德赛》使得荷马唯独这般赞颂米诺斯的说法显得可疑，也显得特殊，如此苏格拉底得解释其理由——其受教于智者宙斯。

苏格拉底从这里开始谈论立法和立法者的德性问题。苏格拉底模仿诗人的作

---

① 参《庄子·大宗师》孔子曰："彼，游方之外者也；而丘，游方之内者也。外内不相及，而丘使汝往吊之，丘则陋矣。彼方且与造物者为人，而游乎天地之一气。彼以生为附赘悬疣，以死为决溃痈。夫若然者，又恶知死生先后之所在！假于异物，托于同体；忘其肝胆，遗其耳目，返复终始，不知端倪；芒然彷徨乎尘垢之外，逍遥乎无为之业。彼又恶能愦愦然为世俗之礼，以观众人之耳目哉！"
② 参赫西俄德《神谱》917—8、荷马《奥德赛》24.60；又参希罗多德《原史》九卷的标题与九位缪斯。
③ 参柏拉图《斐德若》259d，苏格拉底 "对年纪最大的卡利俄佩和年纪次大的乌拉妮娅，她们提到的却是终身献身哲学和音乐的人们；在缪斯们中间，恰恰这两位既掌管天、又掌管对神们和人们的言说，传出来的声调听起来最美"（参荷马《奥德赛》11.363—9，柏拉图《会饮》216a）。
④ 参《旧约》中摩西与上帝的关系；另参《易经·系辞上》"子曰：'易其至矣乎！'夫易，圣人所以崇德而广业也。知崇礼卑，崇效天，卑法地，天地设位，而易行其中矣。成性存存，道义之门。"

为，谈论立法和立法者的德性，并引导至灵魂学与礼法的关联。苏格拉底认为荷马创作这样的颂辞，即是创作这样的英雄米诺斯、这样的立法者形象。

至关重要的是得留意不管是《奥德赛》中的奥德修斯，还是荷马本人都没提到过宙斯是智者。这显然是个苏格拉底的说法，但苏格拉底想把它栽到荷马头上①。如此，这里苏格拉底把宙斯这位最高的神说成是教育者，有技艺的智慧的神，并且愿意教授其智慧和技艺。如果319a3的ὁ θεός [这位神]指宙斯，那么我们可以问与有技艺且智慧的神相似或相对着的是什么②。

赞美这技艺自身，这技艺是什么？想必是立法技艺，如果说宙斯教授米诺斯的就是立法技艺，那么法就不是政治意见；或许是统治术（参320c1—2），还有可能是教育的技艺，甚至言谈的技艺、友谊和情爱的技艺、饮酒的技艺③。但对话中没有说明这是宙斯的技艺，而是把宙斯与技艺并举。为什么不说是宙斯的技艺，或者说宙斯拥有技艺吗？且宙斯是否可能就是技艺？或许，智者是拥有技艺的人，因而宙斯拥有无比高贵的技艺④。当然也有可能暗指宙斯与技艺分离，因为指示代词αὕτη似乎有意强调技艺自身。若宙斯是智者，则智慧的人不拥有技艺吗？再者，什么样的技艺无比高贵，是立法技艺吗？甚而，可以问为什么技艺

---

① Stallbaum笺注，苏格拉底缘何称宙斯是智者，因为ὀαριστής [密友]这个词推衍出米诺斯受教于宙斯，宙斯因而是智者。
② 参柏拉图《理想国》596c—d，苏格拉底："须知，这同一个匠人不仅能制作一切用具，他还能制作动物、植物以及他自身。此外，他还能制造地、天、诸神、天体和冥间的一切。"格劳孔："你说的真是一个神奇极了的智者啊。"又参柏拉图《会饮》203d，第俄提玛："他[爱若斯]有勇、热切而且硬朗，还是个很有本事的猎手，经常有些鬼点子，探求智识，脑子转得快，终生热爱智慧，是个厉害的施魔者、巫法大师、智术师"；又参208c，第俄提玛，即智术师；参柏拉图《克拉提洛斯》403e，苏格拉底："这显然是因为哈德斯知道讲如此美妙的词语，至少由于这些词语，因而他是有完满智慧的神而且赐给他身边的人极大的幸福，并且给活在这里的人们这样的善。"又参404a—b，哈德斯即哲人，哈德斯的意思是不可见的全知，而且他知道所有的美，因此之故，设立律法的人由此被称为哈德斯。
③ 参柏拉图《会饮》177d，《泰阿格斯》128b，色诺芬《会饮》8.2，《回忆苏格拉底》3.11.16—18。
④ 参《易经·系辞下》第二章，先圣与技艺，即立法："古者包牺氏之王天下也，仰则观象于天，俯则观法于地。观鸟兽之文与地之宜，近取诸身，远取诸物，于是始作八卦，以通神明之德，以类万物之情。作结绳而为网罟，以佃以渔，盖取诸离。包牺氏没，神农氏作，斫木为耜，揉木为耒，耒耨之利，以教天下，盖取诸益。日中为市，致天下之民，聚天下之货，交易而退，各得其所，盖取诸噬嗑。神农氏没，黄帝尧舜氏作，通其变，使民不倦，神而化之，使民宜之。《易》穷则变，变则通，通则久。是以自天佑之，吉无不利。黄帝、尧、舜垂衣裳而天下治，盖取诸乾坤。刳木为舟，剡木为楫，舟楫之利，以济不通，致远以利天下，盖取诸涣。服牛乘马，引重致远，以利天下，盖取诸随。重门击柝，以待暴客，盖取诸豫。断木为杵，掘地为臼，臼杵之利，万民以济，盖取诸小过。弦木为弧，剡木为矢，弧矢之利，以威天下，盖取诸睽。上古穴居而野处，后世圣人易之以宫室，上栋下宇，以待风雨，盖取诸大壮。古之葬者，厚衣之以薪，葬之中野，不封不树，丧期无数。后世圣人易之以棺椁，盖取诸大过。上古结绳而治，后世圣人易之以书契，百官以治，万民以察，盖取诸夬。"

有高贵低贱之分？而倘若技艺与智慧结合呢(参柏拉图《理想国》中技艺的等级——守卫人、王者和哲人)，这会是无比高尚的技艺吗？

宙斯是智者，他的技艺无比高贵，可能只是一种说法，即苏格拉底编造的假消息。但如果说宙斯当真是立法者的教育者，他该是个智者；且因为教育技艺或立法技艺无比高贵，那么这该是真信息——如此宙斯这位最高的神被苏格拉底改变了身位。进而，关于宙斯和技艺的这个说法本来并非如此，使得它的真实性又被隐藏起来，看起来仍还是假的。因而，"很明显"这个不经意的无人称不及物动词包含着苏格拉底深刻的辩证法(参314a2、314a5、314b1)。

因为宙斯是智者，且技艺自身无比高贵，每到第九年米诺斯就去宙斯那儿，与宙斯交谈，受教于宙斯。如果说他们之间的谈话当真是关于立法和美德的教育，那么关于立法和美德的教育看来永远没有尽头，也即立法和美德总在不断地修正和完善中，如此这从某方面印证了同伴关于雅典人不断地修改法律的事实(参316b7—c2)。当然，我们可能会有许多疑问，为什么以九年为周期；为什么来源于宙斯的立法和美德知识需要不断修正和完善；如果宙斯自己直接统治人，他的立法和美德是否就不需要修正和完善；是不是因为米诺斯分有神性和人性，而不是神本身，所以作为立法者他自身的德性永远不完善，或者说永远在完善的过程中。如果说，宙斯是完美、完善的，那么米诺斯受其教育就是在走向完善的途中。如果宙斯直接统治人，那么人们就能知道宙斯的想法。宙斯把其技艺分配给每一个人，每一个人就都是占卜者，都既掌握占卜术又拥有立法技艺(参314b3—5)。然而，宙斯似乎永远难以完成这项工作。如此，米诺斯的存在显得必要，但他不需要占卜术，因为他分有神性和人性，沟通神人。

米诺斯与宙斯相会[συγγίγνεσθαι]，这个词不好翻译，并且 συγγίγνομαι 和 σύνειμι[在一起，共处，结交]也不好区分。或许，这个词在这里对应的是318b2的 γέγονεν[成为或是]和318c2的 γέγονεν[成为或是]，即在义理线索上继续追问好立法者如何生成，如何是其所是。如果说，米诺斯是好立法者，那么关键就在他与宙斯的相会，如此，好立法者就不是自己生成的、长成的。συγγίγνεσθαι，前缀 συγ[和……一同，和……一齐]暗含了属人生活的根本特性，即共同生活，这也可以说是人的政治本性。难题在于人群在一起生活如何一同 γίγνεσθαι，即一同生成，一同是其所是，即成人。所以，这个词包含了人群必得一起生活的根本特性，而共同生活的根本要素是什么呢？言辞、交谈甚至思考。共同生活的要素还有男女之性情以及教育等。米诺斯与宙斯的相会想必包含这些要素。这个词所暗含的最高要义想必是立法者与最高神的隐秘关系，而这种关系就在言辞和交谈中①。

这里，米诺斯与宙斯的关系从父子关系变成师生关系，随后还变成情人关系，当然还有神人关系，注意其间的变化和联系。其中的主旨是立法者常常受教于最高的神，向最高的神学习。

而在苏格拉底看来荷马懂得称颂米诺斯，因为他懂得区分好人、坏人，且懂得赞颂与神相似的人，所以荷马不像多数人那样不虔敬，不会使得神发怒。

荷马令人惊异地赞颂英雄米诺斯受教于宙斯。θαυμαστός令人惊异的这个词在整个对话中仅出现过两次，参315d6—7，苏格拉底："这真一点儿也不奇怪[θαυμαστόν，令人惊异的；可钦佩的，卓越的]，不得了的伙计哦，如果你说得对，则它逃脱于我的注意。"苏格拉底针对的是同伴长段关于人祭、葬礼——即法是无限可变的言说。苏格拉底说如果自己没注意到甚至遗忘了这些，也不令人惊奇。苏格拉底似乎不对自己遗忘的事物感到惊奇，这些事物则是同伴最留心的——各种已有的传闻。令苏格拉底惊奇的是荷马的颂辞，对荷马笔下米诺斯作为英雄们中唯一一位受教于宙斯而惊奇。其实，这实质上是苏格拉底自己的说法，苏格拉底自己编造的说法——立法者受教于最高的神，这个说法闻所未闻（参柏拉图《斐德若》247c—e），所以令人惊奇。进而，可是说这可能是人世最高的知识，因而，令人惊奇②。

而"并且[καί]"这个连接小品词连接荷马关于米诺斯的两次创作，两次创作都与《奥德赛》有关，为什么不是《伊利亚特》呢？为什么还都与奥德修斯有关，一次是奥德修斯的撒谎，一次是奥德修斯的讲述。而在这两处地方中奥德修斯都与米诺斯有关联，一次叙述米诺斯的统治，奥德修斯撒谎称自己是米诺斯的孙子，一

---

① 参《易·系辞上》："《易》无思也无为也，寂然不动，感而遂通天下之故。非天下之致神，其孰能与于此。夫易，圣人之所以极深而研几也"；"子曰：'书不尽言，言不尽意；然则圣人之意，其不可见乎？'子曰：'圣人立象以尽意，设卦以尽情伪，系辞焉以尽其言，变而通之以尽利，鼓之舞之以尽神。'"
② 参《庄子·逍遥游》肩吾问于连叔曰："吾闻言于接舆，大而无当，往而不反。吾惊怖其言。犹河汉而无极也；大有径庭，不近人情焉"；又参《庄子·大宗师》："豨韦氏得之，以挈天地；伏戏氏得之，以袭气母；维斗得之，终古不忒；日月得之，终古不息；堪坏得之，以袭昆仑；冯夷得之，以游大川；肩吾得之，以处大山；黄帝得之，以登云天；颛顼得之，以处玄宫；禺强得之，立乎北极；西王母得之，坐乎少广，莫知其始，莫知其终；彭祖得之，上及有虞，下及五伯；傅说得之，以相武丁，奄有天下，乘东维，骑箕尾，而比于列星。"

次奥德修斯在冥府看见米诺斯在给亡灵们做宣判。不过,苏格拉底没有提到奥德修斯,反而说成这是荷马的创作。当然,我们可以认为奥德修斯的所见所闻都是荷马的创作,可是其中到底还隐含着奥德修斯——智慧之人的撒谎和叙述(即创作)。荷马创作奥德修斯的所见所闻,苏格拉底创作荷马的所见所闻。奥德修斯是荷马的角色,荷马是苏格拉底的角色。进而,还可以思考苏格拉底口中的荷马所给出的两次创作的关系,米诺斯与宙斯是密友,米诺斯是冥府的审判官,这两者如何联结,以及它们对于米诺斯作为立法者意味着什么。至少两者都与神圣事物有关——宙斯和亡灵,或者说都与诸神有关,都与灵魂有关。如此,立法者与灵魂学相关。当然,米诺斯与宙斯是密友这个说法显然是新的,这是苏格拉底自己的说法,而米诺斯是冥府审判官则是古旧说法。苏格拉底给立法者米诺斯增加了新身份,或者说使得立法者不仅关注冥府事物——审判,也构建其与最高神的关系。这提升了立法者的地位,使之沟通上下。如果说冥府是悲剧诗人的最高主题,那么苏格拉底更新并提升了这个主题,上升至立法者与最高神的关系[①]。

通过荷马对米诺斯的两次颂扬(创作),苏格拉底区分了米诺斯与剌达曼提斯。前面同伴以德性即正义与不义区分米诺斯与剌达曼提斯;这里苏格拉底看来是以荷马的颂扬区分两者,以米诺斯受教于宙斯和米诺斯作为审判官来区别于剌达曼提斯,如此看来立法者与德性似乎无关,特别是与政治德性无关[②]。这样的立法者是谁呢,其中的关键在于苏格拉底增添了米诺斯受教于宙斯这个新说法。苏格拉底在旧神话的基础上更新神话,立法者米诺斯从最高神宙斯那儿获得教诲,即米诺斯明白最高神的想法(参314b4—5、314d6—7)。苏格拉底试图使同伴从雅典神话中解脱出来,可以说神话既规定也弄混了对德性的理解。当然,更为关键的是,在新神话中他提升立法者的位置,且没有破除旧神话中米诺斯作为审判的角色(参柏拉图《高尔吉亚》最后的审判神话以及柏拉图《理想国》卷十冥府的审判,以及莱辛《恩斯特与法尔克》关于人世生活中邪恶无法消除的说法)。

[①] 参《易·说卦》第二章"昔者圣人之作易也,将以顺性命之理。是以立天之道,曰阴与阳;立地之道,曰柔与刚;立人之道,曰仁与义。兼三才而两之,故易六画而成卦。分阴分阳,迭用柔刚,故易六位而成章"。
[②] 参施特劳斯《苏格拉底问题六讲》,刘小枫、陈少明主编《经典与解释(第八辑)》,北京:华夏出版社,2005,页50—51。

这里，苏格拉底直接强调自己，强调自己的看法，认为自己的看法来自荷马。他改变了荷马的神话，又还给诗人以地位，强调自己与诗人暗中的关联——灵魂学。他受启发于诗人的灵魂学——米诺斯审判亡灵，又更新了灵魂学的内容——将之放置于法律中来思考，并且让它与最高神关联。再者，米诺斯不仅在英雄们中而且所有人以及所有存在物（万物）中，米诺斯受到荷马特别的称颂，立法者米诺斯的地位显得异常特殊（参319a6—7、319c2、319c7—8）。进而，米诺斯突破了英雄们的德性难题。而我们知道英雄的德性与冥府与宙斯都相关。苏格拉底先说荷马给予米诺斯两次颂扬，而此刻米诺斯获得在所有存在物中最特殊的颂扬，所有存在物想必包含之前提到的石头、树木、鸟和蛇。这可能是对米诺斯的第三次颂扬，苏格拉底在暗中添加了自己的声音——"我宣称"。当然，如果这是真的，那么还得考虑前面两次颂扬与这第三次颂扬之间的关系。

"九岁为王，他是伟大宙斯的密友"①，
[319e] 米诺斯是宙斯的门徒②。因为[γὰρ，解释说明上一句]，"亲切交谈"③就是讨论，"密友"便是在讨论的门徒④——这样地，

---

① "九岁为王，他是伟大宙斯的密友"：ἐννέωρος βασίλευε Διὸς μεγάλου ὀαριστής，或译为在第九年、第九个周期他当王——伟大宙斯的密友，这个译法强调米诺斯当王的时间性、周期性，似乎米诺斯有时候并不当王，那么依什么统治克诺索斯呢？是法吗，法自己统治克诺索斯？米诺斯当王的时候，是否就不需要法，米诺斯直接统治克诺索斯，如此似乎就分离了法与王者（参317c5—6），米诺斯就不是立法者了；还可以这么理解，米诺斯的统治有周期性，因为他需要不断地更新法律，他从哪里获得更新呢——宙斯吗（参316b7—c2）。同伴就困惑于雅典法律的不断变化。参张尔田《史微》论述孔子的身位，《春秋》是一时一地的法还是亘古之法）。或译为他当王——这伟大宙斯每九年的密友，这个译法强调的是米诺斯的统治，以及他是宙斯的周期性密友。米诺斯的统治地位没变，米诺斯与宙斯的关系时时更新，变化的似乎是法，统治与法似分似合，而法是可变的。
② 米诺斯是宙斯的门徒：συνουσιαστὴν，源自 συνουσία，源自 σύνειμι，一同生活的人：同伴，朋友，门弟子。
③ "亲切交谈"：ὄαροι，亲切的交谈，谈话；歌曲，小调，情歌；源自 ὀαρίζω，谈话，夫妻间亲切交谈，这个词出现在荷马《伊利亚特》中（6.516, 22.127）为夫妻交谈。
④ 就是讨论[λόγοι，或译为言辞，参313b8—c1, 313c7—8]，"密友"[ὀαριστής，亲密的朋友，知己；源自 ὀαρίζω，谈话，夫妻间亲切交谈]便是在讨论[ἐν λόγοις，在言辞中，参319c5—6]的门徒：καὶ ὀαριστὴς συνουσιαστής ἐστιν ἐν λόγοις，这里苏格拉底解释了密友与门徒的等同关系，联结的要素是 λόγοι 和 ἐν λόγοις：言辞、讨论、思考、理性，这些都是人的根本属性，即密友、门徒包括夫妻都是在这些根本属性形成人群的共同生活（参柏拉图《斐多》苏格拉底的第二次启航，转向 λόγοι）。如此，苏格拉底似乎消除了"密友"的歧义。需思考米诺斯与宙斯如何生成为密友——师徒的关系，即神人关系在言辞、讨论、思考和理性中，神是思考的神，难怪说宙斯是智者。宙斯传达给米诺斯自己关于法和统治的言辞与思考。前面苏格拉底改变了米诺斯与宙斯的关系的神话，这里似乎进而改变宙斯的形象。

米诺斯每逢第九年①去造访②宙斯的洞府③，一方面是为了学些东西[τὰ μὲν μαθησόμενος]，另一方面则是为了展示他前一个九年周期[e5]从宙斯学到的东西。而有这样一些人[εἰσίν，现在时]，他们认为[ὑπολαμβάνουσι]，"密友"是宙斯的酒伴[συμπότην，参加会饮的人，酒会上的客人，一同饮酒的人]和玩伴④，但有人⑤可以采用⑥如下证据⑦来证明这样认为的人[οἱ οὕτως ὑπολαμβάνοντες]说空话⑧[320a]：因为有许许多多人[πολλῶν γὰρ ὄντων ἀνθρώπων]包括希腊人和异邦人⑨，不是（参319e2）这样的人⑩——禁止酒会⑪、禁止这种玩乐⑫，在那些地方有酒⑬，除了[ἄλλοι ἤ，参319c8]克里特人，其次拉刻岱蒙人[也有酒]——他们向克里特人学习[μαθόντες παρὰ Κρητῶν，参319e5]。而在克里特，[a5]这是米诺斯制定[ἔθηκε]的

---

① 每逢第九年：δι' ἐνάτου ἔτους，似乎解释ἐννέωρος[九年]，参柏拉图《礼法》248b。
② 去造访：ἐφοίτα，走来走去，走上走下，徘徊，漫游；狂奔乱跑，神志错乱，发狂，发疯；（贡款或税款）源源而来；常到某人那儿去听课，上学。
③ 宙斯的洞府：ἄντρον，参柏拉图《礼法》625b。留意克诺索斯城邦与宙斯洞府的关联。克诺索斯是不是常常变化，而洞府则是单一不变的。而且，洞府似乎包含了克诺索斯城邦的所有知识，甚至可以说洞府是克诺索斯的源头。
④ 玩伴：συμπαιστήν，一同游戏的伴侣，一同玩耍的伴侣，游伴。至此，米诺斯与宙斯的关系看起来更为复杂。我们得留意的是门徒与酒伴、玩伴的同与不同。
⑤ 有人：τις，有人指谁？不是荷马，且他不同于上面这些人，也不同于苏格拉底的同伴，他是苏格拉底自己吗？
⑥ 可以采用：χρῷτο，现在时祈愿语式，表示可能发生，参318c4、318d3、320b6。这里动词祈愿语式表明可能存在这样的人、这样的看法。
⑦ 如下证据：τῷδε τεκμηρίῳ，可靠的迹象或记号，确实的证明，（逻辑）可靠的科学证明。这里的证据其实是克里特人的法律或者习俗——禁酒。但得留心的是禁酒针对的是谁，想必是米诺斯的城邦民们，这是明显的事实，用来规范城邦民生活。可我们不能确定的是它是否也针对米诺斯自己。这是这个证据的含混之处。
⑧ 来证明这样认为的人[οἱ οὕτως ὑπολαμβάνοντες]说空话：οὐδὲν λέγουσιν，"皆空语无事实"。这些人认为米诺斯是个酒徒，可他们的依据是什么呢？依据的是荷马的诗句吗？他们为什么说米诺斯是酒徒，他们也同伴一样不喜欢米诺斯吗？难道他们没留意克里特人禁酒吗？
⑨ 包括希腊人和异邦人：καὶ Ἑλλήνων καὶ βαρβάρων，参315c2—5，人祭；参316b3—4，法是存在而不是非存在；316d3—6，希腊人和异邦人中的那些知道的人认同一东西自身必定是同一的；如此，这里把克里特人和拉刻岱蒙人独立于希腊人和异邦人之外。
⑩ 不是这样的人：指向了同伴的看法，即不同的城邦采用不同的法，大多数不禁酒，只有两个城邦禁酒——法是可变的。
⑪ 禁止[ἀπέχονται，参柏拉图《会饮》182b—c]酒会：συμπόσιον，聚饮，酒会，宴会（古希腊人在餐后才开酒会，酒会上进行谈话和哲学讨论）；这个词，参319e6，συμπότην[酒伴]。
⑫ 禁止这种玩乐：ταύτης τῆς παιδιᾶς，儿戏，游戏，玩乐，消遣，参319e6，συμπαιστήν[玩伴]；ταύτης，指代酒会吗？酒会就是一种玩乐吗？
⑬ 在那些地方有酒：οὗ，属格表示地点，οὗ ἔστιν，在有些地方；οἶνος，突出强调酒，似乎玩乐和饮酒结合到一块，前面则区分酒伴与玩伴。那么，难道克里特和拉刻岱蒙都没有酒吗？酒与德性的高低和含混相关，这有没有可能说明克里特人的德性单一，即仅指节制呢（参色诺芬《斯巴达政制》）？

不同的法律中的一条：不许相聚喝[συμπίνειν，参319e6，συμπότην，320a2，συμποσίων]得烂醉①。进而，显而易见，米诺斯认为[ἐνόμιζεν，参313b6—7]高贵的[καλὰ，或译为美的，参314d3—8]东西，他也为自己的城邦民们制定成了法则。[320b]绝不会如此[οὐ γάρ που]，像卑贱的人②那样，这位米诺斯认为两者中的一个，而做出另一个——与他所认为的[那个]相反。③ 相反[ἀλλὰ]，如我所言[ὥσπερ ἐγὼ λέγω，参319d5，强调苏格拉底自己]，这是通过讨论④为了教育以[养成]美德⑤的相会[ἡ συνουσία，参319c5，319d4，319e1—2]。由此⑥米诺斯进一步为其城邦民们制定了这些法律⑦，[b5]因为这些[法律]克里特和拉刻岱蒙永世幸福⑧，自从它一开始使用了这些[法律]⑨，因为[ἅτε，因为，为……的缘故]这些[法律]是神圣的。

"九岁为王""在第九年或第九个周期当王"，这两种译法有几个共同点：米

---

① 喝得烂醉：μέθην，烈性酒；大醉；醉昏昏的状态，狂热的状态。没禁止一个人独饮。
② 像卑贱的人：φαῦλος，无关重要的；低劣的、邪恶的、坏的；低微的，无价值的；庸俗的人，未受教育的人，愚昧的人（与聪明人相对）。翻译成卑贱的、低劣的必以对应于320a7 καλὰ [高尚的]。这里或许也可以翻译成愚昧的人。卑贱的人或愚昧的人是思考或者相信与所作所为不一致的人，暗含高贵的人或者聪明的人是思考、相信和行动一致的人（参318d8—9，言辞或行为犯错）。
③ 那样，这位米诺斯认为两者中的一个[ἕτερα]，而做出[ἐποίει，参319c2、319d2、319d4，创作、制作，即制定法律320a7 ἔϑηκεν，让我们想起苏格拉底荷马创作关于米诺斯的颂辞，难道荷马也是在立法吗]另一个——与他所认为的[那个]相反[παρ' ἃ ἐνόμιζεν，παρ'，与……相反]：ἐποίει δὲ ἄλλα παρ' ἃ ἐνόμιζεν，这句主旨是认为的、确信的东西与做的东西相反、矛盾。这是米诺斯为克里特立法的时候，他的思考、相信与他的行动一致。这个法则与米诺斯、宙斯的相会的关系却是个谜，但其中有一点是确定的，这不是米诺斯为自己与宙斯立法。所以，这是克里特的人间世，那是神圣时空，包含的可能是不同的法，突破了不同时空就无法判断米诺斯的高贵抑或低贱，以及其思考、相信和行动是否一致。
④ 这是通过讨论：διὰ λόγων，介词 διὰ，可能表示手段、方式，或翻译成通过言辞；也可能表示原因，因为、由于，翻译成由于讨论或言辞。
⑤ 为了教育[ἐπιπαιδεία，介词 ἐπί，表示目的或原因]以[养成]美德：διὰ λόγων ἐπὶ παιδείᾳ εἰς ἀρετήν. εἰς ἀρετήν，介词 εἰς 表示目的或意图，直接道出相会的意图——为了教育以养成美德，但没直接提到宙斯。
⑥ 由此：ὅϑεν，关系副词，指的是不是通过讨论为了教育以养成美德的相会。
⑦ 米诺斯进一步为其城邦民们[τοῖς αὑτοῦ πολίταις，再次强调这些法律是为米诺斯的城邦民们制定的，而非为他自己，参320a7]制定了这些法律：τοὺς νόμους τούτους，复数，许多法律，不仅仅指整酒的法则。
⑧ 因为这些[法律][δι' οὕς，有法才能生活幸福]克里特和拉刻岱蒙永世幸福：τὸν πάντα χρόνον，强调法的不变特性。这是否与米诺斯与宙斯的周期性相会矛盾？如果城邦民时时刻刻生活幸福，米诺斯有必要不断地周期性地向宙斯学习吗？这两个时间显然有点出入。幸福：εὐδαιμονεῖ，法的意图是使城邦民生活幸福，没有说是为了美德，生活幸福与美德什么关系？
⑨ 自从它一开始使用了[χρῆσϑαι，参318c4、318d3]这些[法律]：ἀφ' οὗ ἤρξατο τούτοις χρῆσϑαι，克里特人、拉刻岱蒙人没有使用米诺斯的法律之前过的是什么样生活呢？再者，他们是什么时候开始使用米诺斯的法律？他们主动采用米诺斯的法律，还是米诺斯被迫统治他们且为他们立法？

诺斯当王,法的统治或者有人当王是人群生活的基本事实;统治者与最高神关系密切;政治统治需要不断地更新,这里指统治者与最高神的关系周期性地更新。前面两个看起来是不变的法,后面一个则是变化的法,三者结合起来看又是不变的。三个共同点中中间一个最为关键,包含人世生活的最高秘密,恰恰也在其中蕴含人事万物万千变化的根源①。

其中还有个难题是 ἐννέωρος[九年]修饰 βασίλευε[当王]还是 ὁαριστής[密友]?

米诺斯是宙斯的门徒,συνουσιαστήν[门徒]这是古希腊语文中非常重要的一个语词,比如色诺芬《回忆苏格拉底》。这里,苏格拉底再次改变米诺斯与宙斯之关系的说法:儿子—密友—门徒。苏格拉底直接从 ὁαριστής 过渡到 συνουσιαστήν,密友和门徒,想必与前面的 συγγίγνεσθαι[相会]和 φοιτᾶν παιδευθησόμενον[常常去受教于]有关,这些词暗含着语义和情节的过渡。当然,也可以这么理解密友一词包含 συγγίγνεσθαι 和 φοιτᾶν παιδευθησόμενον,进而递升为 συνουσιαστήν[门徒]。συνουσιαστήν 包含几层重要含义:①共同生活,生活在一块,夫妻、朋友或师生一块生活;②关系密切,比如夫妻、朋友和师生;③一起学习,即教育,同样包括夫妻、朋友或师生,即《论语·述而》子曰:"三人行,必有我师焉。择其善者而从之,其不善者而改之。"它包含日常的衣食住行、性关系、交谈、学习等人的基本活动。由于这些活动(参 314b5, τῶν πραγμάτων,诸多事儿,指人们的行为活动),形成人群共同生活的基础和纽带,提高人群的共同生活的品性也植根于此,这让人想到《诗经》的开篇《关雎》的男女之情②。进而,注意 συγγίγνεσθαι 与 συνουσιαστήν,共同生长、生活与共同存在,这是人的存在特性,人之所以成为人,是其所是,也可以说是人的目的论与存在论的关联,即 the genetic(种类、类别)和 the eidetic(特征、本性)的关联。简单地说,每个人既自己生活又必须过共同生活,在私自的生活和共同的生活中,人成其为人,人完善其为人——这也是法的根

---

① 《易·系辞上》第四章:"《易》与天地准,故能弥纶天地之道。仰以观于天文,俯以察于地理,是故知幽明之故;原始反终,故知死生之说;精气为物,游魂为变,是故知鬼神之情状。与天地相似,故不违;知周乎万物,而道济天下,故不过;旁行而不流,乐天知命,故不忧;安土敦乎仁,故能爱。范围天地之化而不过,曲成万物而不遗,通乎昼夜之道而知,故神无方而《易》无体。"
② 参《韩诗外传》卷五第一章,子夏问曰:"《关雎》何以为《国风》始也?"孔子曰:"《关雎》至矣乎!夫《关雎》之人,仰则天,俯则地,幽幽冥冥,德之所藏,纷纷沸沸,道之所行,虽神龙化,斐斐文章。大哉《关雎》之道也,万物之所系,群生之所悬命也,河洛出书图,麟凤翔乎郊。不由《关雎》之道,则《关雎》之事将奚由至矣哉!夫六经之策,皆归论汲汲,盖取之乎《关雎》。《关雎》之事大矣哉!冯冯翊翊,自东自西,自南自北,无思不服。子其勉强之,思接之。天地之间,生民之属,王道之原,不外此矣。"子夏喟然叹曰:"大哉《关雎》,乃天地之基也。"诗曰:"钟鼓乐之。"

本内涵及目的。需注意的是 ὁαριστής [密友] 的内涵还在变化。

米诺斯每逢第九年去造访宙斯的洞府。ἐφοίτα [去造访] 这是一个语义非常丰富的语词。

第一，基本含义是米诺斯周期性地到宙斯那儿去，来来回回包含稳定的时间节奏。一次性可能表示不变，周期性表示变化，但周期性变化似乎又是不变的——无往不复，天地际也。米诺斯统治克诺索斯可能常常遇到难题，他得不断地来往于克诺索斯与宙斯的洞府之间，这说明法是可变的，随时变化、周期变化。有没有可能一次性从宙斯那儿获得关于法的知识？是不是因为米诺斯不够聪慧，常常遗忘，得一而再，再而三地求助于宙斯（参318b3、318c3—4、318d1）？他路上得花多少时间，到宙斯那儿学习得花多少时间，其间克诺索斯城邦的统治怎么办？

第二，宙斯的洞府是在克诺索斯的上方还是下方，即米诺斯怎么走？

第三，这个词还让我们想到雅典给克里特定期送去定量的少男少女作为税款，以作为人祭。

第四，表面看来，米诺斯定期去宙斯那儿学习，学生似乎永远是学生，老师永远是老师。米诺斯是个长不大的学生。当然，还可能暗含的意思是米诺斯自知其无知，无法穷尽最高神的想法，因而定期去学习。

米诺斯定期求教宙斯，是为了学习和展示其所学的。密友、门徒的重要含义是学习。米诺斯周期性地到宙斯那儿学习，似乎永远学不完，即关于法的知识无法穷尽。那么法是可变的（即多）呢还是不可变的（即一）呢？宙斯就是法，就是一或多吗？甚至法就在米诺斯与宙斯的周期性学习和教育中吗？米诺斯是不是只有展示所学的，才能进一步学习，即他之前学的有没有问题，宙斯需检验其学习成果，以进一步确定教授的内容吗？那么之前学的和将要学的有什么关联，有何异同，是否相关？宙斯得判断其所学的实行效果（即立法与统治）的好坏，如此宙斯是老师也是审判者。也许米诺斯前一个周期学得很好，宙斯作为奖赏，做进一步的教授。这是周期性的即有节奏的教学活动。另外，参314b1—2，苏格拉底："凭借法是某种感知或显现呢，就如人们凭借显现知识那些被学会的被学会？"如此看来，米诺斯从宙斯而学会的法像是一种显现而非发现，即它并非一种技艺。

不过有这样一群人，他们对米诺斯与宙斯的关系一直持有不同看法。他们也与同伴对米诺斯的看法不一样，如此，对立法者米诺斯的看法愈发多样，米诺斯的身份越来越复杂。这群人的看法在这里区别于荷马的（即苏格拉底的）看法，但似乎又源于对荷马诗句的解释。如此对荷马的诗句至少有两种解释。注意密友、门徒与酒伴、玩伴的关联，想必无法完全分开——若如此则得思考其中的关联可能是 συνουσιαστήν 这个词，即人的生活首先是共同生活，共同生活自然生成不同的类型，共同生活还会有不同的品级，就如同教育有好有坏，婚姻也有好有坏。而对米诺斯的多种看法如下：

第一，这些人是谁对话中没有交代，他们对米诺斯的看法——宙斯的酒伴与玩伴（指性玩伴）基于身体，即基于人身上低的部分。这其中包含一个问题，基于身体能否区分人，或者进而问它能否根本地区分人，特别是能否区分人的德性。

第二，此前同伴对米诺斯的看法基于德性，他说米诺斯是野蛮、残暴、不义之人，即米诺斯秉有低劣的德性。这些德性某种意义上也与身体相关，并让人们联想到米诺斯与雅典人的战争和人祭。这种看法的另一面就是正义之人如剌达曼提斯，也就是说基于同伴的看法至少可以区分两类人。

第三，苏格拉底解释的荷马诗歌中，米诺斯是作为神之子唯一受教于宙斯的英雄，作为立法者他给克里特人和拉刻岱蒙人带来永世幸福，所以米诺斯制定的是神圣的法。苏格拉底的解释也基于德性——英雄的品性，但似乎又忽略德性的因素，关注的是教育和立法。因而，对米诺斯的这三种看法恰恰构成人群共同生活的不同类型和品级，都包含于作为立法者的米诺斯复杂多变的身心样貌。反之，立法者必得面对人群中的这些看法的差异。

然而，有人为米诺斯辩护，他为什么替米诺斯辩护，辩护的理由是什么？为什么门徒就不可能同时是酒伴和玩伴呢？其中，言辞与酒、性或游戏的差别是什么？性几乎是所有人的身体欲求；酒不同于水，它只是一部分人的欲求，言辞是所有人的欲求，似乎又不像是欲求。性与酒的关系可有可无，酒与言辞的关系可有可无，性或许需要言辞，而言辞可能不一定需要性和酒。其中，酒是一种特殊欲求，它可能包含人身上德性的含混或差异①。饮酒一定程度上可以看出人的德性的高

---

① 参《说文》：酒，就也，所以就人性之善恶。从水从酉，酉亦声。一曰造也，吉凶所造也。古者仪狄作酒醪，禹尝之而美，遂疏仪狄。杜康作秫酒。就，高也。从京从尤。尤，异于凡也。酉，就也。八月黍成，可为酎酒。象古文酉之形。凡酉之属皆从酉。丣，古文酉。从卯，卯为春门，万物已出。酉为秋门，万物已入。一，闭门象也。

低，恰如民间的说法——酒品与人品（参柏拉图《会饮》176a—d、223c—d）。酒跟水有关，但不同于水，从水从西，古文西包含自然和人性的开阖。酒还包含造的意思，即人群生活吉凶的生灭（参《尚书·酒诰》，又参《诗经·小雅·甫田之什·宾之初筵》《诗经·大雅·荡之什·抑》）。性、酒和言辞都与人的欲求有关，其中性和酒更为明显；人的欲求又与人的德性相关，而言辞与德性更是直接相关，参《论语·尧曰》，孔子曰："不知言，无以知人也"；又参《易·系辞下》第十二章"凡《易》之情，近而不相得则凶，或害之，悔且吝。将叛者其辞惭，中心疑者其辞枝。吉人之辞寡，躁人之辞多。诬善之人其辞游，失其守者其辞屈"；另参《庄子·齐物论》"夫言非吹也，言者有言。其所言者特未定也。果有言邪？其未尝有言邪？其以为异于鷇音，亦有辩乎？其无辩乎？道恶乎隐而有真伪？言恶乎隐而有是非？道恶乎往而不存？言恶乎存而不可？道隐于小成，言隐于荣华。故有儒墨之是非，以是其所非而非其所是。欲是其所非而非其所是，则莫若以明。"而实际上 $\sigma\upsilon\nu o\upsilon\sigma\iota\alpha\sigma\tau\dot{\eta}\nu$ 可能包含所有这些东西，这恰恰说明人性、人的欲求以及人群生活的复杂。

在荷马看来英雄们中米诺斯最特殊，而在有人看来所有人群中克里特人和拉刻岱蒙人最特殊。之前同伴亦强调雅典人的特殊性（315b6—d5）。是为了证明米诺斯的法是最好的法，为米诺斯辩护的人强调了米诺斯和克里特的独特性吗？最特殊的就是最好的吗？

而正如米诺斯向宙斯学习，拉刻岱蒙人向克里特人学习最好的法。宙斯教给米诺斯，米诺斯教给克里特人，克里特人教给拉刻岱蒙人。其中克里特人怎么教拉刻岱蒙人，我们无从知晓，对话中并没有提到吕库古与米诺斯或克里特人的来往。不过可以猜测的是，这是人教人而不是神教人的法，因而不是最古老的也不是最好的（318c1—d2），但具有神圣性（320b6—7）。神圣的却不是最古老的和最好的，难道是因为他们的法不与宙斯直接关联（参柏拉图《礼法》624a，拉刻岱蒙人的法来自阿波罗）。拉刻岱蒙人的法似乎低于克里特的法，但是其城邦民也永世幸福。

禁止酒会"这是米诺斯制定的许多法律中的一条"，这里强调"一"，恰如强调米诺斯是英雄们中最特殊的那个一（319c2）。米诺斯为克里特人制定了许多法则，这是其中一条，这一条因为跟判断米诺斯与宙斯的关系相关，所以变得特殊。即唯一受教于宙斯的英雄米诺斯制定了一条各邦人中最特殊的一条法令——禁酒会。然而,受教于宙斯与制定禁酒的法令可能有关也可能没关。只提到禁酒令(即酒伴)这一条,没提到禁止娈童或同性恋(即玩伴),想必这一条才是最大的难题(参柏拉图《会饮》泡赛尼阿斯的颂辞)。宙斯与米诺斯既是神人关系,也是师生关系,更是父子关系。而他俩是酒伴还可以理解,如果两者是同性恋就费解了(参阿里斯托芬《鸟》主人公佩斯忒泰洛斯),苏格拉底显然回避了这个难题。他含混地把禁酒会与禁止这种玩乐并列,好像酒会就是一种玩乐。可我们知道古希腊酒会宴饮时常常也是性放纵之时。

米诺斯为什么要立法禁酒会?酒与法的关系的问题可能指向酒是什么与法是什么的问题,其中的关键要素则可能是德性问题。相聚饮酒而非一个人独饮,显然是种共同生活,共同生活必然有德性问题。酒可用来健身、提神、壮胆,让人勇敢,也可能让人放纵、沉沦;当然也有可能是喝着玩的;更有哲人如恩培多克勒、赫拉克利特把沉醉—清醒对应地看成无知—真理。禁止酒会之法是否是米诺斯从宙斯那儿学来的,并且他是否向宙斯展示过?从荷马《伊利亚特》看,诸神相聚饮酒,诸神不需要禁酒会,但诸神想必没有德性问题。如果这是从宙斯那儿学来的,宙斯为什么要克里特人而不是所有人禁酒会呢。那么这也可能是米诺斯自己的想法,因而米诺斯的法律并非都源于宙斯,而哪些是源于宙斯的呢?如果并非都源于宙斯,那也是好的且神圣的法律吗?

米诺斯的这条法令实际上源于米诺斯自己的看法,也即同伴关于法的第一个定义——法是被认为合法的东西,即人的灵魂行为的结果,以及同伴的第二个定义在被苏格拉底反驳过程中他俩共同认可的——"这样,人们就应当将法构想为某种高贵之物(美的存在物),且应当把它作为好来追寻"。法不是一般的意见,而是更高的存在物。米诺斯认为城邦民们一块儿喝个烂醉是不高贵的。

米诺斯这样看待事物,相应地制定为律令,规范城邦民们的生活,使灵魂行为和灵魂行为的结果合一。最重要的疑问——米诺斯的这个看法来自宙斯吗?如果是,它可能不是米诺斯思考的结果。那么米诺斯与宙斯的教育关系该怎么理解,宙斯传授而米诺斯接受,米诺斯并不思考宙斯所想的吗?显然不是,米诺斯自己认为禁止相聚喝个烂醉是美的、高贵的。

米诺斯立法禁止其城邦民们聚会饮酒烂醉,不等于他和宙斯就不一块饮酒——这毕竟是两个时空的问题。米诺斯与宙斯,神之子神与之间有什么法吗,想必无法以克里特的法来禁止米诺斯与宙斯饮酒,况且神和神之子会一块喝个烂醉吗?这里的重要线索是,米诺斯为克里特制定法律,自己却可能出入其间而无碍。米诺斯在两个时空来回,克里特人却只能生活在一个时空中,这个时空与米诺斯的法相应,或者说米诺斯制定克里特人生活于其中的时间和空间①。如此,米诺斯与宙斯通过讨论为了教育以养成美德的相会,想必是指为了教育克里特的城邦民们养成美德,米诺斯自己可能超于这种美德之上——圣人不仁。米诺斯给克里特制定的法是生活方式,是生活其中的时间、空间,这种时空又与美德结合,这是立法的大难题②。进而,生活的时空、美德都在言辞中亦即通过讨论,在米诺斯与宙斯的言辞中,甚至在苏格拉底编造的人群生活的立法者与最高神相会的故事中(亦是言辞)。

那么,相会若果真是为克里特人的美德,至此就仍然没有提及同伴关心的米诺斯的德性问题。

而因为米诺斯的这些法律是神圣的,所以克里特人和拉刻岱蒙人使用这些法律,永世幸福。显然,人群生活幸福与法律有关,与神圣的法律有关。为什么神圣的法律能保证人群永世幸福?法律的神圣特性是否源自米诺斯与宙斯的相会?如此,重要的似乎仍然是理解米诺斯与宙斯的关系到底是什么:门徒还是酒伴与玩伴?

而[δὲ,一个转折小品词]刺达曼提斯确实[μὲν]是好人[ἀγαθὸς ἀνήρ,或好男人,参317a8—b1,另参319a6—8],因为[γὰρ,这个词好玩]他曾受教[320c]于米诺斯。当然[μέντοι]米诺斯未曾传授给[ἐπεπαίδευτο,或译为教给]他完整的[ὅλην,参314c1]君王术[τὴν βασιλικὴν τέχνην,参317c3—5],而是③对于王者的辅佐术④——这

---

① 参《庄子·应帝王》:"阳子居蹴然曰:'敢问明王之治。'老聃曰:'明王之治,功盖天下而似不自己,化贷万物而民弗恃。有莫举名,使物自喜。立乎不测,而游于无有者也。'"
② 参《易·系辞上》第十章,是故,夫象,圣人有以见天下之赜,而拟诸形容,象其物宜,是故谓之象。圣人有以见天下之动,而观其会通,以行其典礼,系辞焉,以断其吉凶,是故谓之爻。极天下之赜者,存乎卦;鼓天下之动者,存乎辞;化而裁之,存乎变;推而行之,存乎通;神而明之,存乎其人;默而成之,不言而信,存乎德行。
③ 而是:ἀλλ',语感和语义上相应于320b8δὲ[而]。
④ 对于王者的辅佐术:ὑπηρεσίαν,划船的职务,桨手,水手;艰苦的工作;协助,帮助,服务。似乎把城邦比喻为一艘船,船长和桨手。

足以用来主持法庭①。因此[ὅϑεν,参320b4,320c9]剌达曼提斯则据称是个好法官[或好审判官]②。因为[γὰρ]米诺斯任用[ἐχρῆτο,参320b6 χρῆσϑαι]他为城区的法律守护人[νομοφύλακι],而[c5]塔罗斯[Τάλως]则为克里特其他地方的[法律守护人]③。因为[γὰρ,说明前面提到的事物的原因]塔罗斯一年④巡视⑤各乡区⑥三次,以守护那里的法律⑦——他把法律刻在铜碑⑧上⑨,由此他被称为"铜[人]"⑩。

苏格拉底分开叙述米诺斯和剌达曼提斯,即把两者做了对比、比较,其中包含区分;接着,又把他们联结起来。明显地苏格拉底讲述剌达曼提斯的篇幅远远少于米诺斯(比较同伴在对话中间的长段言说与苏格拉底这里的言说)。原因之一这是在为米诺斯辩护;再者,剌达曼提斯的德性似乎无可争议,即较单一;而米诺斯就复杂得多,特别是他与宙斯的关系,他与宙斯相会可能是为了教育以养成美德,也可能是饮酒作乐,相聚喝个烂醉。剌达曼提斯并未与宙斯直接沟通,似乎没有与最高神接触的机会,即剌达曼提斯的时空理解似乎局限于克里特,甚而局限于克里特的城区,还不是整个克里特。如此,两兄弟的德性内涵想必有极

---

① 这足以用来主持法庭:ὅσον ἐπιστατεῖν ἐν τοῖς δικαστηρίοις, ὅσον带不定式,so much as is enough for…;参319d1—3。
② 剌达曼提斯则据称是个好法官[或好审判官]:注意其中的变化,好人变成好法官。
③ 而塔罗斯则为克里特其他地方的[法律守护人]:τὴν ἄλλην Κρήτην,剌达曼提斯是否与塔罗斯分有米诺斯完整的君王术,即他俩获得的都是技艺的部分知识。剌达曼提斯只是城区的法律守护人,相对于塔罗斯为乡区的守护人。不管如何,剌达曼提斯仅获得部分的知识得到确证。
④ 一年:τρὶς…τοῦ ἐνιαυτοῦ,参319e3,又参319b6、319d9。
⑤ 巡视:περιῄει,绕圈子,绕到;去转一趟;轮到某人;循环,周而复始。这里没有提到塔罗斯的行动是从哪儿到哪儿,只说他在乡区间转来转去巡视。米诺斯则是从克诺索斯到宙斯的洞府与宙斯相会。
⑥ 乡区:κατὰ τὰς κώμας,κατὰ带宾语,遍及,贯通,穿过。τὰς κώμας乡区相对于τὸ ἄστυ城区,一个是复数,一个是单数。这里的"多"和"一"似乎包含于米诺斯的法律中。而这样的划分本身就是法。我们不清楚乡区和城区的法有何差异。再者,是否因为乡区是多的,所以需要周期性巡视以协调法的一致性。
⑦ 以守护(φυλάττων τοὺς νόμους ἐν αὐταῖςφυλάττων,目的分词,参320c4 νομοφύλακι,巡视是为了守护)在那里的法律:τοὺς νόμους ἐν αὐταῖς,αὐταῖς指代κώμας,似乎乡区有自己的法,不同于城区的。米诺斯是否为乡区和城区立了不同的法。如果是,则在不同的地方采用不同的法律,塔罗斯守护的法与剌达曼提斯的不同,参316b2—4、316d2—8。
⑧ 铜碑:ἐν χαλκοῖς γραμματείοις,γραμματείοις,写字板;文件。为什么要把法律刻在铜板上,以便于记忆吗?
⑨ 他把法律刻在铜碑上:ἔχων γεγραμμένους,表示方式状语的分词可能修饰φυλάττων[守护],如此,他守护的是成文法,那么米诺斯为克里特立的都是成文法吗?
⑩ 由此(ὅϑεν,参320c3)他被称为"铜[人]":χαλκοῦς,铜,参米诺斯的黄金权杖(319d2),又参313a5—b2。

大差异,至少可以明了米诺斯的德性可能更宽广也更高,刺达曼提斯的更狭隘也更低(参柏拉图《理想国》603d)。

转而讲述刺达曼提斯时,苏格拉底一上来就称其为好人,但未称其为正义之人。同伴认为刺达曼提斯是正义之人。"所以,这些治邦的著作,人们称之为法律的那些,即君王以及好人的著作(317a8—b1)",苏格拉底曾把君王和好人并列,是不是正如米诺斯与刺达曼提斯分别是君王和好人,那么米诺斯是君王而不是好人吗;米诺斯是立法者,立法者不是好人吗?再者,米诺斯和刺达曼提斯都撰写立法著作吗(参320c7—8)?

刺达曼提斯是好人,是因为米诺斯教育了他。两人不仅是兄弟还是师生。此前同伴认为刺达曼提斯是正义之人、米诺斯是不义之人。据说这可能是来自悲剧诗人的说法,同伴赞美刺达曼提斯、责难米诺斯。这里,苏格拉底说刺达曼提斯是好人源于米诺斯的教育。这不仅消除了兄弟两人德性的对立问题,并且米诺斯的教育是刺达曼提斯德性的渊薮,从而刺达曼提斯的德性被米诺斯的包含着。或者说,米诺斯在德性上可能不是低于而是高于刺达曼提斯的,因为米诺斯是老师,刺达曼提斯则是学生。

宙斯教育米诺斯,米诺斯教育刺达曼提斯。苏格拉底没有提到米诺斯因为宙斯的教育成为好人,而只是说米诺斯受教于宙斯,这是荷马给予米诺斯的令人惊奇的称颂。米诺斯教育刺达曼提斯则使其成为好人,米诺斯自己是好人吗?好人教好人吗?继而还有一个问题是——当真能把人教成好人吗?(参319c5—7、319d6—7,又参319e4—5、320a4。)

米诺斯既是学生又是老师,他是神的学生、人的老师;他既是立法者又是教育者,米诺斯的身位愈趋复杂。

宙斯传授给米诺斯完整的君王术了吗?如果是,为什么他还得与宙斯周期性相会,或者周期性相会就是意欲使得君王术的学习趋于完整、完满吗?君王术想必只是宙斯教给米诺斯的技艺的一部分,而这部分本身就是完整的吗?

进而,君王术与立法技艺的关系是什么?是先有立法技艺再有君王术吗?或者君王术就是立法技艺吗?这里苏格拉底只提及米诺斯立法,没说其撰写立法著作,而立法著作包含技艺知识(参317c5—7)。而如果米诺斯不撰写立法著作,那么他从宙斯那儿得到的立法技艺是如何传授的,并且这种技艺知识可能并非不变。它看起来倒像是习俗事物，可是它又并非城邦的政治意见而是技艺。唯一可以确定的是它源于宙斯。

辅佐术是君王术的一部分且并不完整。这不完整的技艺就足以主持法庭，即城邦法庭的审判并不需要完整的君王术，法庭的审判只是君王术的一部分。宙斯教授米诺斯的是完整的君王术吗？而米诺斯教给剌达曼提斯的是不完整的君王术，如此逐渐递减。反过来看，宙斯可能就是完整君王术的渊薮，是完整事物的源头。

至此，剌达曼提斯区别于米诺斯的两个地方都明了了。米诺斯受教于宙斯，而剌达曼提斯则受教于米诺斯；米诺斯在冥府手执黄金权杖审判，而剌达曼提斯在克里特的城区主持法庭审判。

剌达曼提斯据称是个好法官，注意其中的变化，好人变成好法官。好人是苏格拉底说的，好法官则是别人说的、听来的。剌达曼提斯是好人，因为其受教于米诺斯；而剌达曼提斯是好法官，因为米诺斯教授其辅佐术。如果说辅佐术是米诺斯教育剌达曼提斯的全部内容，那么好人似乎应该等于好法官；而如果说辅佐术只是其中的一部分，那么好人似乎高于好法官。留意好法官（或好审判官）与正义之人这两个具有相同词干的词语的关联和区别；还得注意立法者与好法官的区别，即米诺斯与剌达曼提斯的区别。

这里米诺斯任用 [ἐχεῆτο] 剌达曼提斯为法律的守护人。克里特人使用（320b6，χεῆσθαι）米诺斯制定的法律和米诺斯任用（同一个词）剌达曼提斯为法律的守护人有什么关联。任用剌达曼提斯是否是使用米诺斯法律的一部分，即任用剌达曼提斯为法律守护人是米诺斯为克里特制定的法律之一部分，简单地说，法律守护人是法律的一部分吗？再者，克里特人使用米诺斯制定的法律，米诺斯另外任用剌达曼提斯为法律的守护人，守护那些他制定的而克里特人正在使用的法律。如此，剌达曼提斯似乎与米诺斯一样高于法律之上。

为什么需要任用剌达曼提斯为法律的守护人，是否因为克里特人在使用过程中可能破坏米诺斯的法律、法令，比如分配不公。法律、法令出于什么原因被破坏，而又如何守护法律、法令以免被破坏，包含的问题是人与法的关系，这其中还包括人是什么、法是什么的大难题；还有，守护法律、法令是为了更好的城邦生活，守护城邦生活的正义品性，即法的目的论（参320a4—7、314d1—6）。看来，剌达曼提斯也需要知道关于法的知识和品性，不知道法是什么和好的法是什么，如何守护法呢（参317c3—7）。反之，克里特的城邦民是否因为不知道法是什么或者遗忘法是什么甚且好的法是什么而破坏米诺斯的法律、法令。可是如果城邦民不知道法是什么，好的法是什么，如何使用法，如何保全城邦；再者，是不是也因此而可能毁坏并颠覆城邦（参314d5—6，亦参316b5）。而守护法律是否包含解释和传授关于法律的知识（参320c6—8）。

这里苏格拉底没有说明剌达曼提斯是否如米诺斯向宙斯展示其所学的成果那样向米诺斯展示，也没说明剌达曼提斯是否周期性地向米诺斯学习。也许有，以至于米诺斯得定期地与宙斯相会，向宙斯求教以解决被破坏的法律、法令。若如此，虽然剌达曼提斯没有受教于宙斯，但他的信息还是上达给宙斯，剌达曼提斯与宙斯之间也并非全无关联，两者之间仍然有信息的传递，虽然并非直接流通。

米诺斯的法律是神圣的，所以剌达曼提斯是神圣事物的守护者。为什么克里特人会破坏神圣的法律呢，是否因为他们不虔敬（参318e6—7），在言行上对神和神样的人犯错？是否因为他们没有学会区分好人与坏人，责难与神相似的，赞扬与神相对着的，导致神发怒，即克里特人可能不知道神是什么，所以不虔敬，使得神发怒？剌达曼提斯作为法律的守护人，得劝诫克里特人虔敬以永世幸福。总之，剌达曼提斯可能是米诺斯法律的解释者，还可能是米诺斯法律神圣品性的劝诫者。

另外，还需留意的是立法者和法律的守护人的关系。法律守护人是否就是主持法庭的法官，如果是，那么法律的守护人就是受教于立法者的人，即立法者传授给人关于法的知识以便守护法，那么法律守护人就知道法是什么和好的法是什么，或者说其本身是就法的一部分以使得法起好的作用，即法律的守护人是法的目的论的组成部分。但立法者并没有传授完整的知识，即法律守护人并没有得到的是部分的知识，这如何使得法必然是好的、善的呢——因为完整的就是善的（eidos）。而尽管法律的守护人解释法律、劝诫虔敬，可这本是不完整的，那么克里特人如何可能永世幸福呢——因为只有追求或拥有完整知识的人才是幸福的。苏格拉底说克里特人、拉刻岱蒙人使用米诺斯的法律永世幸福，看来是句佯谬之语。尽管米诺斯的法是神圣的，但是大多数人包括克里特人甚至拉刻岱蒙人可能不虔敬，那么法就必然被不断地修改、订立，城邦民们就永远难以过上幸福的生活。米诺斯与宙斯周期性相会是否出于此缘由。假如使用法的人需要拥有法的知识，那么克里特人拥有的可能是部分的知识，而部分的知识因为不完整所以容易犯错，需要不断地修正以趋于完整。如此法在永恒的复返中，克里特人、剌达曼提斯、米诺斯甚至宙斯都在这个永恒的复返中。

米诺斯任用了两个法律守护人，剌达曼提斯和塔罗斯。塔罗斯是意料之外的人物。苏格拉底提及塔罗斯可进一步分解米诺斯与剌达曼提斯的对立，多出了个人物，米诺斯与剌达曼提斯就不会直接对峙了；同时也进一步降低了剌达曼提斯的地位。

塔罗斯也是法律守护人，但没提到他受教于米诺斯，更不用说宙斯了。剌达曼提斯是好法官，他主持法庭像是该与他作为法律守护人的身份分开，即剌达曼提斯拥有两份不同的职务。法律守护人不一定需要受教于立法者米诺斯吗？再者，主持法庭与守护法律拥有的是不同的知识吗？而塔罗斯与米诺斯的关系只是米诺斯任用了他，再无其他。宙斯、米诺斯、剌达曼提斯、塔罗斯之间的关系变得越来越简单，塔罗斯似乎离宙斯最远，他只是守护宙斯教给米诺斯所立的法。回到前头的疑问，法律守护人不需要拥有法的知识吗，如果需要，则塔罗斯与宙斯的关系仍然还是近的。

米诺斯每九年一次与宙斯相会，塔罗斯每年巡视乡区三次。米诺斯与塔罗斯关于法的行动都是周期性的，而关于剌达曼提斯的行动则没有提到，表面看来塔罗斯与米诺斯靠得更近。需思考立法和守护法律为什么是周期性的行动，而主持法庭则不是，从中也可以看到立法、守护法律与法庭审判三者的差异。而城区的法律守护人为什么不需要周期性巡视？再者，塔罗斯守护法律的周期性行动频率远远高于立法者米诺斯与宙斯相会的频率，注意其间时间循环的差异。而这种时间循环本身可能与法关系密切，甚至说可能就是法本身或法的一部分甚或法的理据。打个比方米诺斯的时空就像地球绕太阳的公转，那么塔罗斯的则是地球的自转，自转与公转无法分离，甚至就是一体的。

需留意米诺斯与黄金权杖、塔罗斯与铜人的差异。在古希腊人看来这是人的品质蜕化的隐喻（参赫西俄德《劳作与时日》109—201、柏拉图《理想国》546e）。即从米诺斯到塔罗斯似乎包含着法的品质的减损，这更可能指向立法者的品性与法律的守护人品性的差异。还可以留意剌达曼提斯主持法庭时被称为好法官，与塔罗斯在铜碑刻写律条被称为铜人的差异。塔罗斯没有被称为好人，也没被称为好法官，只是被称为铜，且没有直接说是人。显然，铜是个隐喻，它可能意指塔罗斯作为法律的守护人的品性，但没提到它的好坏。总的看来，米诺斯立法，剌达曼提斯主持法庭并守护城区的法律，塔罗斯刻写律条以守护各乡区的法律，这是否是完整的君王术？

赫西俄德［Ἡσίοδος］也说过［εἴρηκε］与这些① 关于米诺斯的说法相近的东西［ἀδελφά, akin, cognate, 相似的，相近的］［320d］。因为提到米诺斯的名字② 时赫西俄德指称［φησίν, 参319b4］：

他成为世间君王③ 最有王气的④，
且统治⑤ 最多数的⑥ 四方人们⑦，
［d5］手执宙斯的权杖⑧；且因此其君临列邦⑨。

而他［οὗτος，指赫西俄德］谈及宙斯的权杖，谈的不过是⑩ 宙斯的教

---

① 这些：τούτων，并无确指，指荷马的说法——米诺斯是宙斯的密友，抑或那些认为米诺斯是宙斯的酒伴和玩伴的人的说法，抑或实质上是苏格拉底解释荷马诗句的说法——米诺斯是宙斯的门徒；更可能指的是以下提及的宙斯的权杖和教育。
② 米诺斯的名字：αὐτοῦ τοῦ ὀνόματος，名字或名声，接下来这一段将说明米诺斯是谁。
③ 他［ὅς］成为［γένετο，参318b2、318c2］世间君王：θνητῶν βασιλήων，是不是暗指此相对应于宙斯的神界的君王。
④ 最有王气的：βασιλεύτατος，在这个对话中只出现这一次，没说米诺斯是最好的君王。
⑤ 统治：ἤνασσε，做主宰，统治，管辖。这个动词支配属格名词，四方的邻人们似乎都属于米诺斯，即统治者（君王）拥有其城邦民们，这很像是在说明宙斯的统治。这里没提到米诺斯是立法者，而只是统治者。
⑥ 最多数的：πλείστων，没说是全部的，即米诺斯似乎并非统治所有人。
⑦ 四方人们：περικτιόνων，住在四周的居民，邻居，邻人，没提到克里特或者克诺索斯。
⑧ 手执宙斯的权杖：Ζηνὸς ἔχων σκῆπτρον，参319d2，ἔχων，分词，用于修饰上头的ἤνασσε，即米诺斯用宙斯的权杖统治四方百姓。宙斯和米诺斯分别统治天上、地上，米诺斯的统治权威来自宙斯，具有神圣源头和属性，天上、地上不分。可是，这里的说法区别于前面苏格拉底提到的荷马《奥德赛》第十一卷的说法，米诺斯手执黄金权杖，是冥府的审判官。总而观之，米诺斯似乎来往于冥府、地上和天上，是个贯通上下的"王"（参《说文》：王，天下所归往也。董仲舒曰："古之造文者，三画而连其中谓之王。三者，天、地、人也，而参通之者，王也。"孔子曰："一贯三为王。"凡王之属皆从王。李阳冰曰："中画近上，王者，则天之义"。｜，上下通也。引而上行读若囟，引而下行读若退）。米诺斯是世间的立法者、君王，又是最高神的门徒，冥府的审判官。如此看来米诺斯形象的政治意蕴就更是丰富了。
⑨ 且因此［τῷ，副词，因此，如此，这样一来］其君临列邦：τῷ καὶ πολέων βασίλευεν，βασίλευεν与ἤνασσε一样支配属格名词，to be king of，而且ἤνασσε像是βασίλευεν的构成因素。βασίλευεν由此对应第一行的两个词βασιλεύτατος和βασιλήων，具有更高的政治意味，这里君临的不只是四方人们，而是列邦、各个城邦，克里特的列邦，而非仅仅是克诺索斯，参319b5。
⑩ 谈的不过是：οὐδὲν ἄλλο ἤ，参319c8、320a3，排除其他可能性。

育[τὴν παιδείαν τὴν τοῦ Διός]，由此① 他统治了② 克里特。

显然，相比于关于荷马诗句的解释，关于赫西俄德的所占篇幅少得多了，即苏格拉底为米诺斯的辩护主要借助于荷马。苏格拉底引用荷马《奥德赛》的两处地方都与奥德修斯有关，尤其因为米诺斯形象的含混、复杂恰如奥德修斯在《奥德赛》第十九卷的复杂处境。而苏格拉底把荷马与赫西俄德这两位老辈诗人放一块，以区别于当代悲剧诗人。其中的一点缘由恐怕是因为两位老辈诗人并非雅典诗人，他们是希腊列邦的诗人，赞颂而非责难米诺斯，如此两者超逾同伴和雅典人甚至悲剧诗人们的视野。

苏格拉底说过，赫西俄德像荷马那样赞颂米诺斯（319b1）。但这一段，苏格拉底实际上没再直接说到赫西俄德赞颂米诺斯。这似乎可以说明米诺斯在荷马那里的地位更高。当然这主要源于苏格拉底的解释与引用荷马诗句的意图（参319c1、319d1、319d6）。而苏格拉底引用赫西俄德诗句关于米诺斯的说法出于什么目的，并不甚明了。苏格拉底引用赫西俄德的诗句似乎是为了补充、确证荷马的说法。

荷马赞颂米诺斯关键在于其与宙斯的关系，要注意赫西俄德关于此的说法。其实两位古老诗人的说法并不相似，苏格拉底的解释使两者变得相似。即实际上两者的说法并不一致，苏格拉底的解释则强调了古代诗人对于米诺斯的共同看法，以区别于当代悲剧诗人的看法。

赫西俄德没有提到剌达曼提斯，如果苏格拉底只提及赫西俄德的诗句就无从区分米诺斯与剌达曼提斯。而一个人是谁，包括其名字、声名、地位、作为等属于此世的事物。赫西俄德提到米诺斯的名字。μνησθείς[提到]是不定过去时分词（参318b3），这个词还有记起、想到的意思，跟记忆相关。如果说缪斯教会了赫西俄德歌唱（参赫西俄德《神谱》23—32），那么这里就可能指赫西俄德歌唱、叙述米诺斯，而米诺斯的名字或声名与其统治直接相关或相等。下面这段诗句的主旨是君王统治，米诺斯的名字、名声就等于君王统治。荷马的诗句也主要说明米诺斯的君王统治，

---

① 由此：ᾗ，副词，表示原因，又像是指示代词，指代τὴν παιδείαν，教育。
② 他统治了：εὔθυνε，指挥，指导，统治，包含单数第三人称主语，可能指的是米诺斯。苏格拉底用这个词，不同于赫西俄德诗句中的两个相关动词ἤνασσε和βασίλευεν。

但苏格拉底的解释却着重于米诺斯与宙斯的关系——密友和门徒。苏格拉底引用赫西俄德的诗句像是用来解释荷马的诗句。赫西俄德没有说米诺斯是立法者,这区别于荷马的说法,不过也可以看成是补充、解释荷马的说法,即米诺斯是立法者且是君王,好的立法者是最有名气的君王(参317c5—7、318b6—7、318c1—2)。

苏格拉底直接把宙斯的权杖等同于宙斯的教育,似乎并非仅仅指统治权威。为什么宙斯的权杖就是其教育呢,苏格拉底并没有说明,且赫西俄德的诗句并没有提及教育。可以说这也是苏格拉底自己的解释,就如同宙斯的密友就是宙斯的门徒一样。在此苏格拉底亦关注宙斯与米诺斯的教育关系。不过,苏格拉底没有提到通过讨论或在言辞中,也没有提到米诺斯常常到宙斯那儿受教,只说米诺斯手执宙斯的权杖用于统治。权杖就是教育,权杖用于统治,教育是为了统治,两者都指向统治,都来源于宙斯——最高的神,其中的主旨是统治。因而,恰如米诺斯的立法知识来源于宙斯的教育,米诺斯的统治知识也来源于宙斯的教育,立法知识和统治知识似乎是一体的,或者先有立法知识而后有统治知识。总之,苏格拉底意在表明米诺斯作为立法者、统治者受教于最高神宙斯。

伴:那么,究竟由于什么原因呢①,苏格拉底啊[ὦ Σώκρατες],[320e]这个传闻[参318d9, φασιν]② 曾散布说米诺斯是个未受教育的③ 且残酷的[参318d10]存在④?

苏:由于这⑤,你呃[καὶ σύ, 直接指向同伴,参318e6],了不得的伙计哦[ὦ βέλτιστε, you excellent one, best of men],倘若你审慎⑥,当

---

① 究竟由于什么原因呢:διὰ τί οὖν ποτε,διὰ,支配宾格,表示因为、由于、凭借等。
② 这个传闻:αὕτη ἡ φήμη,指示代词加冠词强调关于米诺斯是不义之人的消息、传闻,看来同伴对米诺斯的义愤仍未释然。
③ 米诺斯是个未受教育的:ἀπαιδεύτου,未受教育的、愚蠢的、粗鲁的。同伴使用这个词显然对应于苏格拉底称米诺斯受教于宙斯的说法(319c5—7、319c8、319d6—7、319e1—5)。
④ 存在:τινὸς ὄντος,同伴仍发直称米诺斯为人。参318d9—10,另参319c6—7、318b7。这个词让人想到苏格拉底关于法的定义——是存在的发现,法是什么与立法者是谁相关吗?法是什么会不会源于对立法者是谁甚至立法者品性的认识呢?再者,法的品性与立法者的品性相关吗?而恶法与未受教育的残暴的立法者的关系是什么?参314d6—8、315a1—b2、316b2—5、317d1—2。)
⑤ 由于这:δι' ὅ,回答同伴的 διὰ τί οὖν ποτε [那么,究竟由于什么原因]。
⑥ 倘若你审慎:σωφρονῆς,现在时虚拟式第二人称单数,清醒、明智、自制、克制、节制、谨慎、审慎,这是个假设性从句。苏格拉底似乎说倘若你有这样的品性的话,依此反省自己的行动,锻炼自己的品性;或者你该有这样的品性,你得不断观察自己的行动以自我反省,以养成这样的品性。这是个动词,指灵魂活动;当然灵魂活动可能包含其品性,甚至两者实质上是一。

心噢［εὐλαβήσῃ，参318e7—9］，还有其他所有挂心其好名声的人①，不曾不被有诗才之人嫉恨。因为诗人们对意见大有能耐②，［320e5］他们可能创作③关于两种意见中的任何一种④给［εἰς，表示目的或意图］人们［τοὺς ἀνθρώπους，参318e8、319a6—8］，或说好话［εὐλογοῦντες，εὖ和λέγω］或说坏话［κακηγοροῦντες，κακός和ἀγορεύω，辱骂，诽谤，参318e10—319a1、319a3—4］。这确实是所有米诺斯犯的错⑤——攻打这儿的这城邦⑥，在这城邦里有其他的许许多多聪明人以及形形色色的诗人——其他诗类的，特别是悲剧的⑦。［321a］而在这儿悲剧是古老的东西，它并非像人们料想的那样，起源于忒斯匹斯［Θέσπιδος］或弗律尼科［Φρυνίχου］⑧，而［ἀλλ᾽，对应于οὐχ……οὐδ᾽］要是你愿意［θέλεις，参315e5］想想［ἐννοῆσαι，参316c3、318b3、318c3］，你将会发现［εὑρήσεις］它是［ὄν，分词］这儿这个城邦非常古老的发现［πάνυ παλαιὸν……εὕρημα，留意εὕρημα和εὑρήσεις词源相同］。而诗歌中最能取悦城邦民⑨［a5］且最能迷住灵魂⑩的是悲剧；在悲剧里头［ἐν ᾗ］我们的确攻击米诺

---

① 还有其他所有挂心其好名声的人：καὶ ἄλλη πᾶς ἀνὴρ ὅτῳ μέλει τοῦ εὐδόκιμον εἶναι，其他挂心其好名声的人是谁，对话中没有提及。
② 因为(解释当心被诗人嫉恨的原因)诗人们对意见［δόξαν，意见，声望、名声，对应于εὐδόκιμον］大有能耐：μέγα δύνανται，也可以理解为诗人有能力创作意见以影响人。
③ 他们可能创作：ποιῶσιν，现在时虚拟式第三人称复数，参319c2、319d2、391d4，另参320b2、318e10。
④ 两种意见中的任何一种：ἐφ᾽ ὁπότερα，省略了δόξα，创作意见就是立法，其实也是作诗。问题在于我们不清楚诗人作诗的根本标准，他们是否能判断与神相似的好人和与神相对着的坏人，并且他们事先深思熟虑过吗(318e9—319a5)？他们会否随意说人好话或坏话？
⑤ 这确实是所有米诺斯犯的错：ὃ δὴ καὶ ἐξήμαρτεν ὁ Μίνως，从句。犯错，参316b5、318e9、321a7。
⑥ 攻打这儿的这城邦：πολεμήσας τῇδε τῇ πόλει，分词短语作从句的状语，说明原因。
⑦ 在这城邦里有其他的许许多多聪明人（ἄλλη τε πολλὴ σοφία，参314c5—6）以及形形色色的诗人——其他诗类的，特别是悲剧的：τῆς τε ἄλλης ποιήσεως καὶ τραγῳδίας，参318d3，另参柏拉图《苏格拉底的申辩》22a—b。注意这里城邦与人(即聪明人们和诗人们)的结合。没有提到其他诗类的诗人，而悲剧诗人则是特殊的一类诗人，为什么悲剧诗人是特殊的，因为他们会嫉恨人吗？ἐν ᾗ ἄλλη τε πολλὴ σοφία ἐστὶ καὶ ποιηταὶ παντοδαποὶ τῆς τε ἄλλης ποιήσεως καὶ τραγῳδίας. 主句，两组τε……καί，两层关系，后一组修饰第一组καί的那一部分，即第一组包含第二组。
⑧ 而在这儿［ἐνθάδε，参316a1］悲剧是古老的东西［παλαιόν，参318b1—2、318c2、318c4、318d3］，它并非像人们料想的那样，起源于［ἀρξαμένη，不定过去时分词修饰ἡ τραγῳδία］忒斯匹斯或弗律尼科：οὐχ ὡς οἴονται ἀπὸ Θεσπίδος ἀρξαμένη οὐδ᾽ ἀπὸ Φρυνίχου，悲剧并不是当代的诗类，并没有确切的创始人，即没有确切的时间起始点，而是自古有之。甚而，可以说有人就有悲剧，就有礼法生活。
⑨ 而诗歌中最能取悦城邦民：δημοτερπέστατον，δῆμος［民众、城邦民］和τέρπω［使喜悦、使高兴、满意、满足］的复合形容词最高级。
⑩ 最能迷住灵魂：ψυχαγωγικώτατον，ψυχή［灵魂］和ἄγω［引领、带领，指挥，抚养、教育］或ἀγωγός［引导的，引向……的，吸引人的］形容词最高级，这个词的原义是赫尔墨斯接引亡灵赴冥府、召唤亡灵，引诱、诱惑心灵。

斯[ἐντείνοντες，拉紧，捆紧；攻击]以报复①所有②他强迫[ἠνάγκασε，逼迫，拷问，参317c2—3]我们[ἡμᾶς]偿付[τελεῖν，上税，付款]的那些税赋[τοὺς δασμοὺς ἐκείνους，δασμοὺς，分配，战利品的瓜分，物品的分发；贡税]。因此，这是米诺斯犯错[ἐξήμαρτεν，参320e6]——招致我们嫉恨[ἀπεχθόμενος ἡμῖν，ἀπεχθόμενος，参320e4]，由此哩，你所问的，他变得[γέγονεν，参318b2、318c2]臭名昭著③。[321b]既然就因米诺斯真是好[或译为真的是个好人]且是守法者④，且就是[ὅπερ，就是那个人他，就是那东西它]我们在先前[ἐν τοῖς πρόσθεν]所说[ἐλέγομεν]的那个，好分配者[νομεὺς ἀγαθός，参317d6、317d8、317e5—6]，这一点最强有力的证据[τοῦτο μέγιστον σημεῖον]——就因他的法律是不变的[ἀκίνητοι，未移动的、不动的星体，未改变的、固定的法律，不可移动的财产]，因为[ἅτε]他很好地发现了存在的[τοῦ ὄντος……ἐξευρόντος，参315a1—b2、317d1—2]真相[τὴν ἀλήθειαν，参314e10—315a2]——关于城邦治理[περὶ πόλεως οἰκήσεως，参317c4—5]。

苏格拉底的长段言说至此想必告一段落，即苏格拉底解释证明荷马、赫西俄德的诗句中的米诺斯形象也已完成，所以他自动暂停。此时其言说并非被同伴打断。苏格拉底给出的信息够丰富的了，同伴看到不曾见的陌生的这面，又回想其熟悉的那一面，阴阳消息转换还没完成。苏格拉底再一次劝诫后，阴阳转换才趋于完成。而对于苏格拉底来说想必已无其转换之迹⑤。同伴听完苏格拉底对于荷马、赫西俄德关于米诺斯诗句的解释后，想探明自己所知道的米诺斯的恶名来自哪来，

---

① 报复：τιμωρούμεθα，向某人报复，惩罚某人（带属格，物品）。报复可以说是悲剧的重要主题。
② 以报复所有……，ἀνθ' ὧν，定语从句，ἀνθ，介词，报，还报，报复。
③ 臭名昭著：κακοδοξότερος，形容词比较级，相对应于320e3 εὐδόκιμον[好名声]，320e5 δόξαν[意见，名声]，320e6 κακηγοροῦντες[说坏话，诽谤]。
④ 既然就因米诺斯真是好[ἀγαθὸς，参319a4—5，319a7，参317a8—b1，320b8]且是守法者[νόμιμος，参314c7—d6]：ἐπεί，表示原因，既然，因为，应该对应于的是κακοδοξότερος γέγονεν。
⑤ 参《易经·系辞上》第十一章："是故，蓍之德，圆而神；卦之德，方以知；六爻之义，易以贡。圣人以此洗心，退藏于密，吉凶与民同患。神以知来，知以藏往，其孰能与于此哉！古之聪明睿知神武而不杀者夫？是以，明于天之道，而察于民之故，是兴神物以前民用。圣人以此斋戒，以神明其德夫！是故，阖户谓之坤；辟户谓之乾；一阖一辟谓之变；往来不穷谓之通；见乃谓之象；形乃谓之器；制而用之，谓之法；利用出入，民咸用之，谓之神。"

米诺斯缘何得此恶名。同伴所拥有的知识是听来的,而知识的源头在哪儿他并不知晓。或许可以说,这是人世生活中大量知识的品性,我们不知其来源,我们信之凿凿①。同伴经过苏格拉底对米诺斯的重新解释(即启蒙),同伴对自己过去的知识产生疑问。米诺斯作为不义之人的形象被苏格拉底破除后,此时同伴仍有兴趣探究这个形象源自何方。或许,这意味着只有探明其源头同伴才能全然接受苏格拉底的米诺斯。这个疑问显然是由苏格拉底引发的,还有待苏格拉底解惑。苏格拉底将再次解释以完全破除同伴之前的知识,彻底更新其对米诺斯的理解。

"苏格拉底噢",同伴第七次叫唤苏格拉底,在义理线索上这一次相对应于第六次(318d9),同伴不满于苏格拉底对米诺斯的赞颂,觉得苏格拉底的说法不可理喻。经过苏格拉底引用荷马和赫西俄德的诗句并作长段解释和证明后,同伴仍然没有完全消除疑虑。这种疑虑也相应于苏格拉底给出法的定义,同伴以长段言说否定,苏格拉底做第一次辩护结束后,同伴仍然无法信服,他仍以为法是可变的(316b6—c2);随之,苏格拉底再进行了两次辩护,两人达成对法是什么的共同理解。

这里,同伴对米诺斯的理解相当程度上可能已经改变了,但其仍不解米诺斯的恶名缘何而来,同伴需要苏格拉底作进一步解释。此时,同伴叫唤苏格拉底显然态度已经改变了,他可能请求苏格拉底原谅自己对米诺斯恶名之来源不明就里。所以,同伴这次叫唤苏格拉底类似他第五次叫唤苏格拉底(316b6)。但接着苏格拉底不是自我辩护,而是再次劝谕、劝诫同伴。苏格拉底的辩护和劝诫有差别,一则指向法是什么,一则指向最好的法、最好的立法者。同伴否定苏格拉底关于法的定义后,苏格拉底进行了三次辩护;同伴否定米诺斯是最好的立法者后,苏格拉底进行了两次劝诫。同伴对苏格拉底的米诺斯的理解处于其间,而其中是两类诗人(神话诗人与悲剧诗人)的差别。

而关于米诺斯是不义之人的消息、传闻,看来同伴仍未释然。φήμη[神谕,颂歌、传闻、谣传、(好的或坏的)名声]显然这个词既可能指传闻,也可能指坏名声,即米诺斯的传闻就是其坏名声(参柏拉图《苏格拉底的申辩》18c, οἱ ταύτην τὴν φήμην κατασκεδάσαντες, οἱ δεινοί εἰσίν μου κατήγοροι, "散布这谣传的人们,他们是我的可怕的控告者")。有趣的是,苏格拉底这里替米诺斯的辩护很像其在法庭为

---

① 参《坛经》:"一切万法不离自性。"

自己作辩护。在那儿苏格拉底把控告自己的人分成两种人——最初的和后来的控告者，后来的控告者源自最初控告者的教育。而这里他认为荷马为米诺斯创作颂歌，由于这些颂歌所有人中米诺斯尤其受到荷马称颂（319d4—6）。如此，这个词包含两类诗人对米诺斯不同的看法。

  同伴用三个词形容传闻中的米诺斯：ἄγριόν καὶ χαλεπὸν καὶ ἄδικον，保留了 χαλεπὸν[残暴]，用 ἀπαιδεύτου[未受教育的]替换了 ἄγριόν[野蛮]和 ἄδικον[不义]，ἄγριόν 某种意义上可以对应 ἀπαιδεύτου，如此 ἄδικον 一词被丢弃了，为什么？此前苏格拉底并未辩护米诺斯是正义之人，为什么同伴放弃理解米诺斯的正义。还有种可能是，ἀπαιδεύτου 包含 ἄγριόν 和 ἄδικον，可是教育与正义有什么样的关系呢？宙斯的教育就是正义的吗？正义源自宙斯吗？再者，χαλεπὸν 保留下来了，想必米诺斯让雅典人做人祭到底是无法抹去的残暴行为。可以猜想，如果正义源自宙斯，人祭源自宙斯的父亲克洛诺斯。而米诺斯模仿的就是克洛诺斯，但他又受教于宙斯，这看来极其矛盾。宙斯的作为是推翻其父亲的统治，其父亲的作为是吞吃其儿子们，如此对于米诺斯的理解就可能陷于这种种困境中。同时，这也让我们人想到苏格拉底被控的两桩罪：不敬城邦的神和败坏青年。

  苏格拉底对应地直接指明原因以迅即释疑。苏格拉底长段言说过后，效果不错，抓住时机，加强效果。这里的时机不仅指时间，即苏格拉底和同伴对答的时空，而且指两人心理活动的消息之机。

  苏格拉底不仅回答同伴的问题，而且其对话信息的流通也想让同伴立即对接，以打开其生命之机。苏格拉底长段言说过后，对话似乎又恢复了其生机。虽然，长段言说也不无包含内在的对答：劝诫同伴虔敬；引用、解释荷马的诗句，其中包含米诺斯与宙斯的来往，还有苏格拉底与奥德修斯的转换，还包括为米诺斯辩护其并非宙斯的酒伴、玩伴，另外还包含米诺斯与剌达曼提斯的关系；最后引用、解释赫西俄德的诗句，其中也包含米诺斯与宙斯的关联。但这里再次回到对话的表面，回到苏格拉底与同伴的对答上来，回到我们能直接感受到的对话的生机上。这个转换出于同伴的疑问，其疑问产生于对自己所知事物之源的不解。看来同伴推动了对话的情节；但其根本动力来自苏格拉底，因为苏格拉底让同伴对自己所知事物心生疑惑。如果苏格拉底不主动对其提问法是什么，提问谁是古代王者中的好立法者，那么同伴将可能始终局限于已知的事物。苏格拉底的疑问引发了同伴的疑问,对不知、已知和未知事物的疑问,打开了其心灵之窗,令其身心焕发生机,以对接宽广的人世事物的消息变化①。

"了不得的伙计哦(you excellent one, best of men)"这是苏格拉底对同伴叫唤自己的回应。苏格拉底总共三次叫唤同伴,但都不是主动叫唤而是回应(参315b6和315d6,318d9和318d11)。

"了不得的伙计哦"如果从表面看苏格拉底似乎赞赏同伴是人群中最优秀的人,恰如法作为分配技艺一段中各种最好最优秀的分配者(参317e3、317e5、318a2、318a3、318a4、318a6)。苏格拉底总共三次叫唤同伴,其中后头两次出现在讨论最好的法和最好的立法者的段落中,并且恰好相互对应,出现在苏格拉底长段言说的开始和结束。一开始同伴对米诺斯德性产生疑问,使得苏格拉底采用长段言说的方式以改变其对米诺斯的看法。同伴对米诺斯德性的责难和疑问,引发苏格拉底这一长段的言说以充分讨论关于立法者的教育问题。随后同伴转而对自己所知的米诺斯之不义的传闻产生疑问。看来苏格拉底使得同伴回溯过去,以沟通未来②。所以,这一次同伴和苏格拉底互相叫唤对应的是318d9和318d11,其中的主要线索是荷马、赫西俄德与雅典悲剧诗人对米诺斯看法判若云泥,古今诗人对立法者的看法大相径庭。其中的主要问题是诗人如何看待立法者,诗人拥有关于立法者什么样的知识。苏格拉底则试图与同伴一块探讨诗人与立法者的关系。如此,苏格拉底这两次叫唤同伴,可能意指一同探讨最好的立法者,这个问题就隐含在对同伴的叫唤里。甚而,可以说同伴是苏格拉底灵魂学的方向或影子,即苏格拉底总在探究事物最好最完美的样子、理念。苏格拉底叫唤同伴等于其灵魂的呼吸,呼吸天地间。苏格拉底的叫唤引导同伴的灵魂指向最好的(即善),此即所谓的自然目的论。

苏格拉底在这里意图再次劝诫同伴,面对另一类诗人——雅典悲剧诗人,因为其诗歌最吸引人的灵魂,迷住人的灵魂,并且,悲剧诗人看起来在保守雅典城邦生活的正义。因为悲剧似乎隐含某种封闭性的事物,而喜剧看来是开放的。

---

① 参《庄子·齐物论》子綦曰:"偃,不亦善乎而问之也!今者吾丧我,汝知之乎?女闻人籁而未闻地籁,女闻地籁而不闻天籁夫!"
② 参《易经·说卦》第三章:"天地定位,山泽通气,雷风相薄,水火不相射,八卦相错,数往者顺,知来者逆;是故,易逆数也。"

眼泪和哭声是人封闭自我、闭合自我的灵魂样态，笑声则是人开放自己并联结高低事物的灵魂样态。然则悲伤的时候笑，高兴的时候哭，人的灵魂既可能是又开又阖，也有可能更是闭合起来，"哀乐而乐哀，皆丧心也"①。柏拉图对话模仿悲剧和喜剧，但看起来不悲不喜，一开一阖，气象万千②。柏拉图对话的这个特性似乎恰恰也在于苏格拉底与无名同伴的互相叫唤之间。同伴本来固守雅典悲剧诗人的看法而不自知，苏格拉底的叫唤隐含反讽意味，即你固守自己的看法没有什么了不得的，你这时候对这个看法的提问又是了不得的，如此既悲又喜，不悲不喜。如此，柏拉图对话的戏剧情节模仿人的灵魂律动及其方向。

苏格拉底提醒同伴审慎对待诗人的嫉恨。可是诗人嫉恨同伴吗？如果不嫉恨，同伴还须审慎吗？从柏拉图的《苏格拉底申辩》和阿里斯托芬的《云》看，诗人似乎嫉恨苏格拉底（《苏格拉底的申辩》22a—23a）。诗人嫉恨苏格拉底似乎出于智慧之争，同伴和诗人也有智慧之争吗？同伴其实听从悲剧诗人关于米诺斯的说法而不自知。同伴并没有受到悲剧诗人的嫉恨，反而因为悲剧诗人嫉恨米诺斯而嫉恨米诺斯，悲剧诗人某种意义上是同伴的教育者。苏格拉底提醒同伴当心悲剧诗人的理由是出于让其爱惜名声而非爱智慧。如此，一定程度上，苏格拉底使得同伴对悲剧诗人有所反省。当然，这里苏格拉底让同伴当心悲剧诗人，是要引出米诺斯的好名声受悲剧诗人嫉恨的说法。进而，某种意义上，可能与同伴并无关系。不管怎么样，至少苏格拉底自己审慎对待诗人，在这里指主要是悲剧诗人，而非史诗和神话诗人。苏格拉底审慎的理由想必不是爱惜名声，而是爱智慧。

苏格拉底以为："因为没有什么比这更不虔敬了，即没有什么应当畏惧，除了言行上对诸神犯错，还对神样的人犯错。"前面一次劝诫，苏格拉底提醒同伴以免像多数人不虔敬，以免引起神的愤怒（319a3）。这里，苏格拉底劝诫同伴审慎对待诗人，以免被其嫉恨。一来关于虔敬，即懂得区分好人、坏人，区分与神相似和与神相对着的，懂得赞颂谁责难谁，指向米诺斯，指向神；一来关于好名声，关乎

---

① 参《庄子·徐无鬼》，子綦有八子，陈诸前，召九方歅曰："为我相吾子，孰为祥？"九方歅曰："梱也为祥。"子綦瞿然喜曰："奚若？"曰："梱也将与国君同食以终其身。"子綦索然出涕曰："吾子何为以至于是极也。"
② 参《庄子·应帝王》，壶子曰："吾乡示之以以太冲莫胜，是殆见吾衡气机也。鲵桓之审为渊，止水之审为渊，流水之审为渊。渊有九名，此处三焉。尝又与来。"

雅典城邦，也指向米诺斯，指向诗人。神让人们懂得区分与其相似和相对着的，区分好人、坏人；诗人让人懂得区分敌友，区分雅典的敌人和朋友。难题是如何同时听从苏格拉底的这两个劝诫呢？雅典悲剧诗人嫉恨米诺斯——雅典的敌人，苏格拉底却颂扬米诺斯——与神相似的好人。好人与朋友是一回事吗，坏人与敌人是一回事吗？这两个劝诫同伴都得听从，虔敬以免责难了与神相似的好人——比如米诺斯，因为神会愤怒；审慎以免成为城邦的敌人——比如米诺斯，因会被诗人嫉恨。两个劝诫无法同时遵行——神会愤怒，诗人也会愤怒，神与诗人似乎都有敌人，即神和诗人都区分人群，以形成共同体的稳固生活。

怒气似乎是共同体生活所必需的，可阿喀琉斯的怒气也分裂了共同体（荷马《伊利亚特》，另参索福克勒斯《菲洛克忒忒斯》）。如此，怒气既可能有益于城邦，也可能分裂城邦（参314d3—6）。苏格拉底似乎从来没有发过怒（参色诺芬《回忆苏格拉底》第一卷第三章8—14节），而这种灵魂基质是有益还是有害于城邦呢？这是苏格拉底两次劝诫的矛盾。其间不仅该留心米诺斯的问题，还会让人联想到苏格拉底的问题，因为苏格拉底正是被悲剧诗人控告而死。但还得留意两次劝诫的差异，一次指向米诺斯受教于宙斯以立法，一次指向米诺斯被诗人嫉恨落个坏名声，哪次更重要？而"为了遵从第一个劝诫，苏格拉底被迫高度赞颂了雅典最古老的敌人，苏格拉底将雅典城邦判处其死刑的推迟归功于他，即使不是直接归功于他（《斐多》58a—c）（施特劳斯《论米诺斯》）"。某种意义上，苏格拉底和米诺斯一样都是雅典的敌人——据说苏格拉底败坏青年，而米诺斯让雅典的少男少女给米诺陶诺斯吃以惩罚雅典嫉妒并杀死自己的儿子——都因悲剧诗人所致。然而，苏格拉底与米诺斯仍有不同，我们不能说苏格拉底是英雄，而且他不是宙斯的儿子，并且他没有受教于宙斯，也可能并非与神相似的人，即我们不清楚苏格拉底是好人还是坏人。我们听说苏格拉底不敬奉城邦的神当然可能包括宙斯，而引进新神。苏格拉底似乎相信的是与神相对着的东西，苏格拉底可能是诸神的敌人，被神嫉恨，他就可能也是悲剧诗人的敌人。可是，苏格拉底借助荷马赞颂米诺斯受教于宙斯，看来他并非不敬神。苏格拉底分裂了诗人阵营，他们共同的最高主题是诸神以及诸神统治下的城邦。如此，苏格拉底暗示了诸神与城邦的紧张、矛盾关系（参柏拉图《游叙弗伦》及《理想国》卷二、卷三），暗示了以诸神作为最高事物，城邦的政治生活可能面临深刻危机。荷马赞颂的是与神相似的人——米诺斯，可米诺斯是雅典的敌人；雅典悲剧诗人责难米诺斯，米诺斯却是与神相似的人、好人，如此雅典人似乎只得又敬神又渎神。

再者，同伴是否也挂心好名声，如果是，那么320d8的 αὕτη ἡ φήμη 也可以译成名声，意思是同伴得当心诗人的嫉恨，以免落下恶名恰如米诺斯。反之，想必诗人也挂心名声。苏格拉底让同伴当心的不是与诗人的智慧之争而是名声之争。好名声[εὐδόκιμον]，这个词的词干是 δόξα [意见、想法、声望、荣誉、名声]。诗人能对人的意见或名声造成很大的影响。这一段主旨是悲剧诗人上演悲剧以形成城邦的政治意见，以搞坏米诺斯的名声。同伴挂心自己的名声甚至雅典城邦的名声吗？米诺斯挂心自己的名声吗？进而，苏格拉底挂心名声吗？① 如果说苏格拉底是哲人，真正的哲人想必并不挂心名声，如此，第二个劝诫对于苏格拉底似乎就没有意义；进而，苏格拉底与悲剧诗人、甚至喜剧诗人真是敌人吗？他们之间果真存在名声或智慧之争吗？②

"不曾不被有诗才之人嫉恨"，这是苏格拉底的第二次劝诫，意思是别让诗人嫉恨你。诗人嫉恨谁？尤其是悲剧诗人他们为什么嫉恨人？雅典悲剧虽然上演的大多是异邦故事，诗人关心的却是雅典城邦，如此至少可以说悲剧诗人都是爱邦者（参柏拉图《苏格拉底的申辩》24b）。悲剧诗人固守本邦的正义、礼法和诸神。由此，诗人严格区分敌我，米诺斯是雅典的敌人，理所当然地被悲剧诗人嫉恨。苏格拉底是雅典人，为什么悲剧诗人控告他呢？难道苏格拉底像米诺斯一样是雅典的敌人（参柏拉图《苏格拉底的申辩》24d—25a）？苏格拉底想必并不挂心好名声，悲剧诗人又为什么控告他呢？③ 如此看来，名声、意见与城邦的正义、礼法和诸神可能相关，甚至可能是一回事。如果苏格拉底不挂心名声，那么他是否也不在意城邦的意见、正义、礼法和诸神？苏格拉底看起来像在为米诺斯辩护，而实际上是在为自己辩护吗？他辩护什么呢？这是个难题。再者，苏格拉底并不挂心名声，他缘何为米诺斯辩护其名声？名声、意见既保守城邦生活又使其陷于困境，看来苏格拉底并无意公然破坏城邦的政治生活，而仅暗示其必然的

---

① 参《庄子·逍遥游》："若夫乘天地之正，而御六气之辩，以游无穷者，彼且恶乎待哉？故曰：至人无己，神人无功，圣人无名。"
② 参《庄子·天下》庄周："独与天地精神往来，而不敖倪于万物。不谴是非，以与世俗处。"
③ 参《庄子·人间世》，仲尼曰："德荡乎名，知出乎争。名也者，相札也；知也者争之器也。两者凶器，非所以尽行也。"

困境。而悲剧诗人控告苏格拉底也可能因为苏格拉底的这种暗示,更可能因为其无所挂心。反过来,想想苏格拉底会控告悲剧诗人吗?想必不会,因为苏格拉底不发怒,他最多喜欢追问人各种属人的问题。而悲剧诗人与神相似,会发怒,像是好人。苏格拉底显然既不同于悲剧诗人也可能不同于神。苏格拉底与悲剧诗人禀有不同的灵魂基质。悲剧诗人的这种灵魂基质构成城邦礼法的生理—心理基础。而苏格拉底呢,他看来是在礼法和城邦之外。

如果你挂心你的名声,那么你就得当心诗人,因为他们对人世的意见以及个人的名声大有能耐(参索福克勒斯《俄狄浦斯王》开头和结尾,城邦的祭司和歌队都提及俄狄浦斯王的名声)。δόξαν包含意见和名声双重含义。正如同伴第二次定义法是什么时曾说法是政治意见(313b10—c2、314e7—10)。如此看来,诗人可能对城邦的政治意见产生很大影响,甚至形成城邦的法律。如果说雅典悲剧诗人攻讦、诽谤米诺斯,那么他们很可能也否定米诺斯是古代王者中好立法者,否定克里特的法是最好的,难怪同伴完全记不起克里特的法是最好的法(318c2—d11)。而荷马、赫西俄德对米诺斯的颂扬却非同凡响(319a9—b1、319c1—2、319c7—d1、319d4—7)。至此,可做一个暂时的结论,两类诗人虽然对米诺斯看法不同,或颂扬或攻讦,都指向米诺斯的名声,这就愈接近同伴的定义法是政治意见。难题在于两类诗人意见不同(参314e1—315a3),即给出了不同的礼法,亦即相互矛盾的生活方式。苏格拉底反复说明的是荷马对米诺斯的赞颂,而宙斯怎么教米诺斯以及教什么,却都不得而知。而因为两类诗人对米诺斯相互矛盾的意见以至于米诺斯像是法本身,可他是个矛盾体。从米诺斯来看,法像是一,其实是二。从诗人来看,两类诗人的意图都指向诸神,法看起来是二,其实是一。但诗人们各执其一,导致城邦政治生活的根本困难,也就是礼法的根本难题①。

诗人像是立法者,而诗人的法是政治意见(参319c7—d1)。苏格拉底区分了两类诗人,这是否与其区分好的、有用的意见与坏的、有害的意见相关,法是好的、有用的意见、真实的意见,而真实的意见意欲是存在的发现(314e7—315a3)。

---

① 参《庄子·齐物论》:"物无非彼,物无非是。自彼则不见,自知则知之。故曰:彼出于是,是亦因彼。彼是方生之说也。虽然,方生方死,方死方生;方可方不可,方不可方可;因是因非,因非因是。是以圣人不由而照之于天,亦因是也。是亦彼也,彼亦是也。彼亦一是非,此亦一是非,果且有彼是乎哉?果且无彼是乎哉?彼是莫得其偶,谓之道枢。枢始得其环中,以应无穷。是亦一无穷,非亦一无穷也。故曰:莫若以明。"

那么，哪类诗人的意见是有用的、好的、真实的意见呢？哪类诗人的意见意欲是存在的发现？想必是荷马和赫西俄德。如果说荷马、赫西俄德对米诺斯最高的赞颂是其受教于宙斯和其为冥府的审判官，那么法意欲是存在的发现就可能包含受教于最高神和冥府，它们共同指向人的灵魂。

这里，苏格拉底转而似乎在责难米诺斯，责难其没有认清雅典城邦的聪明人们与诗人们，特别是悲剧诗人，如此雅典与聪明人、诗人似乎是一体的。把聪明人与诗人并列，可能意指诗人并非聪明人。米诺斯犯错就在于他不知道雅典城内有许许多多的聪明人和诗人，反过来，不犯错就必须认清聪明人和诗人。苏格拉底故意追问诗人们和自以为聪明的人们，以致被他们嫉恨、控告，那么苏格拉底有意犯错吗？米诺斯攻打雅典而被诗人们嫉恨，苏格拉底又缘何被诗人们嫉恨？

苏格拉底说"而在这儿悲剧是古老的东西。"在柏拉图《理想国》卷十和亚里士多德《诗术》认为荷马是悲剧诗人之父、最好的悲剧诗人。苏格拉底显然有意把荷马看成悲剧诗人，甚至有比荷马更古老的悲剧。如果说悲剧是不知其源的事物，悲剧是礼法生活，那么苏格拉底意在说明的可能是类似于古老的不成文法，比如对克洛诺斯的人祭。

苏格拉底提醒同伴理智地思考，似乎有意让同伴破除当代雅典悲剧诗人创作的神话，而思考礼法的根本特性之一——古老，即城邦从来以悲剧的方式区分敌友，保守和维护共同体生活秩序。

悲剧是一种非常古老的发现，让人想到苏格拉底的定义——法是存在的发现。如此，悲剧可能就是法，城邦就可能是存在，即人的政治特性。悲剧——礼法生活表述人的政治特性，亦即城邦生活。因而，悲剧是人的政治特性的发现。

悲剧为什么特殊，因为它恰如吹箫术最能取悦城邦民且最能迷住灵魂。悲剧引导、锻造城邦民的性情、德性，以安排规定生活秩序（317c3—5），生成共同体生活即城邦。悲剧的主题是冥府，悲剧诗人从冥府召唤灵魂，从而告知城邦民什么是正义与不义，以惩戒赏罚过上礼法生活。

"因此，这是米诺斯犯错——招致我们嫉恨"。这是连续第三次出现"我们"一词，前面苏格拉底还在提醒同伴别遭诗人嫉恨，这里变成"我们嫉恨"。"我们"可能指雅典人。米诺斯在雅典人看来是坏人，所以其名声也是坏的。

如果说把意见等同于礼法，甚而把米诺斯的名声等同于礼法，那么米诺斯就等同于礼法，米诺斯名声的变化也就是礼法品性的变化，谁导致了这种变化——悲剧。如果说悲剧也是自古有之的礼法，而悲剧诗人又常常讲述米诺斯的故事，那么就要检查悲剧关于米诺斯的故事的品性以探究更好的礼法是什么。

如果米诺斯的名声、意见等同于法，那么苏格拉底的意图其实是思考好的法（314d6—8）——尽管法可能包含好法和坏法恰如米诺斯名声的变化，以探察法的根本定义——法意欲是存在的发现（314e7—315a3）。如此，苏格拉底虽然在考察好的立法者、分配者，实际上回到同伴的定义——法是政治意见，以检查自己的定义——法是存在的发现，而米诺斯是其中的线索。进而，这篇对话的题目"米诺斯"和副标题"论法"，可以这么理解——以米诺斯作为线索谈论法是什么，以悲剧中米诺斯的形象变化—名声变化（即政治意见），谈论法是什么——关于法的真正知识，亦即从意见上升至知识。

米诺斯的法自古有之，关于立法者米诺斯的形象自古有之，政治意见也自古有之，它们是人群政治生活恒常的事物。如果说米诺斯受教于宙斯，是冥府的审判官，是克里特的统治者，是雅典的敌人，如此这些呈现出米诺斯各异的灵魂样貌，以构成城邦礼法生活的特性，即人的政治存在。

[321b5] 伴：依我看 [δοκεῖς μοι]，苏格拉底哦 [ὦ Σώκρατες]，你已找到 [εὑρηκέναι，或 εἰρηκέναι，说了] 一个合适的① [或译为可能的] 说法 [τὸν λόγον]。

苏：那么 [οὐκοῦν]，倘若我说得真切②，依你看 [δοκοῦσί σοι，对应于321b5]，米诺斯和刺达曼提斯的克里特城邦民们使用最古老的法律 [参318c4—5，318d3—4] 吗？

伴：他们显然如此 [φαίνονται，或译为他们像是如此，对应于 δοκοῦσί……χρῆσθαι，参317d2]。

---

① 合适的：εἰκότα，像是，似乎，看来；可能的；适当的，合适的，参柏拉图《蒂迈欧》29c2、29d2、30b7、44d1、48d2—e1、53d5—6、55d5、56a1，尤其56b4、56c8—9、57d6、59c6。
② 倘若我 [ἐγὼ] 说得真切：ἀληθῆ，从语感和语义上可能对应318b5 ἀληθῆ λέγεις，也可能对应于321b4 τὴν ἀλήθειαν，参317b1。εἰ ἐγὼ ἀληθῆ λέγω，在陈述语气的条件句中，表示可能。

[b10] 苏：所以他俩成为 [或就是]① 古人中最好的立法者②、[321c] 分配者 [νομῆς, 参 317d6, 317d8—9, 317e6] 和人们的牧者 [ποιμένες ἀνδρῶν, 参 318a2—5]，恰如荷马所说好将领③ 是"士兵的牧者"④。

伴：当然如此 [πάνυ μὲν οὖν. 至此，同伴完全赞同，参 318b4]。

苏：来吧 [φέρε, 参 315e7, 参 315b2]，凭友谊神宙斯之名 [φέρε δὴ πρὸς Διὸς φιλίου·]；假使有人会问我们⑤：[c5]"是什么东西 [τί ἐστιν ταῦτα, 主句] 他分配 [διανέμων, 参 317d3—7] 给身体 [τὸ σῶμα, 参 317e2—6]——好立法者和分配者⑥ 使身体自身变得更好⑦？"我们就可⑧ 高贵 [καλῶς, 或译为漂亮地，参 314c4、316d7、318b1] 而简洁地 [διὰ βραχέων, 参 315d7—e1] 回答说，即食物 [参 317e2—3] 和苦工⑨，通过前者他让身体自己生长，通过后者他让身体自身得到锻炼、变得结实。

伴：千真万确 [ὀρθῶς γε. 参 319a1]。

[321d] 苏：于是哩这之后假使他会问我们："而⑩ 实际上到底哪是什么，好立法者和分配者分配给灵魂使其自身变得 [ποιεῖ, 参 321c6、320b2, 另参 319c2、319d2、319d4] 更好⑪？"要回答什么我们才不会为

---

① 那么他俩成为 [或就是]：γεγόνασιν，过去完成时第三人称复数，参 318b2、318c2、321a8—b2。
② 古人中最好的立法者：参 318b6—7、318c1—2，这里剌达曼提斯也是最好的立法者，参 318d6—8，两人都是好君王。
③ 恰如荷马所说好将领：τὸν ἀγαθὸν στρατηγόν，注意好立法者与好将领的差异。
④ "士兵的牧者"：λαῶν，另有民众的意思，注意与 ἀνδρῶν [人或男人] 的异同。
⑤ 假使有人会问我们：εἴ τις ἡμᾶς ἔροιτο, 参 313c8、314a3。ἔροιτο，现在时祈愿语气第三人称单数，εἰ 在这里带假定意味的条件句。苏格拉底这里假设有人在提问，提了两个问题，这个人是谁呢？可能是苏格拉底本人吗？这两个最重要的问题，不是同伴提问的，但可能恰恰对应于苏格拉底开篇第一句话"法对我们来说是什么"的提问。
⑥ 好立法者和分配者：ὁ ἀγαθὸς νομοθέτης τε καὶ νομεύς，指谁呢，是训练师吗（317e2—318a2）？
⑦ 使身体自身变得更好：βέλτιον，法的目的论——身体在自然基础上完善。
⑧ 我们就可：ἄν，与祈愿语气动词构成句子，表示如果条件许可，某一行动可能或可以发生。
⑨ 苦工：前面关于训练师的分配只提到食物，没提到苦工，并且没提到训练师是立法者，那么这里的好立法者和分配者想必不是训练师。注意训练师与好立法者和分配者的差别。
⑩ 而：δὲ，这个连接小品词使得两个问题结合在一起，或许表明好立法者和分配者分配身体和灵魂东西让它们变得更好，而非只关心身体或灵魂。
⑪ 更好：βελτίω，也是表示法的目的论。

我们自己和年纪本身① 感到羞耻② ？

［d5］伴：这我再也说不上了③。

苏：然而［ἀλλά］，这对我们两人中任何一个的灵魂④ 无论如何［γε］肯定［μέντοι］是羞耻的⑤，［羞耻于］明显对它里面［灵魂，即τῇ ψυχῇ］的东西若是一无所知，对它里面的好［τὸ ἀγαθὸν，参319a4—5］与坏［τὸ φλαῦρον，参320b1］之所是明显若是一无所知，［羞耻于］却⑥ 思索了⑦ 关于［d10］身体及其他事物的东西⑧。

同伴最后一次叫唤苏格拉底，这一次显然和上面一次（320d8）不同，可能类似于第五次（316b6），当时对于法的定义——法是存在的发现——苏格拉底第一次辩护，同伴将信将疑，没法信服。而当苏格拉底第二次辩护时，同伴基本赞同苏格拉底的定义，他并没有叫唤苏格拉底。这里，同伴是否完全信服苏格拉底关于立法者米诺斯的说法看来仍有疑问。那么，同伴为何叫唤苏格拉底，可能几种情况：一是针对苏格拉底的说法而表达自己很有自信的看法（313b6、315b6、315e5）；二是对苏格拉底的说法有疑问（315a4、318d9、320d8）；三是半信半疑（316b6）；四是这次他似乎已同意苏格拉底的说法。至此，关于法是什么的定义两人能基本达成共识，而关于最好的法、最好的立法者的问题却可能难以达成。

从苏格拉底的说法看来，米诺斯不仅是立法者还是分配者、牧养者。比较米

---

① 要回答什么我们才不会为我们自己［ἡμῶν αὐτῶν］和年纪本身［τῆς ἡλικίας αὐτῶν，ἡλικίας，寿数、年龄、年纪，世代，时代］：1. 首先，为什么区分我们自己和年纪本身，我们自己可能指生命本身，年纪本身可能指生命时间，两者实质不可分，这里看来又是分开的，这个区分某种程度上类似于法是什么和最好的法是什么；2. 看来苏格拉底和同伴年纪都不小了，暗含的意思是年纪大的人对于使得人的灵魂变好的东西是什么应该知道；3. 最后这可能是两个老年人关于法是什么和最好的立法者是谁的对话（参柏拉图《礼法》）。
② 感到羞耻：αἰσχυνθεῖμεν，不定过去时祈愿语气被动态第一人称复数。注意主要动词和分词都是带假定意味的条件句，可能更是表明回答这个问题的困难。为什么分配什么东西给灵魂使其变好回答不上来就可能感到羞耻呢，而如果是关于身体的也回答不上来会感到羞耻吗？
③ 这我再也说不上了：οὐκέτι τοῦτ' ἔχω εἰπεῖν，εἰπεῖν，对应于321c6εἴποιμεν，参318c3、318b3—4。
④ 这对我们两人中任何一个的灵魂：τῇ ψυχῇ ἡμῶν，留意与上面ἡμῶν αὐτῶν καὶ τῆς ἡλικίας αὐτῶν［我们自己和年纪本身］的对应，我们的灵魂包含我们自己和年纪本身吗？
⑤ 无论如何［γε］肯定［μέντοι］是羞耻的：αἰσχρόν，也可以翻译成丑恶的、卑劣的，对应于321d4αἰσχυνθεῖμεν［感到羞耻］；这个词还可能对应καλῶς［321c6，美好的、高贵的］。
⑥ 却：δέ，相对应于上一句的μέν，表示对比、比较，看起来更强调的是前者。
⑦ 思索了：ἐσκέφθαι，观察，思考，思索，现在完成时不定式，参313c7、313a4、315e2。
⑧ 关于身体及其他事物的东西：τὰ δὲ τοῦ σώματος καὶ τὰ τῶν ἄλλων，即属于身体和其他事物的，身体的什么东西和其他事物指什么，并不明了。

诺斯与训练师的异同,训练师分配、饲养人的身体,而米诺斯可能是灵魂。

苏格拉底说,"来吧,凭友谊神宙斯之名"。整个对话唯一一次出现起誓,显得突然。为什么起誓出现在这儿?为什么以友谊神宙斯起誓?友谊神宙斯常常出现在荷马《奥德赛》中,友谊神宙斯保护异乡人,这里异乡人指米诺斯、同伴或苏格拉底?当然,友谊神宙斯也可能保护苏格拉底与同伴的友谊,以便两人对法与立法者有更高更好的共识。在友谊神宙斯的保护下,苏格拉底提问了立法者和分配者如何使得身体和灵魂变得更好。

为什么苏格拉底先提问的是身体而非灵魂,并且有没有可能只提问身体或灵魂?

我们难以明白灵魂本然的好,即灵魂自然的好是什么,在自然的好的基础上完善又是怎么回事。

关于分配给身体的东西有了一个漂亮而简短的答案——食物和苦工,而关于分配给灵魂什么同伴却一时答不上来。这至少表明什么东西使得灵魂变好比使身体变好更难以理解,即可能灵魂比身体难以理解,灵魂看来更复杂。

对话行将结束,同伴却迷惑了,变得无话可说。这个困惑类似于对话刚开始苏格拉底的第一个问题一上来就让同伴摸不着头脑(313a2)。这使得这个对话至此虽然看来行将结束,其实还有更难的问题没有回答。它的结束其实是开始,就如《易经》最后两卦是既济与未济,而既济又存在于未济中。它既是结束又是开端,原始反终,故知生死之说(《易经·系辞上》第三章)。

苏格拉底对话的最后使同伴明了其无知,即自知其无知。我们能获得的知识永远是部分的知识,整体的知识永远难以理解,而部分的知识总是通往整体知识的线索,自知其无知即明白了部分的知识而自己对整体知识的无知又有所了然。同伴这时的无知恰恰可能是其对整体开放的契机或气机(既是心理的,也是生理的)。这是柏拉图对话的根本特性,也是我们的生命、灵魂的根本特性,柏拉图对话是对人的灵魂的模仿或者是人的灵魂本身。

苏格拉底最后说:"然而,这对我们俩人中任何一个的灵魂无论如何肯定是差耻的,差耻于明显对它里面的东西若是一无所知,对它里面的好与坏之所是明显若是一无所知,差耻于却思索了有关[d10]身体及其他事物的东西。"即我们能高贵地说出使得身体变好的东西,却说不出什么东西使得灵魂变好。为什说对灵魂中的好、坏无知是羞耻的、丑恶的、卑劣的？一定得留意这最后一段的这两个问题，苏格拉底是以对友谊神宙斯的起誓开始的，这种羞耻感可能与宙斯相关，为什么？

τὸ ἀγαθὸν（参319a4—5）是好本身，即灵魂之好的理念。留意 εἰδυίας [知道]这个词与 τὸ ἀγαθὸν 和 τὸ φλαῦρον 的关联，这两个词是其宾语，即要知道好之为好和坏之为坏的形式、特征和理念（eidos）。τὸ φλαῦρον [拙劣、低劣、坏、恶]指坏本身，坏之为坏，即坏的理念。如此，这里表述的是灵魂是什么，灵魂的好与坏是什么，即灵魂的形而上学，人的形而上学。因而，法是存在的发现，即是对人的灵魂之所是的发现。

爱欲与德性
——欧洲古典文学修习琐记(代后记)

少数人之美。
Pulchrum est paucorum hominum.
——贺拉斯

离开广州,终于不用再待在课堂里当学生了,最重要的是不用再费脑筋愁毕业论文了。朋友私下说,读了二十多年的书,博士毕业了,该去当老师了——有点翻身做主人的意味。

可当要给学生开"古希腊戏剧精读"课,备课了,才发觉自己似乎还没有找到当老师的感觉,怎么给学生讲,随即这个难题就冒了出来。

只得回头想想自己在大学里头念书时最期待从老师那儿学到什么,或者自己是怎么读书的。

(一)

当然,记得最清楚的当属博士论文最后攻关的时刻。

论文送交给答辩委员会后,终于放松了些。这之前,神经绷得紧紧,简直快断了,有时候紧张得直哆嗦。身体因为时间的急迫,又因为思考问题的费力,变得极度兴奋,又极度虚弱,常常就要病倒,得休息几天,才能继续工作。

以前,每次下午预习好晚上的拉丁文或希腊文,整理完毕,锁上门,下楼,去饭堂吃晚饭,准备上课去,都要大喊"老农民种田去了喽"。预习功课,很紧张,比上课还累。大喊一声，就能放松下来。时常觉得自己像个老农总是忙碌，又似乎在等待收割，等待着收获的喜悦。

三年来，几乎总是在这种紧迫下读书、学习。

可什么时候真是收割的季节，心里总是茫然。

为什么这么紧迫？

除了热爱古典文学外，好像还有莫名的东西在推动着，不知道是什么。

临毕业了，重新捡起没学成的德语，重新温习放下挺长时间的拉丁文。回过神来想想，有些巧合。三年前的夏末，开始学习拉丁文、德语，三年后的夏初，温习拉丁文，重学德语，真是巧了，像一个圆。尽管比以前轻松些，可仍然觉得紧迫。心里还算宁静。然而，一切好像得从头开始。

随时都得重新开始似的。

读个悲剧作品，写篇论文，好像仍然没完，就要毕业了，仍然没到收割的季节。

所以，不仅上课、读书，写论文也总是急急的。写论文同样是读书、学习的一个过程，但心情是一样的。怎么读书，就会怎么写论文。

读和写是一回事。

三年里头，第一本书读的是荷马的《奥德赛》，整整读了两个学期。学习任务很重，有那么多书要读，为什么能够花费这么多时间和心思读一本书，像是经历了一番不小的冒险。找来好的译本，找来古典语文学家细致入微的解读本，真是很紧张，有时候内心也在挣扎，可是也很幸福。当读到解读者细致、高妙、出乎意料的地方，当惊叹如此无与伦比的解读时，就不停拍打书桌，大叫"聪明，太聪明了！"——所谓拍案叫绝。长长的两个学期，觉得自己心底被拉长了，耐心长了出来，稳稳地。好在先是读了王先谦的《诗三家义集疏》，继而读了皮锡瑞的《今文尚书考证》，心里头有底，或许这耐心的种子就已经蕴藏着。

那时候常常有同学问在读什么书,我总是很不好意思回答,因为一本书老读不完;也有的同学问读完了没有,更是觉得难堪。可是2005年的暑假,那个阳光无比亮丽的夏天,我幸福极了,终于读完了《奥德赛》,像是长大了一大截似的,人都快飞起来了。

现在想想,那其实还是入门读法。可是,从那时候起,当想到柏拉图、索福克勒斯的问题时,就会想到《奥德赛》,许多问题就会关联到一块。所以,《奥德赛》不仅是毕业论文导言中问题处理的起点,不仅进入了论文的脉络、甚至主题,而且它将是以后读书永远离不开的问题和思想的起点。认真细致读一本书,这本书就会从此进入问题和思考的视野,甚至成为生命的一部分,常相伴随。

读完《奥德赛》后,按照老办法我读了赫西俄德的《神谱》、柏拉图的《理想国》和《礼法》……这些作品都是博士论文中出现次数最多的思想的参考对象,它们为论文展开了较宽广的问题意识和思想视野。

以索福克勒斯的《俄狄浦斯在科罗诺斯》为题,写毕业论文,同样是一番花费更长时间、更多心思和精力的读书过程。

怎么读书,就会怎么写。

要把《俄狄浦斯在科罗诺斯》读得透一点,做出篇毕业论文来,当然得花比读《奥德赛》时更多的工夫。

读书耐性的培养首先就是一门心性的功课。要把一个悲剧作品读完,写出一篇博士论文,需要多大的耐性进入作品的语文细节和情节细部,以及把握人物的性情和灵魂的细微脉动,这都难以测量。

解释古典作品时,以前自己容易把作品当成是单纯的解读对象,甚至根本没想到这是某个作家的作品。以前我都担心跟着作者走,会读不出自己的东西,而没想到读出来的应该是作品本身包含的东西。

把作品当作品,小心作品内部的整体性,就如亚里士多德说的,悲剧作品犹如一个生命体,随意拆解,就可能破坏它。

作品是个生命体,解读清晰这个作品,犹如看透一个人的灵魂,那有多难呀。

所以，我们主要借助于古典语文学家的校勘、训诂、注疏成果，参考现代西文译本和汉译本，重新翻译并注释这个作品。翻译就是一次细致读书的经历，一番预备性的解读过程。写论文时仍然采用古典语文学家的谨慎、细致、耐心的态度和做法，重述故事，逐句逐段疏证这个作品，以期更完整全面透彻地把握其义理。

解读古典作品最困难的莫过于找到可靠的指引。而眼前的解读路数又纷繁多样，选择了其中的某门招法，可能就入了某门某派，上了哪条船，就看了哪片海。

我们主要凭靠古典作家来理解索福克勒斯，主要以阿里斯托芬、柏拉图和亚里士多德为指引，对勘其他古典作家作品，期望作品的解释有更为清晰的语境和厚实的思想基础，能更好地理解和阐发作品的内蕴，深入理解古希腊的思想问题。

（二）

到上海找工作碰见几个做现代文学的同学，他们听说我就一个作品能写一篇博士论文都觉得不可思议，还开玩笑说宁可做大而空的题目，都不会去解读一个文本。

老同学的玩笑话让人想起几年前在上海读书时候，我们那群年轻伙计们常常争吵的一个问题：读古书算有学问，那么读今人的书就没有学问？我想起了读书时的种种心情。

伙计们都血气方刚，年轻气盛，大伙来自祖国的四面八方，专业也不同，争吵起来真是厉害，谁也不示弱，常常闹得脸红。Aliud propositum est declamantibus et adsensionem coronae captantibus; aliud his, qui iuvenum et otiosorum aures disputatione varia aut volubili detinent.（有的人总想夸夸其谈，以影响周围的人们，还有一些人则用五花八门或娓娓动听的说法去纠缠年青人和有悠闲者们的耳朵。——塞涅卡《道德书简》20.2）

这情景据说是我们学校常有的，前辈们就经常干过，我们大概算得上传承了前辈们的薪火，传承了前辈们的那股青春劲儿、青春气。

据说,湿润的河边常常有"自由的精灵"出没。

不仅如此,因为地处上海,世界各地的高手们也都常常出入其中,真是很自由。
不像广州偏于南方一隅,长年见不到一位大师。
大上海啊,真是大。

上海春天气息蛮是明显。待到春暖,河边的水杉开始发绿,许多植物冒芽,心情呵,随风拂动,许多人骑着单车在校园里不停地来回奔驰。

我们这儿就是这样青春朝气。

说来惭愧,离开学校几年后,我才听说钟泰先生;虽然也见过潘雨廷先生的名字,可是不知道他曾经在我们这儿任教,更遑论读他的书;知道吕思勉先生曾经是历史系的教授,可他写了什么书,我竟一无所知。

毕业的这个暑假,回上海时拜访了一位老师,他说钟泰先生的《庄子发微》是一百多年来唯一值得读的解庄的书。这位老师是前辈,曾就读于我们学校多年,大多时间用心于整理他的老师解易解佛解老解庄的手稿,用心于私塾式授课,方法就是带领学生细心解读一个个古典作品,而自己几乎不作文。

这会儿,才觉得他又陌生又熟悉。

港大曾出告示,要出卖一批旧书,以飨市民。和一位朋友急忙赶到港大图书馆,手忙脚乱地到处翻书,淘到了几本。令人无比喜悦的是,朋友最后帮忙找到了钟泰先生的《庄子发微》(上海古籍出版社,1988年)。我太高兴了,随手把花了半天找出的书全部扔掉,单要这一本了!

带走《庄子发微》,算是没在香港白待了几个月,这是最好的纪念之一。

读钟泰先生的《庄子发微》,像是找回了我真实的学校,算是对朝气蓬勃岁月的安慰或告别。

（三）

　　从小我就喜欢读书，村里头四处借书。村里鲜有人是有书的，有几本藏书的都是平日安安静静的长辈，他们都很乐意把书借给小孩看。《聊斋》、许多诗词、大量演义小说，繁体竖排的，小学三四年级时，我就着迷这些书，许多不懂的字就漏过，或是猜猜。父亲见小孩喜欢读书，就去乡里买了本《新华字典》。不懂的字就查，于是什么字都不漏，比收割稻子的时候母亲赶着我们挥动镰刀还快，还急。至今，不知道那种喜欢的劲头是哪来的。小伙伴们都去玩石子，跳方格，滚轱辘……跟他们比，我玩得少了许多，有空没空都在看书，全家人一齐桌上吃饭，也是一边吃饭一边翻书，来客人也如此。有一回，看神了，我竟然头都不回，伸手把字典放在满满的水缸里……小孩没有多少时间感，时间就像水田里的泥鳅一样滑溜溜地过去，唯有白昼黑夜感觉分明。我成天在阳光最亮的谷场上读书，只要大人们下地，一天到晚周遭静悄悄的，偶尔一两条狗在边上蜷起尾巴眯眼晒身子。

　　小小的僻陋村庄，小小的小孩身上一点点地长出一个大世界，时常变幻的世界，别的小孩从不曾见过的天地，全然属于这个小孩的秘密。

　　仔细想想，至今还是想不通那么小的小孩喜欢读书因何而起，或许就像那个时候喜欢在树下挖小池子，想不到哪方土突然就会冒出清净的泉水来，引水，四围种菜，种菊花。

　　令人费解的还有喜欢读书的兴致为什么没有断掉，就如生命线团一般越抛越远。

　　邻居家一个手巧勤快的木匠，有一天天没亮就踏出家门，往远方跑生意去；十数年后返乡，斧柄朽烂，手艺荒疏，木匠把造就一张精美木床的程式忘得干干净净。

　　母亲以为儿子老大了，可他还在读书，母亲总是想不通。她以为儿子博士毕业了，应该就不要读书了，该工作赚钱，成家生子。她没想到儿子进了大学教课，仍得读书，以读书为业，想不到儿子进大学是想找个地方好读书，就如小时候找片开阔的谷场读书一样。她或许以为书跟生活离得远，她不明白有人读书就是生活，生活就是读书，没有另外的样态了。

读书就是过日子,是一项高尚的事业;幸运的话,读书还是朋友间最可信赖的交往,可以结成精神的团契。

> 就像别人被一匹良马、一条好狗或一只灵鸟取悦那样,我(苏格拉底)自己则因好朋友而获得更高的快乐……古代贤人们通过将它们写进书中而遗留下来的财富,我与我的朋友们一起开启它并穿行其中,而且如果我们发现了什么好东西,我们就把它挑出来,并当作一次丰盛的收获,倘若我们因此而能相互促益的话。

色诺芬就此说:当我听到这些时,对我来说,不仅苏格拉底受到祝佑,他还将那些倾听他谈话的人引向了 καλοκἀγαϑίαν[贤人]。

色诺芬想必同苏格拉底一块儿读过古代贤人的书。兴许,苏格拉底时常跟朋友们读古书、谈心度日。

西塞罗的对话和书信,或者普鲁塔克记叙的西塞罗传,均可见到西塞罗跟朋友们一块儿读书,"他用这些钱同他的伴侣们——希腊学者和罗马学者一起过日子,生活丰富而节制"。

孔子和他的弟子们如此,汉代经师们的传授也如此。

可是回头想想,现今还可能有这样的读书情状吗?还能带领学生,甚或同学生(或朋友)一块儿如古人一般读书吗?如果不能,是生活发生了什么变故吗?是什么东西把苏格拉底同朋友们联结在一块,又是什么东西把现今的我跟你分开了?无从联系。

我们几乎没法子一块儿读书了,老师和学生也很平等啊,可障碍是什么?

读书会都是大伙发表意见的地方,过后每个人抱着自己的发明心满意足地枕在头底下过夜。

兴许大多数人其实没有这样的心愿,上面的疑问就是切实的假问题了,可以略过,毋庸费神。

(四)

读书或许就是一番成长过程。到大学里头读书慢慢会有些明白的意识。

而读书的心情总会有些变化,比如某一时段喜欢读哪类书,能多少知道那时候自己的旨趣所在、那时候在想什么。当然,有时候你可能被引导转向相反的方向。另一类书,另一种心境,而这恰好切合你心底所适的。这个时候,你还在找。

有些人可能比较幸运,一辈子就读一类书。一个已几年未曾来往的同学突然打来电话,聊起读书的事,这个同学就很幸福,因为他早早找到自己想读的书,几年前,他喜欢读的,几年后,他还喜欢读。不过,在电话的那头,我觉得这同学怎么一点都没变,声音没变,聊的东西没变。聊了半天还是那些,还是鲁迅,似乎让人不大接受得了。时间待在那儿一动不动。也许能料定他的模样也一点儿没变吧。麻烦的是,两人因为鲁迅差点吵了起来,好像还回到在学校论辩的境况。记得那时候,免不了破口大骂,有人甚至动起手来了,至今不往来,很伤和气。本来大家都是喜欢读书的小伙子,单单因为读书同居一室,却形同路人。还好,电话两头平静下来了,我已好久没有因为读书、谈问题跟别人吵起来。想想可能是那股青春气藏在心底,热度一够,又蒸腾出来了。暗地里笑话自己,几年来功夫白修了,经脉尽失。

读什么书,会妨碍一个人的交往和脾性。慢慢地,我对此感受深了,担心那个老同学恐怕还会同别人争吵,据说他正在写一本关于鲁迅的书,其中就同不少人论战起来。依稀觉得又有鲁迅的影子在晃。几年前,我参观过鲁迅纪念馆,整个过程都很不安,场馆布置得很阴暗,我几天都睡不好觉。走出纪念馆就是老街区,模糊地仿佛见到街角有人在争吵,抢拳头,而且许多是戴眼镜的斯文年轻人,镜框圆圆的,青春的面庞热热的,像在冒气。

许多年我不敢再读那类书了。读旧书摊买来的书,会全身过敏,预想再读此类书,恐怕也会如此。

有些书读起来就是让人心头闹腾腾的,找不着北,喜欢跟人家比,喜欢吵,就像吞进许多晦气,胀胀的。Novissime indignata,dum vult validius inflare sese,rupto iacuit corpore.(这青蛙气得不行,便想更使劲鼓自己,结果以撕裂的身子横躺在那里。——斐德若《寓言》)

伊壁鸠鲁临终前在病榻上给朋友写了封信,伊壁鸠鲁这会儿尿淋漓没个完,加上痢疾,苦楚无以复加,没法摆脱这巨大的折磨。"可是,当一想起我们曾进行过的 διαλογισμῶν[探讨],灵魂(深处)的喜悦整个就抵消了这些(病痛)。"伊壁鸠鲁不忘向亲密的朋友表达这生命的幸福时光。

伊壁鸠鲁同朋友一起读书、讨论的喜悦传染了给尼采。尼采自满于自己很了解伊壁鸠鲁的个性,他表达了读伊壁鸠鲁的如此美妙感受:

> 我读他的文章,听他的话语,均是一种享受,享受着古时一个午后的幸福。我见他凝望白茫茫的辽阔海面,但见海滨巉岩的上空,艳阳高照,大大小小的动物沐浴着阳光,在嬉戏中现出怡然自得的神情,就像那阳光和伊壁鸠鲁的眼神一样。

大概不是所有的书都是必读的,也不是见到的书就该读的。有些书读来,很会迷住人,可是很容易点燃读书人的火气,让人喜欢吵,为书中的各种观点争执。在上海读书那会儿,我们就没少为此对驳、闹腾过。

幸好,我以宗白华做个案研究,写硕士论文,很难在他身上找到类似那会儿那些可论辩的时髦话题。宗先生读来最舒服最好的文章看起来都是些散论,且大都谈论古诗古画之类。由他引领,读《世说新语》,读以诗写就的画论、书论,很是惬意。初初以为宗白华受康德影响,所以硬着头皮读他翻译的《判断力批判》,真是苦,硬撑读下来,费神费时,最后脑子还是一片空白,不知所云。最后,作论文时一个字都没提宗白华与康德的关系。想来,康德不是一般人读的,还好宗白华的审美思想到底是中国式的,没让人头疼。

有些书让人读来上火,青春气迸发;有些书让人脑子僵硬,读多了生活没兴趣,甚至生活难以维持,天天困惑不已。

阿里斯托芬的喜剧《云》写道,苏格拉底同斯瑞西阿得斯第一次见面时,苏格拉底在空中的吊篮里,他告诉斯瑞西阿得斯,他"在空中行走,揣摩太阳"。斯瑞西阿得斯和儿子斐狄庇得斯先后受教于苏格拉底及他的思想所。斯瑞西阿得斯本来是想通过学习解决生活难题,没想到把生活搞得更糟。最后,斯瑞西阿得斯爬上了思想所的屋顶，苏格拉底问他在做甚，斯瑞西阿得斯的回答就是苏格拉底的话——"在空中行走，揣摩太阳"。斯瑞西阿得斯在屋顶上放火烧毁了思想所。巧妙的是，斯瑞西阿得斯在言辞和行动上双重戏拟了苏格拉底。斯瑞西阿得斯想解决的是地上的难题，而阿里斯托芬笔下的苏格拉底却教的是天上的东西，以致差点毁了斯瑞西阿得斯的生活。

像伊壁鸠鲁那样恬和淡定的文字，尼采读起来，有幸和他性情投合，真是令人羡慕！其实，尼采敬羡的是伊壁鸠鲁的生活方式。

找书读就像在找朋友——最好的那位朋友，可靠有益的朋友。Amicus fidus rarus est.（可信的朋友极少）尼采读伊壁鸠鲁，读出了自己的生存感觉，找见自己的生活方向。Τί ἐστι φίλος, μία ψυχὴ ἐν δυσὶ σώμασι κειμένη.（什么是友谊，一个灵魂在两个身体里）可读的可靠的书也不会多。不过，一辈子都难碰着最好的朋友，可是找到最好的最想读的书，也许还是有机会的。

就像猎狗在森林里，展开清醒的嗅觉，翻山越岭，寻找最美味的猎物。森林广袤辽远，藤蔓缠绕，枝叶繁茂，阳光荫蔽，踪迹凌乱，那猎物藏得太深啦。

（五）

以前觉得有许多书要读，慌张啊。如今明白该读的书应该减少，仍然着急。那书搁在那儿，你不读，于其无损。你干着急！

也许这个问题同小时候喜欢读书的原因一样难解。我们南方有一种树，青叶掉到地上会长出根须，扎进泥土里，就在旁边长出一棵小树。所以，关于读书的问题就像是不同年月掉下的两片不同的叶子。还有一种树，只要有一段根露出松软的土层，不久，在根上会长出嫩小的枝芽，也能长成树，一棵果树。

读书需要耐性，这耐性就像封冻的冰层，经年坚固不化，覆盖着土地。这会儿，又冷又热。

就连品达也早已经清楚地意识到我们的处境：在极北，冰雪之外，死亡的彼岸——我们的生命、我们的幸福……我们已经发现了那种幸福；我们发现了道路；我们找到逃离迷宫般千年岁月的出口。——尼采冰雪之外,兴许冷热不知,只有幸福。

——火活土亡,气活火亡,水活气亡,土活水亡。(赫拉克利特)

(六)

广州似乎只有热天,忙毕业论文的年关,大年三十还穿着T恤哩。回到上海来,还记得上海冬天的冷,手脚都裂开,流血,鞋子都穿不上,即使穿上了,走路也困难。秋凉渐至时,隔壁的东北小伙就说冷了。原以为这气温对他来说一点不冷。没想到他说上海冷起来,比他老家还冷,这儿湿冷,冷得厉害。

他这番话,即刻让我把在上海读书时候冬天冷的感受全记起来了。当时我住的是底楼,晚上看书,看一会儿,脚底冷气往上冲,鞋子冰得像是进了水。只得看一会书,就起来跺脚,活动活动,一个晚上看不了几页书。大伙结成伴,晚上十点钟左右去跑步,那时水杉全掉光了叶子,黑漆漆的,河上灰灰的雾气弥漫,路上偶尔能瞧见一个人影。跑了步,身上热乎乎,赶快泡脚,上床,看了一小会儿书,就舒坦地迷糊过去了。

上海的冬天读不了书,至少我当时是这样的。广州的冬天就不一样了,正是读书的好时光,并且这之前有长长的秋天,那是广州最适宜的季节。

上海的夏天很热,晚上也热。十二点冲完澡,凉爽了些,上床睡觉。凌晨两三点就能被热醒,还得冲凉。到清晨六点已经够热了,只好起床,白天满是倦意,身上像是裂了,读不了多少书。广州天热得早,春天还没过,就得穿单衣了,夏天太长,可是午后经常就是一阵雨,凉快起来。

在不同的城市跑窜,读书的感受有变化,并且恰逢成长年岁,这样的变化尤为明显。据说,亚里士多德几次进出雅典,读的书不一样,想的东西不一样,对灵魂的理解更是大异其趣。他先是跟着柏拉图想,也写对话,柏拉图死后,亚里士多德离开雅典,周游各地,还当了亚历山大的老师,亚里士多德的写作方式,以及对灵魂的观察和理解就变化不小。著名的箴言——Amicus Plato, sed magis amica veritas.(吾爱柏拉图,而吾更爱真理)说不定就缘于此种变化。

在不同的城市读书,因为城市的文化、地理、气候不同,读书的效果也可能不同。不过,这看来似是而非。小时候读书完全是出于好奇和兴趣,上中学、大学后,老师说读书是要获得知识。老师自己读过大学,获得知识,知识在老师身上已经盈满了,要流到我们这些空虚的人身上,像酒杯里的水通过一根羊毛流进空杯。好奇和兴趣被改造,接受知识教条和方法。许多忙忙碌碌的老师进出于教室,像蚂蚁搬家,把外头觅得的食粮扛回来,跟我们一同分享。早早发现这动向,我就在底下偷偷读自己喜欢读的书,或是跑到古籍书库读线装古书去,找自己喜欢的食物填肚皮,从而,读书的兴趣幸运地被保护下来,没被移风易俗,还是那个味儿。

我们的大学早早地就败坏了阅读道德。只有少数人远远瞧见岸边的小木舟,独自漂洋过海,看天外的风景去。当时身边就有少数几个这样的同学,四个班级,近两百人,这样的学生只有四五个,岁月历练,剩下一两个,还是都没影了?

末了,我慢悠悠地划上这个阴郁的句号,并要提醒读者注意正确阅读,噢,这被人遗忘和不为人知的阅读道德哟!——尼采《快乐的科学》后记

亚里士多德不是雅典人,难以葆有柏拉图、色诺芬、阿里斯托芬和修昔底德这些阿提卡作家的雅典趣味。随后,阅读趣味、阅读道德的变化是否与亚里士多德带来的异邦气息混杂了?——这算是瞎猜。

雅典是唯一的。

以前在上海读阿提卡作品,跟在广州读时不是一个样,心情变化了。以后会一个样吗,但愿如此。

阅读道德的培养,该是课堂教育的一部分,甚或是首要的最为急迫的一部分。阅读道德的自觉,能调养心性,眼光清明,胸怀舒展。阅读道德的纠偏,即眼光的转向,看看脚下的东西,不要老盯着知识,开放心灵、蹲下身子、默不作声、仔细倾听古圣贤的声音:"乐于倾听,不要扯闲谈。"

洗干净耳朵,听吧!

(七)

那样的话,他的这位正在这儿的崇拜者就不会再像现在这样,在两个选择之间晃来荡去,而是一门心思让自己的生活 *πρὸς ἔρωτα μετὰ φιλόσοφων λόγων*

[为了爱欲一心一意用热爱智慧的言辞打造生活]。——柏拉图《斐德若》257b4—6

十多年来,绕转了几所大学。读的书一直在变化,读书的心情也在变化,见到的也有不同。不同的大学似乎有不同的面貌。大学其实都一个样,不同的是,不同的先生教的东西不一样。大学都怀有大的梦想。许多教书先生跟着梦想走,有的先生希冀教学制度创新或变革,有自己设计的梦想。有一些先生埋头于古典作品,但很少有先生专注于古典作品的意义世界及其与人之性格的塑造。大多数的先生阐释文化,传授知识,品赏美感,很少有先生热爱作品、古典作品。文化替代了作品。作品保藏灵魂的秘密和人性的复杂面相;文化只是历史主义的观感、想象和知识教条。

要文化,还是要作品?

我们的教书先生都很有文化,可是把作品、古典作品都给忘了,文化像把后现代的巨大扫把,到处涂鸦;又像锋利闪亮的剪刀,随时随处剪切作品,随后任意拆解、拼贴或组合。读书人深陷文化的泥淖,无以泅渡,随之虚无主义的杂草丛生,读书人果真造出卢梭主义的自然沼泽,放眼一望无际,历史沧桑,这就是我们的文化,诗意兮兮的文化想象王国,民族的或世界的,过往的或当下的。

因为文化暗含的现代理性因子,文化分析某种程度上等同于技术分析或批判。文化阐释的结果是类似于技术生产的工业品,其中文化的技术因素满足于普遍的均等诉求,同时导致道德的退化。

你说某个老农没有文化,他是不会在意的,没有文化,他也过得好好。你说一个念过大学的、一个读书人没有文化,无异于讥刺、贬损,他心里很不是滋味,严重点,会跟你打起嘴仗……老农没有文化,同样有道德感;读书人有文化,却分不清是非、好坏。道德的毁损是读书人、大众搞出来的恶果,如今的读书人,还有我们课堂上的先生不是教导甜甜蜜蜜的现代道德,就是耻于谈论道德,更不用说教导道德——因为小偷不可理喻地害羞了。我们看到他躲在墙角嗤嗤发笑,一会儿他步进大街,在光天化日下大摇大摆若无其事。

文化不仅替代作品,就在那当儿同时暗地里偷走道德,僭越为主,扮演斑斓的新道德偶像,出尽风头。

——唯与诃，其相去几何？美与恶，其相去何若？

人之所畏，亦不可以不畏。——《道德经》

大学待得够久了，文化摄入得越来越多，肚子喂得饱饱的，胖乎乎的，都看不见皮肤底下灵魂的细线。可是，读书的心情难免起伏啊。

斐德若：你说的究竟是什么意思？

苏格拉底：医术所用的那种方法，我想，与修辞术所用的一样。

斐德若：怎样个一样法？

苏格拉底：在两者那里，你都得辨识某种自然，在一个当中是身体的自然，在另一个当中是灵魂的自然，倘若你不是仅仅靠成规和经验，而是靠技艺，通过药物和饮食给身体带来健康和强壮，通过言辞和符合礼法的操守使得灵魂转向你所希望的那样一种被说服和要朝向的美德。

斐德若：好像是这样子的，苏格拉底。

苏格拉底：不懂得整个的自然，要想获得对灵魂的天性值得一提的把握，你想可能吗？——柏拉图《斐德若》

读了这么多年书，就要上讲台了，想想难免就紧张。给学生上什么课呢，该怎么讲课呢，越想越急。毫无经验，胆子又这么小，见到人多就眼黑，该如何出场呢？

想想自己读书的经历，心里头有了点底，终于放轻松了些。

大学时候也不是总逃课，只要老师悉心讲解作品讲析故事情节、义理，还是乐意听的。这会儿，就学着这样的老师，认真准备讲课，先理清整体思路，意图带领学生仔细阅读作品，进入思想史的问题。

肖有志

2007年秋记于上海大学

补　　记

本书大部分篇幅均为课堂讲稿，其中关于柏拉图《米诺斯》、索福克勒斯的《俄狄浦斯在科罗诺斯》的两大部分为笔者在牛津大学访学时（2011.1—2012.1）所开设读书会的讲稿。《米诺斯》读书会始于2011年5月初至11月初，《俄狄浦斯在科罗诺斯》读书会始于2011年11月中至2012年1月初，于礼拜天下午3—5点，基本都在66 St Giles' 的古典学系Common Room——只有两次例外——讲读、探讨。一块坚持下来的有我的师弟吴明波、在读材料学博士生蒋濛同学、教育学系的徐老师等。而讲稿大多写于Sackler Library的lower ground floor，少部分完成于Bodleian Library。至今犹忆彼时闲来无事的读书时光特别是地下室喜乐成福的写作时光。

如此，准确地讲这本书源于笔者与朋友们、学生们共同的读书热情，而非所谓的学术热情。有心的读者请一定首先留心这般热情，其余的想必不甚重要。

其中，翻译、讲疏《米诺斯》则是笔者的初次练习，种种不足一目了然。在此，援引当世钢琴大师Alfred Brendel的谈艺录，以说明笔者一直以来意欲更好更恰切地理解柏拉图对话的方向和目标。Brendel谈到自己少年时候摸索学艺之道，说他首先学会了把每一篇大师的作品看作是自足的实体，其次，"我越是长时间地弹奏乐曲，就越来越懂得这些乐曲。但我仍然尽量保持一种素朴天然的态度"。四十岁出头的时候，有评论家暗示Brendel弹奏贝多芬的作品将在未来几年走向成熟。可Brendel自己清醒地认为，"我一直在从贝多芬的作品中发现新的微妙之处。新的发现必须一直继续下去。如果我认为我已穷尽了整个贝多芬，我想这将是一件非常悲哀的事情。他的作品是那样惊人的复杂，新的洞察和发现简直没有尽头"。

本书的出版首先得感谢文学院院长张勇安教授的鼎力支持以及院办赵益民老师的协调与助力。本书从讲稿变成书稿以至出版，谢谢编辑徐雁华老师细心、耐心的编校。

十年来供职上大，中文系张寅彭老师、陈晓兰老师、耿海英老师、黄景春老师、景春雨老师等对笔者倍加关照和呵护。再者，笔者常与好友陈平老师、王培军兄、刘奕兄等问学，多有进益。

几年来，施政悉心的关心和长期的鼓励让笔者备感温暖，并一点点熟悉上海的生活感觉。

最后，这第一本书献给生养笔者的父母与土地。

肖有志
2017年初补记于
沪上玉叶山房

新 版 补 记

距拙作主体部分撰写时间十年已逝。周遭学风变化,物是人非。然好学者当"日就月将,学有缉熙于光明",不厌不倦……新版蒙编辑徐雁华老师厚爱,谨致谢忱。

2022年岁末